Werner Spies / Klaus Westphalen

# Die Gestalt unserer Schule

## Verfassung, Zustand und Wandel einer gesellschaftlichen Institution

Ernst Klett Verlag

Grundlagentexte Schulpädagogik

Herausgeber: Manfred Jung

CIP-Kurztitelaufnahme der Deutschen Bibliothek

**Spies, Werner:**
Die Gestalt unserer Schule :
Verfassung, Zustand u. Wandel e. gesellschaftl. Institution /
Werner Spies ; Klaus Westphalen.
1. Aufl. - Stuttgart : Klett, 1987
(Grundlagentexte Schulpädagogik)
ISBN 3-12-928055-3

NE: Westphalen, Klaus:

ISBN 3-12-928055-3

1. Auflage 1987

Satz: Schreibsatz M. Jirschik, Schwieberdingen
Druck: Ludwig Auer, Donauwörth

## Inhaltsverzeichnis

## 2. Teil: Grundlagentexte

# Vorwort

In diesem Buch geht es um die institutionelle Gestalt der Schule. „Institution" ist ein Begriff, der sehr Verschiedenes bezeichnet: die Kirche, die Ehe, die Post – Regelungen von Prozessen, Interaktionsformen, Bereichen, die inhaltlich nichts miteinander zu tun haben, die nur eine Gemeinsamkeit besitzen: sie sind fest geregelt. Soziologen bemühten sich seit langem um exakte Erklärung des Institutionsbegriffs, um genaue Definition (zuletzt *Schülein* 1987). Darum geht es nicht.

Wir wollen verdeutlichen, welche Chancen und Begrenzungen für unsere Schulen mit der Tatsache gegeben sind, daß sie institutionellen Charakter haben, also: dauerhaft geregelt sind. Es wird nicht beansprucht, daß der von uns verwandte Institutionsbegriff auch für die Armee, das Finanzministerium, das Standesamt brauchbar ist – wir untersuchen lediglich die Dimensionen staatlich geregelter und kontrollierter Erziehung: Was ist Ziel und Sinn dieser Institution Schule? Stimmen angegebener und tatsächlicher Sinn miteinander überein? Welche Normen, Regeln, Routinen geben der Schule Ordnung und Gleichförmigkeit? Welches Maß an Stabilität und Starre, an Flexibilität und Beweglichkeit eignet ihr? Wie verhalten sich Teile des Systems zum Ganzen? Welche ungeregelten, regelfreien Zonen sind erkennbar? Welche Ausformungen hat das Gesamt-System? Wie paßt es sich an gewandelte Umstände an, wie verändert es sich?

In solche Fragen wollen wir einführen – vor allem Leser, die sich mit diesen Problemen bisher wenig befaßten. Es werden daher spezielle Vorkenntnisse nicht vorausgesetzt, sondern zu erklären versucht, was schwierig sein könnte. Auf Literatur wird nicht nur verwiesen, sondern reichlicher zitiert, als es sonst in speziellen Untersuchungen üblich ist. Wir hoffen, daß es dadurch und mit der Wiedergabe von Ausschnitten aus Texten, die wir für den Problemkreis für grundlegend halten, dem Leser möglich wird, ergänzende Hinblicke auf die Sache zu tun – er wird nicht auf die Perspektive der beiden Autoren beschränkt. Aus diesem Grunde konnten die Verfasser sich auch nicht einem einzigen wissenschaftstheoretischen „Paradigma" mit Haut und Haar verschreiben. Auch wenn soziologische Ansätze wie die Systemtheorie und der Funktionalismus bei der Analyse der Institution Schule hilfreich waren, so durften sie nicht die zahlreichen anderen Aspekte ausschließen, unter denen man Schule betrachten kann. Die Verfasser verdanken viele Erkenntnisse den philosophisch-pädagogischen Denkern des deutschen Idealismus, der geisteswissenschaftlichen Pädagogik und der morphologischen Psychologie. Die praktische Schulerfahrung war für viele Sichtweisen entscheidend.

In den meisten Fragen fanden die Autoren Übereinstimmung – in manchen allerdings blieben sie unterschiedlicher Ansicht. Diese Differenzen der Auffassung (z. B. in bezug auf Differenziertes und Integriertes Schulsystem, auf die „Legitimationskrise" heutiger Schule) wurden nicht harmonisiert – in der Erziehungswissenschaft gibt es kaum unbestreitbare Richtigkeiten von der Art 2 x 2 = 4, sondern verschiedene Perspektiven. Auf diese zwischen uns strittigen Punkte weisen wir entweder in Anmerkungen (Nr. 1, 6 und 11) oder im Text (in Kap. 5, S. 97 f.) ausdrücklich hin.

Die Anteile der Verfasser:
1. Die Institution: Funktion und Krise (Spies)
2. Das Großsystem: Normierung und Verwaltung (Spies)
3. Das Subsystem: Schulklasse, Stammgruppe, Kurs (Westphalen)
4. Die traditionelle Struktur: Gegliedertes Schulwesen (Westphalen)
5. Ein Reformversuch: Integrierte Schule (Spies)
6. Ausdifferenzierung vor Ort: Schulleben und Schulklima (Westphalen)
7. Alternativen: Die andere Schule (Spies)

Das Gesamtwerk wird gemeinsam verantwortet. Wir danken dem Herausgeber Manfred Jung für viele Hinweise und wichtige Hilfe während der Erarbeitung und für gründliche Schluß-Redaktion und dem Verlag für unverdrossene Unterstützung des Vorhabens.

*Werner Spies,* Dortmund *Klaus Westphalen,* Kiel

# 1. Teil:
# Darstellung

# Kapitel 1: Die Institution: Funktion und Krise

## 1.1 Ziel und Zweck der Schule

Alle Erziehung in allen Zeiten beruht auf einer Grundvorstellung: daß durch einen länger währenden Prozeß jemand aus einem unvollkommenen in einen besseren Zustand gebracht wird: aus einem Zustand von *Inkompetenz* in einen Zustand von *Kompetenz. Luhmann* spricht bei solchen Grundvorstellungen von einer „Leitdifferenz“ oder von einem „binären Schematismus“, also von einem zweipoligen Begriffsschema. Solche Begriffsschemata umgrenzen ein bestimmtes Tätigkeitsfeld: z. B. Krankheit – Gesundheit das der Medizin, Recht – Unrecht das der Justiz. Die Leitdifferenz, welche pädagogische Tätigkeit bezeichnet, ist schon in der Antike erfaßt. *Platons* Höhlengleichnis beginnt: „Als nächstes vergleiche unser Gewachsensein (physis) hinsichtlich Bildung (paideia) und Nichtbildung (apaideusia)“ (7. Buch der Politeia, 514 a): das sind Anfangszustand und Prozeßresultat. Dazwischen steht der Erziehungsvorgang, die Umwendung der Seele mit Hilfe des Paidagogós.

Solche Leitdifferenz allein sagt noch nicht viel. Die Grundvorstellung muß in einem historischen Prozeß ausgefüllt werden. Was einem Volk in bestimmter Zeit als Recht erscheint, kann an anderem Ort oder zu anderer Zeit als schweres Unrecht gelten. Und auch von (oder für die) Pädagogik ist jeweils historisch fixiert, was als Kompetenz und Inkompetenz, als Bildung und Unbildung angesehen wird.

Die jeweils gültige Vorstellung von Erziehung entsteht, indem der erstrebte Endzustand, das Erziehungsziel, bestimmt wird, indem man den Anfangszustand analysiert und die Regulativen und Inhalte des Erziehungsprozesses festlegt. Diese Fixierungen sind nicht Setzungen von Individuen, sondern entstehen in historischen Entwicklungen. Was jeweils als Kompetenz und Nichtkompetenz gilt, welche Grundregeln man dem Prozeß gibt, wie man ihn veranstaltet, das scheint dem Mitlebenden meist selbstverständlich, wie „Natur“ – er hat Mühe, die Prinzipien, ihre Struktur, ihre Befremdlichkeit zu sehen. Der Vergleich mit anderen Epochen erleichtert dies. Wir versuchen daher, die Prinzipien heutiger staatlich veranstalteter Erziehung vor der Folie älterer Vorstellung zu sehen.

### *1.1.1 Schule: Verwalterin des Kulturbestandes*

Schule im uns bekannten Sinn entsteht nur in von Schriftlichkeit bestimmter Kultur. „Erst wenn Texte von Lehrern vermittelt und von Schülern gelernt werden können, konstituiert sich historisch jenes ‚Wissen‘, das wir Schulwissen nennen können“ (*Illich* 1984, 16). Er bezeichnet die Schule als ein „Epiphänomen der Schriftlichkeit“, also etwas, das erst auf Grund des anderen entstehen kann, von Schriftlichkeit bedingt ist, aus ihr herauswächst: eine Sproßform. Das Wissen ist aufbewahrt in Aufzeichnungen, vorwiegend in solchen, die das Alphabet benutzen. Schule vermittelt diesen Bestand, leitet den Schüler in systematischer

Form an, ihn sich einzuverleiben (wie unvollständig auch immer) und bereitet ihn im besten Fall darauf vor, den Erkenntnisstand weiter zu entwickeln. Gelingt diese geplante, methodisch geleitete Vermittlung, entsteht *Bildung als ihr Resultat.* Die Schule ist Text-verwaltende, Text-deutende, zu Text-Verwendung und -Produktion geleitende Institution. In den Texten ist ein Bestand bewahrt, den der Schüler aufzunehmen hat, um bewahrend, genießend, produzierend an Kultur teilnehmen zu können. Die geistig-kulturelle Welt produziert und entwickelt sich, indem ihr aufgezeichneter Erfahrungsschatz immer wieder von Einzelpersonen aufgenommen, neu durchdacht, weitergeführt wird. Die Texte bewahren das Gedachte, Beobachtete, Gedeutete. Sie sind *Objektivationen menschlichen Geistes.* Aber diese bleiben nur wirksam, werden nur wirklich, wenn sie von Lebenden einverleibt werden. Darauf deutet *Hegel,* wenn er in seiner „Phänomenologie des Geistes" den Bildungsbegriff formuliert:

„Was in Beziehung auf das einzelne Individuum als seine Bildung erscheint, ist das wesentliche Moment der Substanz selbst, nämlich das unmittelbare Übergehen ihrer gedachten Allgemeinheit in die Wirklichkeit" (*Hegel* 1807, 1952, 352).

Will Schule „Bildung" erzielen, so kann sie nicht beliebige Texte aufgreifen – niemand wird „gebildet", wenn er fortwährend z. B. Werbetexte liest, so heftig er sie auch auf „Konsumterror hinterfragt" – das ist inzwischen genügend bewiesen. Auf die Text-Auswahl kommt es vor allem an. Das Gymnasium gab sich damit große Mühe seit der Zeit seiner Gründung um 1800. Die Auswahlprinzipien der Gründungszeit wirken im Gymnasium bis heute nach, man könnte die Reform der gymnasialen Oberstufe als einen Versuch der Renaissance der gründenden Lehrplan-Prinzipien verstehen.

Es ging um die *Bildung und Entwicklung der Person* mit Hilfe derjenigen historischen und wissenschaftlichen Bestände, welche als die wertvollsten beurteilt werden können. Die *Leitkulturidee,* der Gedanke des Wieder-Holens klassischer Lebensform, griechisch-römischen Lebens, bestimmte den Kern des Kanons, mathematisch-naturkundliche Instruktion und philosophisch-historische Unterrichtung gaben zusätzliche Nahrung für die sich bildende Individualität. Dieses Gymnasium war nicht ausgerichtet auf bestimmte Berufe. Es bot die „Vorbereitung zum gelehrten Studium, . . . welche auf den Grund der Griechen und Römer erbaut ist." (*Hegel* in seiner Rede als Direktor des Nürnberger Gymnasiums 1809, *Thaulow* Bd. 3, 186). Es war nicht auf bestimmte Studien bezogen, sondern rüstete aus für *jede* Tätigkeit im gesellschaftlichen Gefüge. Die antike Kultur war „das geistige Bad, die profane Taufe", das „Paradies des Menschengeistes":

„In einem solchen Element . . . , in dem wir uns einhausen, geschieht es nicht nur, daß alle Kräfte der Seele angeregt, entwickelt und geübt werden, sondern dasselbe ist ein eigentümlicher Stoff, durch welchen wir uns bereichern und unsere bessere Substanz bereiten" (*Hegel,* quot. nach *Thaulow* Bd. 3, 190).

Es ist wichtig zu sehen, daß der Bildungsgang, den *Hegel* in seinen Rektoratsreden beschreibt, keineswegs ausschließlich darauf zielt, den Schüler zur Beherrschung formeller rationaler Operationen zu führen.

In vielen modernen Psychologien, die auf Pädagogik einwirken, erscheint alles nicht Rationale, nicht wissenschaftlich Ausweisbare als minderwertig. Nehmen wir *Bruner* (1974) als Beispiel. Er unterscheidet drei Lernarten. Da ist zunächst *das enaktive Lernen:* der Säugling und das Tier nehmen mit dem ganzen Körper wahr, sind unfähig zu begrifflichen Operationen. *Das ikonische Lernen* bestimmt die darauf folgende Entwicklungsstufe: das bildhafte Vorstellen des Kindes. Ganz allmählich wird dann *die symbolisch-repräsentative Weise des Erfassens und Ordnens* erreicht: Zeichen und Begriffe ersetzen die Bilder. Schule strebt symbolisch-repräsentatives Weltverständnis an. Ihr Unterricht drängt die anderen Weisen von Welterfahrung und Weltdeutung zurück, drängt sie in privaten Hintergrund, in dem sich subjektive Phantasmen und Affekte bewegen. *Bruner* beschreibt also einen Entwicklungsgang, der sich als Steigerung vollzieht. Die Lernarten stehen in einem hierarchischen Verhältnis zueinander: gegenüber dem symbolisch-repräsentativen Verstehen sind die anderen Arten primitiv, zu verlassende Vorformen.

*Hegels* Schule dagegen war gesättigt mit Bildern, mit ikonischer Wahrnehmung: das „Paradies des Menschengeistes" war anschaulich, sinnenhaft präsent, in ihm sollte der Sich-Bildende „einhausen" – ikonisches Erfassen erschien als eine Weise der Weltdeutung, die zwar später in Begrifflichkeit „aufzuheben" war, aber damit nicht zu einer auszutreibenden Form wurde: denn das *Hegelsche* „aufheben" beinhaltet neben dem „negare", dem Verneinen, Überwinden, und dem „levare", dem Heben auf höhere Stufe, stets das „conservare": das Bewahren. *Die bessere Substanz* entwickelt sich durch Anreicherung der Individualität mit kulturellen Vorbildern, mythischen Bildern, und zugleich mit wissenschaftlich geprüfter Erkenntnis, mit den Methoden des Wissenserwerbs, der Erfahrungsüberprüfung, mit Begrifflichkeit und Einübung in Logik. Schule sichert diese Anreicherung. Ihr wichtigstes Hilfsmittel dazu sind die Texte, welche den Gesamtbestand menschlicher Kulturleistung bewahren.

So konnte man um 1800 den Zweck der Institution Schule umreißen. Sie verwaltete einen Kulturbestand, den sie in der Individualität des Schülers neu erstehen lassen sollte. Jedenfalls im Gymnasium ging es um *Bildung der Einzelperson.* Daß Schule die natürliche Entwicklung der Individualität zu fördern, zu begünstigen habe, war *Humboldts* leitender Gedanke in seinen Konzepten. *Hegel* allerdings, dessen von *Niethammer* mitbestimmten Vorstellungen von der Konstruktion des Gymnasiums die weitaus stärkere historische Bedeutung zukommt, sieht die Einzelperson als eingeordnet in staatlichen Leistungszusammenhang, die *Schule als Instrument,* das in Leistungspflicht einführt, das entgegenstehende Wünsche und Entwicklungsrichtungen der Individualität unterdrückt. Insofern liegt in *Hegels* Konzept bereits die Möglichkeit, daß sich eine vollständig auf staatlich-gesellschaftliche Zwecke instrumentalisierte Schule herausformt (vgl. dazu Grundlagentext 1.1 sowie *Menze* 1986).

### *1.1.2 Krise des Bildungsbegriffs*

Beide Vorstellungen wirken auch auf das heutige Gymnasium noch ein. In den drei Aufgabenfeldern der gymnasialen Oberstufe finden wir die Lehrplan-Bereiche *Humboldts* wieder – insofern hat die Oberstufenreform Renaissance-Charakter. Aber gesellschaftlich und wissenschaftlich fand diese Reform Voraussetzungen, die mit denen in der Gründungszeit des Gymnasiums wenig zu tun haben. Dies führt dazu, daß *Hegels* Gedanke der Schule als staatlicher Veranstaltung mit staatlichem Zweck zwar weiter durchschlägt. Dabei erscheint der Staat aber kaum noch als höchste Objektivation des Geistes, sondern eher als Koordinator vor allem ökonomischer Bedürfnisse.

Die Leitkulturidee verlor ihre Glaubwürdigkeit. Die Einzelwissenschaften sind aus dem Gesamtzusammenhang der Philosophie herausgelöst und haben sich an den Interessenlagen der arbeitsteiligen Industriegesellschaft ausgerichtet. Die *Verbindung von Wissenschaft und Bildung* ist damit nicht mehr notwendig gegeben. Die Geisteswissenschaften, die noch dem von *Hegel* beeinflußten *Dilthey* als mögliche Bewahrerinnen eines einheitlichen Bewußtseins erschienen, sind in ihrer gesellschaftlichen Bedeutung an den Rand gedrängt. Wir leben in einer Gesellschaft, die auf technisch nutzbare Rationalität, zugleich auf wirtschaftliche Expansion, auf Rendite und Brauchbarkeit so ausschließlich sieht, daß der Einzelne nur dann noch Wert hat, wenn er sich in die Produktions- und Konsum-Rhythmik reibungslos einfügt – auch er hat sozusagen nur Gebrauchswert. Von „Bildung“ im emphatischen Sinn deutscher Klassik ist kaum noch die Rede. „Der kapitalistische Supermarkt, auf den sich die Bildung hin entwickelt, braucht keine Diener des Geistes, sondern Leute, die die Kasse reparieren können“, schrieb *Heydorn* (1972, 52).

In einer solchen Gesellschaft lassen sich die Zwecke der Institution Schule nicht mehr zutreffend mit dem klassischen „Bildungs“-Begriff kennzeichnen. An seine Stelle trat eine dreifache Zweckbestimmung:

- Sozialisation (das Eingewöhnen)
- Qualifikation (das Fähig-Machen)
- Allokation (das Zuteilen).

Schule sozialisiert für ein verfaßtes Gesellschaftsgefüge und bietet arbeitsmarktverwertbare Qualifikation. Als *Sozialisationsagentur* stabilisiert sie das Gesamtgefüge. Als Stätte der Belehrung, des Fertigkeitstrainings sorgt sie für Qualifikation. Was sie dazu lehrt, ist Mittel zum Zweck, wird in der Hauptsache von den Qualifikationsanforderungen des Beschäftigungssystems bestimmt, vermittelt einen Tauschwert. Die Schule funktioniert in einem vor allem ökonomisch bestimmten Gesellschaftsgefüge und hat sich in dieses einzupassen. Staatlich überprüfte *Bildung,* die in Schulen erworbene *Qualifikation,* ist mit *Berechtigung* verknüpft. Schule gibt die Berechtigung aus, sie hat Allokationsfunktion. Bildung ist nicht Wert in sich, sondern ein Medium wie Geld: hat man sie, kann man dafür anderes erwerben, ist berechtigt zum Eintritt in die jeweiligen Ausbildungszüge der Hochschulen, der Wirtschaft, der Industrie (vgl. dazu aber Anmerkung 1).

### *1.1.3 Sozialisation, Qualifikation, Allokation*

Die drei Zweckbestimmungen sind im einzelnen zu erläutern. Schulen sind „Instanzen der gesellschaftlich veranstalteten Sozialisation. Sie sind Ausdruck der historischen Bemühungen der jeweiligen Generation, defizitär ablaufende Reproduktionsprozesse zu verbessern, als unerwünscht betrachteten Entwicklungen gegenzusteuern und erwünschte Entwicklungen zu unterstützen bzw. Defizite zu kompensieren“ (*Fend* in *Frey* 1975, Bd. I, 93. Vgl. *Bourdieu* 1972). Schulen sind *Stabilisierungsinstanzen des gesellschaftlichen Gefüges.* Das staatliche Gefüge formuliert die gründenden Prinzipien seiner Lebensform, seine entscheidenden kulturellen Imperative, in einem Text, der Verfassung. Das verfaßte Gefüge will sich in dieser historisch geronnenen Form erhalten. Sie soll auch in der jeweils nächsten Generation Bestand haben. Daher muß das Gefüge die Nachwachsenden in seine Form einfügen, diese Form in ihnen ausprägen, muß sie „sozialisieren“. Der moderne Staat vertraut nicht darauf, daß Sozialisationsinstanzen wie die Familie, Alters- und Interessengruppen, wirtschaftliche oder industrielle Unternehmen etc., also Instanzen von relativer Unabhängigkeit gegenüber dem Staat, diese Sozialisation allein durchführen. Der Staat veranstaltet selbst eine Institution, die seinem Zugriff, seiner Weisung im Lauf des 19. Jhdts. fast völlig unterworfen wird: die Schule. Ihre primäre Aufgabe ist es, an der Reproduktion des verfaßten Gefüges mitzuwirken, seine Form zu stabilisieren, diese Form durch Gewinnen von Zustimmung bei den Heranwachsenden immer wieder zu legitimieren, sie als gute Gestalt erscheinen zu lassen. Sie muß „normative Loyalität“ herstellen (*Hurrelmann* 1975, 43 ff.).

Man muß sich ins Gedächtnis rufen, daß dies alles keineswegs selbstverständlich, sondern eine Entwicklung erst der jüngsten Geschichte ist. Noch in der Goethe-Zeit ist Schule für den größten Teil der Bevölkerung von geringer Bedeutung. Erst im Lauf des 19. Jhdts. wird sie flächendeckend pflichtig für alle, und während des 20. Jhdts. frißt sie immer mehr Lebenszeit in sich hinein – daß jeder in der Bundesrepublik heute mindestens 9 Jahre seines Lebens, meist aber länger, in Schulbänken vollbringt, ist ja eigentlich eine ungeheuerliche Tatsache.

Der Sozialisationsbegriff kann auch zur Beschreibung von Reproduktions- und Stabilisierungsprozessen in ganz anderen historischen Epochen benutzt werden – es ließen sich z.B. die drei Stufen der Lehre, die *Wolframs* Parzival durchläuft, ebenfalls als Phasen eines Sozialisationsprozesses begreifen. Seine spezifische Füllung im 20. Jhdt. erhält der Begriff erst durch Verknüpfung mit einem anderen: dem der *Qualifikation.*

Der *Bildungs-Begriff* bezeichnete Vorgang und Resultat einer individuellen Formung. Vor-Bilder, Bilder von selbst noch nicht erreichter Vortrefflichkeit, geleiten die aufwachsende Person und prägen sie während des Weges. Der *Qualifikationsbegriff* bezeichnet die Verwendbarkeit einer Person. Man ist qualifiziert für etwas. Die Person hat Gebrauchswert. Darin liegt der einfache Nenner in der vielfältigen Ausgestaltung des *Qualifikationsbegriffes.* Dieser wird in der Literatur differenziert. Da ist z. B. die Rede von prozeßgebundenen oder prozeßunabhängigen, Langzeit- oder Kurzzeit-, funktionalen oder extrafunktionalen Qualifikationen (vgl. z. B. *Boehm* u. a. 1974). Man kann material-, objekt- oder verfahrensbezogene Qualifikationen unterscheiden (also z. B. die Qualifikation des Metallarbeiters, des Orgelbauers, der Stenotypistin). Stark durchgesetzt hat sich der von *Mertens* (1974) stammende Begriff der *Schlüsselqualifikation,* welcher der Betonung von Arbeitstugenden wie Ausdauer, Pünktlichkeit, Ordnung, Leistungs- und Kooperationsbereitschaft Auftrieb gab. Solche Qualifikationen schließen andere Fähigkeiten und Kenntnisse auf, sind Grundlage zum Erwerb spezieller Fertigkeit. Bei allen diesen Differenzierungen des Qualifikationsbegriffs geht es aber stets darum, jemand für irgend etwas fit und passend zu machen.

In der „Enzyklopädie Erziehungswissenschaft“ finden wir als Definition: „Der Begriff ‚Qualifikation‘ bezieht sich zum einen auf die Gesamtheit der Qualifikationsanforderungen des Arbeitsplatzes, des Berufs oder des Arbeits- und Berufslebens, zum anderen auf die Gesamtheit der subjektiv-menschlichen Voraussetzungen oder Handlungspotentiale, die das Subjekt zur Bewältigung dieser Anforderungen besitzt oder benötigt“ (*Franzke* in *Lenzen* u. a. 1983, Bd. 9, 2, 453): die Qualifikation wird durchaus von „Anforderungen“ her gedacht, sagt lediglich etwas aus über die Verwendbarkeit von jemand für etwas.

Mit einer gewissen naiven Selbstverständlichkeit wird der Qualifikationsbegriff auch in der erziehungswissenschaftlichen Literatur allenthalben verwendet. In *Freys* „Curriculum-Handbuch“ z. B. dominiert er geradezu. Im Stichwortverzeichnis der drei Bände wird „Bildung“ 3mal nachgewiesen, „Qualifikation“ 34mal, außerdem erscheint das Wort in 11 Verbindungen (Qualifikationsziele, -verwertung, -begriff etc.) – dies ein beliebig gegriffenes Beispiel für die unübersehbare Ausbreitung des Begriffs. Aber auch amtlich-politische Dokumente, die behutsam kompromißlerisch formulieren müssen, stellen das Fit-Machen für den Wirtschaftsprozeß immer an den Anfang, z.B. der *Bildungsgesamtplan:*

„Wissenschaftsnahe Grundbildung sichert berufliche Mobilität und damit bessere soziale Chancen. Dennoch dürfen Bildung und Ausbildung dem einzelnen nicht nur eine bessere Einfügung in den wirtschaftlichen Prozeß ermöglichen und ihm die Chance eröffnen, den Leistungsanforderungen einer modernen Industriegesellschaft gerecht zu werden. Im gleichen Maß muß vielmehr der einzelne im Prozeß des ‚lebenslangen Lernens‘ zur Kreativität und Spontaneität, Mündigkeit und Selbstbestimmung ermutigt werden.“ (BLK 1973, 9).

Je nachdem nun, ob und in welchem Maß Qualifikation gelingt, wird Berechtigung zugeteilt: die Schule hat *Allokations-Funktion,* teilt Plätze und Chancen zu und nimmt sie weg. Es erfolgt eine „selektivierende Rangierung nach Schultüchtigkeit“, die „Zuordnung, wenn nicht Zuweisung des späteren sozialen Status“ (*Holstein* in *Twellmann* 1985, Bd. 7, 1; 101) bewirkt.
Als regulatives Prinzip für diese Zuteilung gilt *Gerechtigkeit.* Diese Gerechtigkeit wird schulisch in Notenskalen quantifiziert. Die Dezimalstellen der Noten sollen genaue Zuteilung sichern – was in Anbetracht der oftmals nachgewiesenen Subjektivität aller Zensurengebung eine der verwunderlichsten Vorstellungen der Erziehungsgeschichte ist. Die „gerechte“ Allozierung bringt den Qualifizierten an die ihm gemäße Anforderung, selektiert die nicht Qualifizierten aus.
Das Zitat aus dem Bildungsgesamtplan zeigt, daß amtliche Dokumente diese Zieldreiheit eher verhüllend zeigen. Die „Empfehlungen zur Arbeit in der gymnasialen Oberstufe“ (KMK 1977) bezeichnen als Schulziel die „Selbstverwirklichung in sozialer Verantwortung“. Doch sagen solche Formeln nichts anderes: „Diese Formulierung kann so verstanden werden, daß Personalisation, Sozialisation und Allokation nicht jede bezugslos nebeneinanderstehen, sondern die Personalisation sich über Sozialisation und Allokation realisiert“, interpretiert *Kaiser* zutreffend (in *Lenzen* 1982, Bd. 9.1, 134): die gesellschaftlich akzeptierte Person

wird geformt, indem sie sich die geltenden Grundsätze des Gefüges einverleibt, sich für eine Aufgabe fit macht und dafür eine Chance zugeteilt erhält: die „Plazierung eines durch das Bildungssystem richtig Qualifizierten an einen Arbeitsplatz mit entsprechenden Anforderungen" (*Kell* in *Lenzen* 1982, Bd. 9.1, 305).

Die *Zieldreiheit von Sozialisation, Qualifikation, Allokation* bestimmt die Ausrichtung unserer Schulen (vgl. Anmerkung 2). Die Schule ist in der Bundesrepublik eine Veranstaltung des Staates – grundgesetzlich ist staatliche Aufsicht gesichert (Art. 7,1 GG). Selbst die „freien" Schulen sind nicht frei bei ihren Allokationen, haben Fremdprüfungen oder Staatskommissare beim Abitur. Die Aufsichtspflicht des Staates wird nach überwiegender Rechtsauffassung als staatliches Gestaltungsrecht in der Schule interpretiert. Daher schlagen im deutschen Schulwesen politische und gesellschaftliche Erwartungen stärker durch als z. B. im englischen. Nun billigt allerdings unser verfaßtes Gefüge in seinem Grundgesetz den Rechten des Individuums hohen Rang zu: das „Recht auf die freie Entfaltung seiner Persönlichkeit" (Art. 2 GG) – da wird ein deutliches Gegengewicht zur staatlichen Gestaltungsmacht über die institutionalisierte Erziehung gesetzt. Je nachdem, von welchem Pol dieses Spannungsverhältnisses Erziehungsaufgaben bedacht werden, entstehen unterschiedliche Konzepte – unser Zitat aus dem Bildungsgesamtplan zeigt, wie die Administration mit der Formel „nicht nur Einfügung – in gleichem Maß Selbstbestimmung" diese Spannung zu harmonisieren sucht. Solche Formeln ändern aber nichts daran, daß in institutionalisierter Erziehung gesellschaftliche Erwartung und staatliche Gestaltung dominieren. Dafür sorgt eben die Institution, deren Grundzüge nun zu betrachten sind (vgl. Anmerkung 3).

## 1.2 Die Institution: Agentur von Stabilität

Das staatliche Gefüge legt seine fundamentalen Ziele und Regeln in einem Text, der Verfassung, fest. Für die Reproduktion dieser Ziele sorgt es durch Institutionen. Bereits in der Verfassung sichert der Staat seine Weisungsgewalt gegenüber diesen Institutionen.

*Richter* formuliert dies so: „Die institutionalisierte Sozialisation vollzieht sich in Institutionen, deren Organisation verfassungsrechtlich bestimmt ist". „Nicht nur die staatliche Verwaltung ist als Träger und Schulaufsichtsbehörde für das Bildungswesen zuständig, auch der Gesetzgeber ist aufgrund des Rechtsstaatsprinzips gehalten, alle wesentlichen Entscheidungen selbst zu treffen; im Prinzip unterliegt das Bildungswesen auch der gerichtlichen Kontrolle" (*Richter* in *Lenzen* 1984, Bd. 5, 226 f.).

Von der Institution sagte *Hegel*, daß sie eigentlich keine Geschichte habe, daß sie als *Dauer* erlebt wird. „Für etwas einmal gut Eingerichtetes ist es das beste Glück, keine Geschichte zu haben", sagte er in seiner Gymnasialrede 1810 – also sich nicht verändern zu müssen, keinem Re-form-Zwang ausgesetzt zu sein: dann wird das, „was im Anfang Befolgung von Befehlen ist, zur Gewohnheit", und es

bildet und setzt sich fest „eine innere gleichförmige Haltung" – so *Hegel* (quot. nach *Thaulow* Bd. 3, 198).
Was macht eine Institution aus, und wie wird sie von den Einzelnen erlebt?

*1.2.1 Bestimmende Merkmale der Institution*

Die Dauer der Institution wird konstituiert durch die *Regel.* Da ist zunächst der feste Ort, das Schulgebäude. Dann sind da die Regeln der Zeit, der fixierte Anfang, das Pausentonband. Rechtsverhältnisse, Aktenstücke fixieren die Prozesse der Institution – die Laufbahnordnungen, die Arbeits- und die Angestelltenverträge der Helferinnen im Sekretariat, die Computer, die den Lehrenden das Gehalt aufs Konto bongen, die Karteikarten der Schüler, die Zensurenlisten, Klassenbücher. Die *Hierarchie* einer Schule als unterste Stufe eingefügt in ein hierarchisches System, dessen obere Stufen sich berichten lassen und Anweisungen geben. Die Schüler erleben die Lehrer als zum Regelsystem der Institution gehörig – beim späteren Rückblick auf Schulen kann man die Anstalt sich nur vorstellen im damaligen Personalstand. Das Kommen und Gehen der Personen wird kaum bewußt, dieser Personen, die im Regelsystem ja auch nur in bestimmter *Funktion* erscheinen – nur ihr Latein- und Mathematik-Unterricht wird von den Regeln erfaßt in einem System, in dem alle Figuren ersetzbar sind und sogleich ein anderer Träger in die dauernde Funktion eintritt, wenn jemand stirbt, versetzt wird etc. Auch dem Lehrer werden keineswegs alle Schüler als Individuen mit eigener Geschichte bewußt beim immer wiederholten regelhaften Transport durch die Jahre – von vielen weiß er nur, wie leicht oder mühsam sie sein Fach lernen, und er bewahrt nur wenige im Gedächtnis, mit denen ihn Sympathie oder Abneigung enger verbanden. Die Dauer der Institution besteht in ihrer *überpersönlichen Regelhaftigkeit* – ihre Geschichte berührt das Erleben der Schüler und Lehrer, die in ihr arbeiten, kaum.
Nun sind die Benutzer einer *Institution* lauter *Individuen.* Diese Institution, die ihnen als feste Regelhaftigkeit gegenübersteht, auf die sie wenig verändernden Einfluß nehmen können, wird ihnen zum Lebensthema. Sie ist ein, für manche Schüler mindestens zeitweise, für viele Lehrer ständig zentrales Thema ihres Alltags. Geht man der Themenbewegung in den Einzelnen nach, stehen wir plötzlich vor lauter ganz farbigen Geschichtchen und Geschichten. Wir sehen, was eine Schule alles sein kann. Also z.B. für die *Schüler:* sie kann erlebt werden als Mühsal vor einem Erhofften, als so etwas wie der Reisberg vor dem Schlaraffenland; als ereignisloser Ort, den man nicht vermeiden kann, obwohl er nichts anderes bietet als Öde, Langeweile, als unbegründet empfundene Anforderung. Oder im Gegenteil wird sie erlebt als freundlicher Garten in trister Landschaft übrigen Alltags, in dem stets passable Gesellschaft, zuweilen reiches Gespräch zu erwarten sind. Die Erlebnisse, die Bildtönung, welche die Prozesse der Institution im Einzelnen hervorrufen, wechseln im Einzelnen: vor Klassenarbeiten kann sie wie eine Folterkammer erscheinen, freudig erwartet wird der beliebte Lehrer. Mit den Bildern und Erlebnistönungen wechseln die Bildprogramme, mit denen Schüler den jeweiligen Alltag angehen: ob man den bevorstehenden Schultag als drohend herannahen sieht, ihm gleichgültig gegenüber steht, ob man in Spannen-

des, z. B. in eine Arbeit, in ein Referat hineingeht wie ein Held zum Siegen, wie ein Dulder, oder sich in Gleichgültigkeit übt. Der Morgen in seinem Verlauf, eventuell mit seinen Nachspielen in Wirtschaften, Wohnungen ändert dann die Programme, bringt andere Themen in Verknüpfung mit dem Thema Schule: Freundschaften, Liebe, Antipathien. Ein alltäglicher Wirbel von Bildern, Geschichtchen, Programmen – längerfristig durchhaltend die Weise, wie das Schulthema generell ins Leben gefügt ist, daraus entspringend die Weise, wie sich der Schüler ihm stellt: also zäh arbeitend zur Bewältigung, oder taktisch klug mit dem geringst möglichen Einsatz, oder wechselnd mit Stoßarbeit und Ruhezeiten.
Es gilt für die *Lehrer* Gleiches. Auch sie haben längerfristig durchhaltende Bilder, die ihren Arbeitsalltag rahmen. Das ist sehr unterschiedlich, was Schule für sie ist, welches Erlebnisvolumen sie einnimmt. Nicht für jeden ist sie alltagsbestimmend, für manche Nebenthema, das Wichtigeres unterbricht – z. B. Familienthemen, oder politische Karriere, oder Leidenschaften. Für die meisten aber ist sie ein zentrales Thema, mit dem sie zu verbinden suchen, was ihnen außerdem wichtig ist. Daher kann sie, die Schule, erscheinen als Missionsort, als Keimstätte gesellschaftlicher Veränderung, in der vom Problem der Mitbestimmung Leitender Angestellter bis zu Nicaragua, die Frage der Lehrerentlastungsstunden nicht zu vergessen, die Weltprobleme angefaßt werden. Oder im Gegenteil kann sie erscheinen als Hort von Kultur, in der ein richtig erfaßter Ablativ Zeichen gesicherter Regelhaftigkeit der Welt und Anlaß prämierender Gerechtigkeit ist. Sie, die Schule, kann für den Lehrer Bühne sein, auf der täglich stummer Applaus zu erspielen ist. Auch für Lehrer kippen Erlebnistönungen und einzelne Bildprogramme der Tage ineinander – nicht immer wird für Schüler deutlich, wie intensiv auch dem Lehrer das Schulthema Leiden verursacht, wie niederdrückend Klassen sein können, die uns ablehnen, wie deprimierend mißglückte Stunden.

### *1.2.2 Versalität und Stabilität*

Also da haben wir: einerseits die Dauer der als geschichtslos empfundenen Institution – andererseits den Wirbel der Bilder und Geschichtchen, die sich in mannigfaltigen Formen auf das mit der Institution gesetzte Thema beziehen. Im Regel-Rahmen der Schule begegnen, verbinden, verknüpfen sich die werdende Beweglichkeit des Historischen mit der Festigkeit des Gesetzten, verbinden sich Wandel und mindestens anscheinende Starre, begegnen sich Versalität, wie *Goethe* es nannte, und Stabilität.
*Versalität* und *Stabilität* sind beide notwendige Formzüge des Lebens. Oder um die Formeln des Grundgesetzes wieder aufzugreifen: die *Freiheit des Individuums* und das *Gestaltungsrecht des Staates* (vgl. dazu Kapitel 2) sind beide verfassungsrechtlich verankert. Nun kann ihr Verhältnis aber mit der Formel „nicht nur – sondern auch" kaum zureichend gedacht werden. Wenn man z. B. die Institution als lediglich Freiheits-beschränkend, außerinstitutionelles Leben als Regel-los beschreiben würde, käme die unaufhörliche Verflechtung von Freiheit und Regel, Wandel und Dauer, Option und Ligatur, Stabilität und Versalität nicht in den Blick. Legitimiert ist die Institution erst dann, wenn sie beidem dient.

Schule ist nur gerechtfertigt, wenn sie dem sich wandelnden Leben, wenn sie den Geschichtchen und der Geschichte dient und nützt, wenn sie den Individuen hilft, ihre Gestalt zu präzisieren, der verfaßten Gesellschaft dient zur Bewahrung und Entwicklung ihrer Form.

Wie kann sie das? Wie muß sie verfaßt sein, um das zu können? Diese Fragen kann man in individueller und in gesellschaftlich-kultureller Perspektive bedenken. Der Einzelne zunächst benötigt im Bilderwirbel seines Alltags, im Zufallenden, Kontingenten, in der bunten Unregelmäßigkeit seiner Tage Festigkeiten, an die er sich halten kann. Er braucht Habitualisierungen, fixe Gewohnheiten, die seinen Tag rhythmisieren, ihn überschaubar und überhaupt erst planbar machen. Solche Habitualisierungen bildet jeder auch von sich her aus. Aber der Einzelne wäre völlig überfordert, müßte er alle Habitualisierungen allein formen. Die Institution gibt ihm Anhalt. Sie ist gewohnheitsbestimmend – der Unterrichtsbeginn richtet sich nicht nach individuellem Wunsch, sondern ist festgesetzt, zugeteilt werden Fächer und Lehrer, dem Lehrer die Unterrichtsstoffe etc. – sie folgt ihren Regeln, denen sich der Einzelne einzuordnen hat. Die Institution ist Schranke: wer sie besuchen muß oder sich entschied, in sie einzutreten, oder als Lehrer ihr zugewiesen wird, verliert damit zugleich andere Möglichkeiten des Verbringens von Lebenszeit. Sie ist Chance – Ort, in dem ein Gefordertes gut geleistet werden kann. Damit zugleich ist sie Probestätte, in der Möglichkeiten aufgespürt werden, in der freilich auch individuelle Grenzen deutlich werden. Das Tier hat in seinem im Vergleich zu menschlicher Beweglichkeit relativ starren Verhaltensrepertoire seiner Aktionsformen die Institutionalisierung sozusagen angeboren in sich – das „nicht festgestellte Wesen" Mensch braucht die Institution als Anhalt und Stütze, *Gehlen* wies darauf hin. Wir brauchen sie sogar für unsere Verwandlungen. Das ist eines der vielen Paradoxe unseres Lebens, daß, wer sich wandeln will, dazu *Anhalt am Geformten* benötigt. Ohne Institution ist keine Kultur möglich. *Gehlen* ($^5$1986, 42 und 88) formulierte:

> „Alles gesellschaftliche Verhalten wird nur durch Institutionen hindurch effektiv, auf Dauer gestellt, normierbar, quasi-automatisch und voraussehbar", und: „auch die höchsten geistigen Synthesen . . . dauern nur so lange wie die Institutionen, in denen sie gelebt werden."

Stabilität und zeitüberdauernde Geltungschance hat alles Gedachte nur, wenn es sich in Institutionsform verfestigt.

Die Institution kann ihre Funktionen gegenüber Individuum und Gesellschaft nur dann erfüllen, wenn sie auch Institution *ist* – d. h. wenn sie Regel, Festigkeit, Dauer, Ordnung, Hierarchie hat. Man kann ihre gründende Gestalt nicht abhängig machen von schnell wechselnden Trends und Stimmungen, von Zufallsmehrheiten unterschiedlich besuchter Vollversammlungen oder dergleichen – Schulen, die solches versuchen, gefährden ihren Bestand, können nicht leisten, was von der Institution zu fordern ist: daß sie Anhalt gibt und Stabilität gewährleistet.

Aber andererseits ist die Institution für den Menschen da, ist sie nicht selber Zweck, sondern ein Instrument, eine *Ausrüstungsform des Menschen.* Darum ist ihre Geschichtslosigkeit nur Schein. Ihre Geschichte besteht aus Anpassungsbewegungen an sich wandelnde kollektive Bedürfnisse. „Für etwas einmal gut Eingerichtetes ist es das beste Glück, keine Geschichte zu haben", sagte *Hegel*. Wir verstehen jetzt genauer, was er meinte. Es war nicht seine Ansicht, daß an einer Institution überhaupt nichts verändert werden dürfe – er selbst hat sein Nürnberger Gymnasium entschieden verändert. Aber er kannte die Bedeutung fester Regelhaftigkeit, die sich in für den Benutzer kaum erkennbarer Weise nur langsam verwandelt. Dieses „beste Glück" schrieb er dem „gut Eingerichteten" zu, der Institution nämlich, die im Rahmen der Gesamtkultur ihre eigene Form so stabil faßt, daß sie dem Einzelnen Anhalt gewährt, sie zugleich so flexibel läßt, daß sie die Geschichtchen der Einzelnen, der Lehrer und Studierenden, zuläßt und sie fördert in ihren je individuellen Suchbewegungen.

Die Institution „stellt die als Schule und in Schule eingerichteten und geordneten Funktionen auf Dauer – es braucht nicht ständig von neuem angefangen zu werden" (*Ballauf* 1982, 132).

Die allgemein eine Institution charakterisierenden Formzüge werden weiter erläutert durch *Adl-Amini* (vgl. Grundlagentext 1.2). Hier ist noch einzugehen auf Merkmale, welche die heutige Institution Schule kennzeichnen:

(1) Erziehung und Belehrung in Schulen erfolgt nicht ad-hoc, von praktischen, lebendigen Ereignissen, Situationen ausgehend, sondern entlang festgelegter Stoffsequenzen, die systematisch aufeinander aufbauen sollen. Diese sind portioniert, für alles einzelne und für den gesamten Lernvorgang sind Zeiten festgesetzt.

(2) Die Sequenzen haben keinen unmittelbaren Lebensbezug, alle „Stoffe" werden durch Zeichen vermittelt, vor allem durch Texte.

(3) Die Motivation, diese Stoffe zu lernen, liegt nicht in gegenwärtig geschehendem Erlebnis, sondern in der Zukunft: der Fremdsprachen lernende Schüler z. B. hat meist keine Gesprächspartner, die diese Sprache gebrauchen; der um Differentialrechnung sich bemühende findet in seiner Lebenswelt nichts, an dem er sie anwendet.

(4) Die Sequenzen werden von professionell ausgebildeten Beamten dem Schüler nahegebracht – deren Tätigkeit ist also, rechtlich gesehen, ein „Hoheitsakt".

(5) An diesem Akt teilzunehmen oder sich ihm zu entziehen, kann der Schüler nicht wählen: Schulpflicht zwingt ihn zur Teilnahme, Sanktionen treffen ihn und die Eltern, wenn er sich entziehen will.

Wir nennen diese Strukturmomente nochmals in den Formulierungen von *Herrlitz/Hopf/Titze* (in *Lenzen* Bd. 5, 57–60);

„– raum-zeitliche Verselbständigung des Lernens
– symbolische Vermittlung des Lernens
– Zeitbindung des Lernens
– formale soziale Organisation des Lernens
– öffentlich-rechtliche Verpflichtung des Lernens".

Ist nun die so beschaffene, so erlebte Schule noch voll gerechtfertigt? Verwirklicht sie die gesellschaftlich-staatlichen Ziele, fördert sie die Individuen, wird sie von ihnen akzeptiert? Oder muß man die Gesellschaft „entschulen", muß „Schule ins Museum" (*Illich* 1972 und 1984)?

## 1.3 Legitimationskrise der Institution Schule?

In einem bedeutenden Teil der veröffentlichten Meinung ist Schule gleichsam schon begraben. Einschlägig sind hier zunächst Ergebnisse der in den letzten Jahren intensiv betriebenen Jugendforschung. Sie weisen darauf hin, daß die Ziel-Dreiheit von Sozialisation, Qualifikation, Allokation von heutiger Jugend in der Bundesrepublik Deutschland nicht mehr unbefragt als sinnvoll hingenommen wird. Eine Reihe von Untersuchungen der letzten Jahre zeigen eine Abwendung großer Teile der Jugend von der „offiziellen" Ausrichtung unserer Gesellschaft. Die Arbeiten von *Kmieciak* (1976) und *Ingelhart* (1977) sowie die *Sinus*-Studie (1983) zeigen übereinstimmend eine Hinwendung der Jugend auf postmaterielle Werte. Die 1985 erschienene *Shell*-Untersuchung weist im reichen Material ihrer 5 Bände nach, daß die Jugend sich von den Orientierungsmustern der Erwachsenen abwendet. Sie blickt auf Orientierungen, „die eine Nicht-Passung von Ich und Gesellschaft beschreiben und zugleich zur Behauptung des Ichs gegen die Sozialwelt aufrufen, ja die Chance für eigene Lebendigkeit und vielleicht auch Selbstgewißheit darin sehen, daß man den sozialen Ordnungen und Verordnungen Widerstand leistet. . . . Selbstbehauptung ruft zum Widerstand gegen die Ordnung des sozialen Makrokosmos auf, sieht die Chance zu einer selbstgewissen Lebendigkeit, zu einer würdigen Identität im ständigen Kleinkrieg um ihre Behauptung – gegen die große Sozialwelt" (*Shell* 1985, Bd. 1, 22). Zwar will sich die Mehrheit der Jugendlichen nicht generell aus Schule und Arbeitswelt zurückziehen (der Ergänzungsband der *Sinus*-Studie betont dies; 1985, 62), aber man will Schule und Arbeitswelt von Imperativen geregelt, die nicht allein oder primär ökonomisch begründet sind. Es ist offensichtlich, daß eine solche Haltung es mindestens sehr schwierig macht, die offiziellen Stabilisierungs-, Reproduktionsziele der Schule zu verwirklichen. Die Schule soll Loyalität gegenüber den Normen, Ausrichtungen, Erwartungen der Gesellschaft erzielen. Sie soll die Zustimmung der Jugend zu Zielen und Formen des staatlich verfaßten Gefüges erreichen. Die Jugendlichen sollen sich in diese Formen einfügen. Sozialisation, die im Sinn der Institution gelingt, reproduziert und legitimiert das bestehende System. Es können kaum Zweifel daran bestehen, daß das Erreichen dieser Ziele jedenfalls erheblich mühsamer wurde.

Untersuchungen nach Art der *Shell*-Studien erfassen zwar mit ihren Fragebögen im wesentlichen Meinungstrends, die von veröffentlichter Meinung beeinflußt sind. Solche Trends können schnell wechseln. Immerhin deuten jedoch die genannten Untersuchungen darauf hin, daß in der Gesellschaft und in besonders starkem Maß in der Jugend *Suchbewegungen nach einer veränderten Lebensausrichtung* zu beobachten sind. Dies würde allerdings allein die Institution Schule nicht gefährden – wir sahen, wie sie sich, obzwar langsam, veränderten Gesellschaftszielen anzupassen vermag. Nun finden wir außerdem in der erzählenden Literatur der Gegenwart Indikatoren, die darauf hindeuten, daß die Institution Schule im Leben der Jugendlichen an Bedeutung verliert.

Freilich ist auch in älterer Literatur Schule unfreundlich behandelt. Die Schul- und Schülerromane um 1900 beschreiben sie als eine feindliche Einrichtung, die aber lebensbestimmend ist. Thomas *Mann* z. B. schildert von Hanno Buddenbrook, wie die Schule als quälender, gehaßter Zwang alles andere überschattet, wie die Angst, die sie auslöst, vor- und nachwirkt, selbst am Wochenende nur stundenweise weggedrängt werden kann. Die Schule ist eine Institution, an deren Tücke und Gehässigkeit man zugrunde gehen kann: so geschieht es dem „Schüler Gerber" bei *Torberg*. Selbst wenn sie wohlmeinend auftritt, können ihre Zöglinge noch an ihrer sinnlosen Paukerei zugrunde gehen: *Hesse* zeigt dies von Hans Giebenrath in „Unterm Rad" – also eine scheußliche Institution voller Unverständnis für die Jugendlichen (*Wedekinds* „Frühlings Erwachen"), voller entarteter Lehrerfiguren (Professor Unrat, Flachsmann). Aber in diesem drastisch einseitigen, zweifellos ungerechten Bild, das die deutsche Literatur um 1900 von der Institution entwirft (und bei dem man wohl bedenken muß, daß diese jungen Schriftsteller sich besonders ungern dem Schulzwang fügten), in dieser Überzeichnung der Schwächen der Institution bleibt Schule von zentraler Lebensbedeutung, diese Schule, in der ein „besonderes Gewaltverhältnis" herrschte (vgl. dazu Kapitel 2).

Von lebensgefährdendem Kampf gegen Schul-Übermacht ist in neuester Schul-Literatur wenig die Rede. Dezember 1983 erschien bei Rowohlt eine Textsammlung „Schule überleben" (*Kahl* 1983), Texte von 37 Autoren, lauter junge Leute, nur 3 älter als 35; Schulerinnerungen. Das dominante Leid, das in diesen neuen Texten spricht, heißt Langeweile, Öde. Es ging in der Schule, so schreibt ein 25jähriger (*Ladendorff*, 86), „um die optimale Anpassung zum Zahnrad X, das nach Abnutzung eines alten, verbrauchten Zahnrades dessen Stelle zu übernehmen hat." Aber gerade dies wird nicht einsichtig, warum man danach streben soll: „Ich bin dabei, die Schule in mir abzuschaffen", schreibt ein anderer (*Marten*, 22).

Nun dürfen auch literarische Schilderungen nicht umstandslos als Beweis genommen werden – man würde den deutschen Lehrern zu Anfang unseres Jahrhunderts bitteres Unrecht tun, würde man sie *alle* vorstellen nach dem Bild des Professor Unrat (H. *Mann*), des Gott Kupfer (*Torberg*) – genauso wenig können die zitierten jungen Stimmen als allgemein zutreffend gelten. Jeder, der mit Jugendlichen umgeht, erfaßt, daß Schule keineswegs nur negative Bilder hinterläßt. Bei aller Skepsis gegenüber solchen subjektiven Äußerungen und gegenüber der Auswahl der Beiträge durch Herausgeber und Verlag wird man aber sagen können, daß bei vielen Schülern keine generelle Bedeutsamkeitsvermutung sämtlichen Schulstoffen gegenüber, keine generelle Richtigkeitsvermutung den Schulzielen gegenüber vorhanden ist.

Hermeneutische Überlegungen stützen diese Annahme. Der Bildungsbegriff wandelte sich zur „Qualifikation", zum Fit-machen für den Wirtschaftsprozeß. Die Motivation für dieses Passend-machen lag vor allem in der mit Qualifikation zu erwerbenden Allokation, war primär ökonomisch. In der „Arbeitsgesellschaft, der die Arbeit ausgeht" (*Ahrendt* 1967) wird die spätere Zuteilung unsicher – Arbeitslosigkeit und unterqualifizierte Beschäftigung droht nicht nur den starken Jahrgängen, sondern dürfte bei fortschreitendem Ersatz menschlicher Arbeit durch Maschinen bleibende Gefahr sein. Die *ökologische Sinnkrise* unserer

Gesellschaft drängt dazu unabweisbar die Frage auf, ob das von der Institution Schule angebotene Qualifikationsziel erstrebenswert ist: gibt es Lebenssinn, sich für eine Gesellschaft zu sozialisieren, die zunächst und zuerst immerzu an Expansion und Profit und Vernutzung denkt, welche die begrenzten Ressourcen des Planeten verschleudert für immer mehr Produktion von überflüssigem Zeug, von Waffen?

Diese Probleme, welche krisig auf das gesamte Gesellschaftsgefüge wirken, sind hier nicht weiter auszuführen – jeder Pädagoge weiß, daß die Jugend solche Probleme heftiger empfindet als die bereits Sozialisierten. Die Besonderheit der *Schulkrise* in unseren Tagen liegt darin, daß im Zeitpunkt, in dem die Schule einen zeitlich so ausgedehnten Zugriff auf junge Menschen erhielt wie nie zuvor, die Strukturmomente der Schule, ihre gründenden Regulative nicht mehr problemlos greifen.

Die Text-verwaltende Schule verlor ihr Informationsmonopol, das sie noch bis zum Zweiten Weltkrieg besaß, an die Medien. Die Medien, besonders das Fernsehen, haben in der Informationsübermittlung didaktische Vorteile gegenüber der Schule: selbstverständlich kann kein Biologie-Lehrer konkurrieren mit einer Sendung von Stern oder Cousteau, um ein beliebiges Beispiel zu nehmen. Das Fernsehen präsentiert Bilder – die Schule neigt dazu, ihre Gegenstände zu entsinnlichen: „Die Erfahrungswelt wird der Tendenz nach zur Datenmenge" (*Rumpf* in *Twellmann* 1985, 107). Die rationale, sich durchkalkulierende Zivilisation klammert die nicht-kognitiven Dimensionen des Menschen aus, betrachtet sie als Störfaktoren, läßt sie höchstens in Privatheit zu.

*Rumpf* (1986, 87) beschreibt die „Mangelerfahrungen im schulischen Lernen": „. . . das Abdrängen inoffizieller, persönlicher Weltversionen, . . . die Geringschätzung der in Fehlern und Bildern steckenden Annäherung . . . ; das Übergehen bestimmter Medien der Wahrnehmung und des Ausdrucks zugunsten der Privilegierung eines kognitiv-formalen Weltzerlegungs- und Weltbewältigungsapparates in den Menschen . . . ; die bewußtlose Übernahme bestimmter Verlaufsbilder des richtigen Lernens und Lehrens, die durch eine bestimmte Art, Zeit zu erfahren und sich Zeitreglements zu unterwerfen, begünstigt wird . . . ; die Entfremdung des Lehrer- und Erzieherberufes von den Sensibilitäten des Künstlers. . ."

Menschen, die markante Rudimente von Phantasie, Affekt, von mythischer Weltdeutung in ihr Agieren einfließen lassen, haben eine problematische Stellung in der technischen, sich planenden Zivilisation. Zuweilen werden sie in ihr angesehen wie *Dostojewskis* Fürst Myschkin: als Idioten. Schon *Portmann* (1979) wies darauf hin, welche *Reduktion des Menschenbildes* damit gegeben ist. Erst allmählich nehmen Pädagogen solche Hinweise auf, wobei sie dann damit rechnen müssen, daß ihnen das Wutgeheul besonders der linken selbsternannten „Progressiven" entgegenschlägt (vgl. Anmerkung 4).

Medien werden freiwillig, ganz aus eigener Wahl benutzt – Schule teilt zwangshaft zu. Der professionell ausgebildete Lehrer kann auf Interessen seiner Schüler nur begrenzt eingehen – die Administration gängelt ihn mit voluminösen Richtlinien (die für das Gymnasium in Nordrhein-Westfalen bieten ein abschreckendes Beispiel: sie sind verfaßt, als hätten die Lehrer nicht studiert!), festgesetzten

Zeiten und Zahlen für Klausuren etc. Lebensbezug, Praxisrelevanz ist seltenes Erlebnis für die Schüler. Sie müssen sich „auf eine für sie leere, eine ungreifbare Erwachsenenzukunft hin schulen und ausbilden lassen – bilderlos, beherrscht, Kurselement an Kurselement fügend“ (*Rumpf* in *Twellmann* 1985, 107). Die Motivation durch Qualifikations-Belohnung in der Zukunft ist schwächer geworden – wenn aber ein Schüler den Eindruck hat, daß das meiste ihm abverlangte Lernen weder jetzt noch in Zukunft „etwas bringt“, wenn zugleich er immer länger in „symbolisch vermitteltem Lernen“ festgehalten wird (neun Pflichtschuljahre als Minimum, zwölf bis dreizehn als Durchschnitt, wenn die weiterführenden Schulen sowie die Berufsschule eingerechnet werden) – dann ist es nicht verwunderlich, daß er mit Langeweile und Abwehr reagiert.
Die Institution Schule gerät aus folgenden Gründen in eine Legitimationskrise:
- das portioniert-vorgeschriebene Lernen kann die subjektiven Bedürfnisse kaum beachten
- das Lernen über Zeichensysteme wird als praxis-, lebensfern erlebt
- die Lernzeit dehnt sich zu lange im Leben aus
- der Zwangscharakter der Institution wird nur ertragen, von einem Teil der Schüler nicht mit Zustimmung erlebt
- die tragenden Gründe für diesen Zwang werden von vielen Jugendlichen nicht einverleibt
- ein Teil der Jugend will dieses Gesellschaftsgefüge, so wie es ist, nicht stabilisieren und reproduzieren
- diese Jugendlichen lassen sich nur partiell für dieses Gefüge sozialisieren
- die zu erwerbende Qualifikation scheint ihnen problematisch, die versprochene Allokation unsicher
- die Identität, die sie suchen, hat eine zwar undeutlich umrissene Gestalt, bei der jedoch die Differenz zur Gestalt des schulischen Sozialisationsangebotes sichtbar wird.

Die Einsicht in die gegenwärtige Schulkrise ist in der deutschen Erziehungswissenschaft heute allgemein (vgl. Anmerkung 5). Dennoch wird man nicht *Illichs* Schluß ziehen können: „Schule ins Museum“. So reizvoll seine Vorstellungen von einem Bedürfnis-bestimmten, mit Markt-Elementen funktionierenden Bildungssystem auch sein mögen – man kann nicht hoffen, das Bildungswesen der Bundesrepublik darauf umzustellen, die Gesellschaft zu „entschulen“. Auch der Versuch einer Abkoppelung der Schule vom Berechtigungssystem (*Spies* 1978) ist praktisch jedenfalls mittelfristig nicht realisierbar: „starke Interessenkoalitionen (lassen) eine Änderung des bestehenden Systems von Berechtigungsscheinen und Laufbahnmustern als aussichtslos erscheinen“ (*Edding* 1982, 534).
Indikatoren für Krisen von Institutionen bedeuten durchaus nicht, daß die Institution schwindet. Sie bedeuten lediglich, daß sie sich allmählich an sich wandelnde Lagen des gesellschaftlichen Gefüges anzupassen hat. Die zentrale Aufgabe von Pädagogik, ihre in der Leitdifferenz Inkompetenz-Kompetenz bezeichnete Pflicht zu Hilfe und Geleit bleibt unverändert – es verändert sich lediglich das Verständnis von Kompetenz. Auch die fundierenden Merkmale der Institution

bleiben unverändert – lediglich die spezifischen Charakterzüge der Schule wandeln sich langsam. Insofern könnte man die Geschichte der Institution Schule als Dauer-Krise beschreiben – in ihr war stets die „Spannung zwischen Freiheit der Subjektivität und Determiniertheit durch Institutionen" (*Adl-Amini* 1985, 68) gegeben und jeweils zeittypisch auszugleichen.
Was in unseren Tagen festzustellen bleibt, ist lediglich, daß die Suchbewegungen, das Bemühen um veränderte Weisen des Schule-haltens, wie wir sie in vielen Schulen sehen, bedeutsam sind – weswegen wir sie im letzten Kapitel charakterisieren wollen. Die Bildungspolitik ist gut beraten, wenn sie diese Suchbewegungen nicht durch parteipolitische Kommandos stört, sondern der Anweisung *Schleiermachers* folgt: „Das Verhältnis des Unterrichtswesens zur Staatsverwaltung muß dieses sein, daß der Staat die fortschreitende Entwicklung nicht hemme, sondern fördere" (1902, 377; vgl. zu diesem Abschnitt aber auch Anmerkung 6).

## Kapitel 2:
## Das Großsystem: Normierung und Verwaltung

### 2.1 Schulrelevante Weisungen des Grundgesetzes

„Hätte Borchert um diese Zeit nicht auch Deutsch unterrichtet, in Vertretung . . . , dann wäre die ganze Sache wahrscheinlich anders ausgefallen. So aber schrieb der Stundenplan gerade an diesem Tag von 9 bis 10 Deutsch und von 11 bis 12 Französisch vor.
Borcherts Eitelkeit trieb ihn zu allerlei Verstiegenheiten, auf die ihm die Klasse, da er ja nur aushilfsweise Deutsch unterrichtete, nicht nach Wunsch einging. Man nahm ihn in diesem Gegenstand nicht ernst, spöttelte sogar ein wenig. Borchert hatte das bald heraus, seine Nervosität steigerte sich zur Hysterie, und plötzlich . . . war aus nichtigem Anlaß eine Kontroverse zwischen dem Professor und dem sonst nicht gerade kampflustigen Schüler Schleich in lautes Geschrei ausgeartet, Borchert gebrauchte dabei die gewöhnlichsten Schimpfworte, Schleich verbat sich das ziemlich energisch, drohte mit der Anzeige beim Direktor, und als Borchert, nun ganz aus der Fassung gebracht, wieder mit einem Schimpfwort entgegnete, wollte Schleich an ihm vorbei und zur Tür. Borchert, in dessen hochrotem Gesicht die heftig zwinkernden Augen äußerst komisch wirkten, vertrat ihm den Weg; ob Schleich den Versuch gemacht hatte, ihn wegzustoßen, war nicht feststellbar – jedenfalls erhielt er plötzlich einen schallenden Schlag ins Gesicht. Die Klasse war perplex, und wurde es noch mehr, als Schleich kehrtmachte und sich auf seinen Platz niedersetzte. Borchert, bleich und am ganzen Körper zitternd, brachte die Stunde mühsam zu Ende. . ." (*Torberg*, [13]1984, 181 f.)

Die Schüler der Klasse, von denen *Torberg* im Roman „Der Schüler Gerber" erzählt, sind ungeheuer erregt durch diese Szene. Schleich will seinen Vater zum Direktor senden. Gerber versucht, die Mitschüler zum Boykott des Lehrers in der folgenden Französisch-Stunde zu bewegen. Aber die Schüler wagen es nicht – die Abschlußprüfung für diese jungen Damen und Herren der letzten Klasse eines Gymnasiums steht bevor in wenigen Monaten – der Boykott bricht zusammen, der Tadel im Klassenbuch droht an Gerber hängen zu bleiben, der sich ohnehin schon die Feindschaft des Klassenlehrers zuzog:

„Noch Unfaßlicheres begab sich: Schleich ging nach der Stunde zu Borchert ins Konferenzzimmer und entschuldigte sich bei ihm . . . denn, nun ja, . . . Professor Borchert würde bald Gelegenheit haben, dem Schüler Schleich weit Peinlicheres anzutun als eine Ohrfeige . . . Borchert war gnädig und verzieh. Er verzieh auch dem Schüler Kurt Gerber, der bald nach Schleich im Konferenzzimmer erschien, und er erklärte sich bereit, die Sache auf sich beruhen zu lassen" (a.a.O., 191).

*Torbergs* Roman erschien 1930 – auch damals war es nicht üblich, einen 18jährigen zu ohrfeigen. Aber wir sehen, daß die Schüler kein geeignetes Mittel finden gegen einen wenig ausdrucksvollen Lehrer ohne persönliche Autorität – Einigung über eine Klassen-Aktion gegen ihn ist nicht herstellbar, da die Schüler die Lehrer-Rache in der Prüfung fürchten. Schülervertretungen in Konferenzen sind unbekannt. Elternmitwirkung in rechtlich gesicherter Form gibt es nicht – die Eltern des Romans antichambrieren bei den Gymnasialprofessoren demütig wie die Schüler. Wir sind in einer Anstalt, in der *das besondere Gewaltverhältnis* herrscht, in der auch die körperliche Züchtigung eines älteren Schülers für den Lehrer ohne Nachteile bleibt.

„Kraft der ‚Schulgewalt' konnte den Schülern alles geboten werden, was dem ‚Zweck der Schule' diente, konnte ihnen verboten werden, was diesem Zweck zuwiderlief. Diese ‚Zwecke' wurden von der Schulverwaltung . . . definiert und konkretisiert . . . Lehrer, Schüler und Eltern waren . . . einer intensiven Reglementierung der Lehrinhalte, der Methoden, der ‚Schulzucht' unterworfen." (Dt. Juristentag 1981, 25 f.)

Die Institution war durch Recht und Tradition so angelegt, daß wirksamer Widerstand auch gegen schlimme Zumutung durch einen Lehrer kaum möglich war. *Torbergs* Schüler sind nicht feiger oder opportunistischer als Schüler generell, aber sie finden sich in einer Position, in der sie ihr Recht und ihre Würde kaum zur Geltung bringen können. Und dieser Lehrer ist nicht einmal besonders bösartig – er wird ja eher als bedauernswerter Mann gezeichnet –, aber die Form der Institution gewöhnte ihn daran, daß er in der Klasse recht behält, unter fast allen Umständen.
Wenn der Schüler Schleich und der Lehrer Borchert in einer heutigen 13. Klasse der reformierten gymnasialen Oberstufe so aufeinander stoßen würden, wäre die Szene sogar grundgesetzlich relevant. Denn das Grundgesetz sichert das Recht und die Würde der Person (Art. 1, 1; Art. 2, 1 und 2) – dies *Personrecht* kommt jedem Schüler zu. Es wäre verletzt durch Beschimpfungen („Kretin", „Rotznase", „Falotten"), dies noch vor der ganzen Klasse, so daß außerdem noch der Straftatbestand der „öffentlichen Beleidigung" vorläge, wäre verletzt durch die Ohrfeige, die dem Lehrer außerdem ein Strafverfahren wegen Körperverletzung einbringen könnte. Dieses erste Grundrecht, das in heutiger Schule wirksam ist, wird nicht aufgehoben durch das ebenfalls grundgesetzlich gesicherte *Bestimmungs- und Gestaltungsrecht des Staates* über die Schule, wie der Art. 7, 1 über die staatliche Schulaufsicht nach überwiegender Rechtsmeinung interpretiert wird. Vielmehr findet dieses Bestimmungsrecht des Staates eine Grenze im Person-Recht des Schülers. Eine zweite Grenze ist dem Staat gesetzt durch das *Erziehungsrecht der Eltern* (Art. 6, 2). Diese drei Grundrechte sind die wichtigsten, die in heutiger Schule zu beachten sind. Sie stehen offensichtlich in Spannung zueinander, müssen in den konkreten Prozessen der Institution in ein Balance-Verhältnis gebracht werden. Zu diesen Grundrechten treten das Demokratiegebot und das Rechtstaatsprinzip (Art. 20, 2 und 3, vgl. *Oppermann* 1976), das Neutralitätsgebot (die Verpflichtung der Schule zu religiöser und weltanschaulicher Neutralität, Art. 4), der Gleichbehandlungsgrundsatz (vgl. *Maunz/Dürig/Herzog/Scholz* 1978, Komm. zu Art. 3, zum ganzen Komplex *Röhrs, D.G.* 1982, *Heckel* 1986). Das ist der Verfassungsrahmen, in dem in der Bundesrepublik Schule zu arbeiten hat.

## 2.2 Sonstige Normbereiche in der Schule

Die Verfassung, das *Grundgesetz,* ist die oberste, auch Schule wie alle Institutionen, Verfahren, Handlungen in der Bundesrepublik bestimmende Norm. Der Idee nach sind alle übrigen Normen auf das Grundgesetz beziehbar; alle anderen Regulierungen müssen mit dem Grundgesetz kompatibel sein. Es wäre wünschenswert, wenn ein Lehrer, Schüler, Erziehungsberechtigter, der sich rechtskundig machen will über Normen, welche in schulisches Leben eingreifen, lediglich Grundgesetz und Schulrecht zu studieren hätte – aber dies würde ihm noch nicht Überblick über alle möglichen Konfliktfälle in seinem Handeln gewähren. Denn viele Rechtsbereiche werden in der Schule berührt. Da sind das *Beamtenrecht* und die *Laufbahnordnungen,* die den Status des Lehrers fixieren, seine Rechte und Pflichten festlegen sowie seine Beförderungschancen regulieren. *Öffentliches Recht* wirkt ein, das die Rechte und Pflichten der Gebietskörperschaften, der Schulträger, bestimmt. Der Lehrer hat bei jedem Schulausflug mit *Versicherungsrecht* zu tun. Viele Schulen haben einen Eltern-, Ehemaligen-, Förderverein: das verweist auf *Vereinsrecht.* Die Schüler geben eine Schulzeitung heraus: *Presserecht* ist einschlägig. Unser Literaturbeispiel zeigt, daß Lehrer, Schüler, Eltern auch schulisch mit *Strafrecht* in Kontakt kommen können. Für den Lehrer wäre in solchen Fällen auch das *Disziplinarrecht* bedeutsam, das ihm bei Fehlverhalten eine Doppelbestrafung bescheren könnte. Schließlich ist bei allen Berührungen mit Gerichten *Verfahrensrecht* bedeutsam, die Prozeßordnungen. Lehrer, Eltern und Schüler geht es insofern wie jedem Bürger eines Rechtsstaates: die schiere Menge von Normen, die sie Schritt für Schritt begleiten, können sie beim besten Willen nicht übersehen und im einzelnen kennen. Der Bürger eines Rechtsstaates benötigt ein gewisses Gottesvertrauen oder ziemliche Gleichgültigkeit, oder Vertrauen darauf, daß seine internalisierte Disziplin schon das Rechte treffen läßt.

Vergeblich und unpassend wäre in unserem Buch der Versuch, alle Rechtsbereiche, die für Schule relevant sind, zu entfalten. Wir beschränken uns auf das für die Institution Schule Wichtigste: auf Schulrecht, „Kunstlehre" und Schulverfassung.

## 2.3 Das Schulrecht

Das Grundgesetz und die Verfassungen der Länder enthalten bereits materielle Aussagen über die Institution Schule, ihre Ziele, ihre Einordnung in das Rechtsgefüge. Diese Aussagen sind allerdings interpretationsfähig und interpretationsbedürftig. Sie sind nur der Rahmen, noch nicht das Bild – *allein* von den Verfassungen her sind Erziehungs- und Unterrichtsprozesse nicht zu regulieren. Einzelanweisungen für die Schule sind hieraus jedenfalls nicht vollständig abzuleiten.

Soll die Arbeit in der Schule nicht weitestgehend individueller Beliebigkeit und privatem Einfall überlassen werden, sind Ausfüllungen nötig. Diese erfolgen durch zwei *Anweisungsgefüge,* die prinzipiell voneinander unabhängig wirken, sich aber ständig beeinflussen: nämlich durch das *Schulrecht* und die seine Beachtung überwachende Schulaufsicht, und durch *Kunstlehre,* wie *Schleiermacher* die Erziehungswissenschaft nannte. Von beiden Gefügen wird der regelungsfreie Bereich, der dem einzelnen Lehrer bleibt, seine *pädagogische Freiheit,* eingeschränkt – und zwar vom Schulrecht in primär anweisender und verbietender, durch die Kunstlehre in helfender, beratender Weise. Diese Gefüge haben unterschiedliche Geltungskraft: dem Schulrecht müssen alle Schulangehörigen (bzw. die von Schule Betroffenen, also auch die Eltern) folgen. Die Handlungsvollmacht des Lehrers wird dadurch eingeschränkt, seine pädagogische Freiheit aber nicht aufgehoben. Die Kunstlehre gibt ihren Rat primär dem Lehrer: ihn anzunehmen, liegt in seiner Entscheidung.

„Im gegenwärtigen Schulrecht wird der ‚Zweck' der Schule rechtlich allein durch die sehr allgemein gefaßten Bildungs- und Erziehungsziele der Länderverfassungen und/oder Landesschulgesetze bestimmt" (Dt. Juristentag 1981, 39).

Die nähere Bestimmung dieser Ziele erfolgt im bisherigen Schulrecht durch *Richtlinien und Lehrpläne* – also durch administrative Vorgaben (die im Auftrag des Ministers üblicherweise durch Schulpraktiker erstellt werden, wobei in einigen Ländern Wissenschaftler den Kommissionen vorsitzen oder sie beraten). Die Richtlinien werden dann nach Überprüfung im Ministerium erlassen.
Es ist umstritten, ob „die Aufgaben der Schule, insbesondere die allgemeinen Lernziele sowie die Aufgaben und Gegenstandsbereiche des Unterrichts, durch Gesetz geregelt werden, während die Lehrpläne (d. h. die Festlegung der fachlichen Lernziele und soweit dafür erforderlich der Unterrichtsinhalte) im Rahmen dieser gesetzlichen Aufgabenbestimmung durch Rechtsverordnungen ergehen" (so Dt. Juristentag 1981, 40; vgl. dazu auch Grundlagentext 2.1), oder ob es insofern bei administrativen Vorschriften in Erlaßform ohne Gesetz bzw. Rechtsverordnung bleiben soll (so z. B. *Röhrs,* D.G. 1982, 61 ff.). Für den Lehrer ist dieser Juristenstreit relativ unerheblich – in jedem Fall ist er an Vorgaben gebunden:

„Die Inkorporation der an sich pädagogisch definierten Schule in den Staat macht pädagogisches Handeln zu staatlichem Handeln. Die pädagogische Norm wird Rechtsnorm, zu der pädagogischen Begründung tritt die Setzung durch staatliche Macht hinzu" (*Hennecke* 1984, 16).

Hier zeigt sich bereits das *Sich-Überschneiden von rechtlicher Norm und pädagogischer Kunstlehre.* Im Idealfall gehen sie Hand in Hand, und zwar so, daß staatliche Normsetzung einen pädagogischen Konsens lediglich artikuliert und fixiert. Dafür ist freilich Voraussetzung, daß ein pädagogischer Konsens existiert, also daß es Mehrheitsüberzeugungen darüber gibt, was die Schüler wann und wie lernen sollen. „Läßt sich die pädagogische Norm nicht mehr aus sich selbst heraus begründen, ruht sie nicht mehr auf einem vor-rechtlichen Konsens, muß der pädagogische Dissens durch staatliches Recht substituiert werden" (*Hennecke* 1984, 16) – die Streitigkeiten um Inhalte von Richtlinien besonders in der „Reformepoche" 1965–1975 entstehen durch solche Substitutionsversuche (z. B. die Hessischen Rahmenrichtlinien), die keine genügende Mehrheit finden.

Durch Rechtsnorm oder administrative Vorgaben sind nicht lediglich Lernziele und Fächerkatalog, sondern das gesamte Gefüge bestimmt, in dem der Lehrer zu wirken hat. Geregelt sind die *Verfahren bei Prüfungen und Versetzungen* (in den meisten Ländern durch Rechtsverordnungen, für die dem Minister im Gesetz eine Ermächtigungsnorm gegeben wird, in Bremen sogar durch Gesetz). Die *Mitwirkung von Eltern und Schülern* in schulischer Arbeit ist gesetzlich oder administrativ festgesetzt. Der Lehrer ist an ein Ordnungsrecht gebunden – „Maßnahmen der Schulordnung und Schulzucht sind traditionell Gegenstände der Anstaltsgewalt im besonderen Gewaltverhältnis" gewesen (Dt. Juristentag 1981, 35): die körperliche Züchtigung beruhte auf Gewohnheitsrecht. Die neueren Schulgesetze bzw. aufgrund dieser Gesetze erlassene Rechtsverordnungen (z. B. die Allgemeine Schulordnung Nordrhein-Westfalen 1978 und das Bayrische Gesetz über das Erziehungs- und Unterrichtswesen 1982) geben einen ausschließenden Katalog der zulässigen schulischen Ordnungsmaßnahmen: der Lehrer, der Ohrfeigen austeilt, muß heute mindestens eines Disziplinarverfahrens gewärtig sein.
Geregelt sind schließlich Schulorganisation, Schulverwaltung und Schulfinanzierung, wobei der Schulaufbau (also die eingerichteten Schulformen und deren mögliche Veränderung und Ergänzung) Regelungsgegenstand in den meisten Verfassungen der deutschen Bundesländer ist, Schulpflicht, Schulorganisation, Schulfinanzierung in den Ländern entweder durch ein zusammenfassendes *Schulgesetz* oder durch mehrere *Einzelgesetze* bestimmt sind (z. B. in Nordrhein-Westfalen durch Schulpflicht-, Schulordnungs-, Schulverwaltungs-, Schulfinanzgesetz). Der Lehrer findet sich also bereits schulrechtlich in einem Geflecht von Normen, das durch zahlreiche Rechtsverordnungen und durch Verwaltungsbestimmungen (durch Erlasse des Ministers) eine hohe Regelungsdichte erhält, zusätzlich durch Einzelanweisungen der Aufsicht noch enger gezogen werden kann – ein Geflecht, das die einzelnen Lehrer meist nur sehr unvollständig übersehen.

## 2.4 Die Kunstlehre

Die Erziehung insgesamt und alle schulischen Prozesse sind Gegenstand wissenschaftlicher Untersuchung. Erziehungswissenschaft analysiert die Verläufe, die Population, die Prozesse, und versucht dann Rat bei Einrichtung, Durchführung, Steuerung zu geben. Erziehen und Unterrichten sind komplexe Tätigkeiten – schon bei ihrer Analyse ist die Methodik verschiedener Wissenschaften (der Psychologie, Soziologie, der Rechtswissenschaft etc.) gefordert. In allen erzieherischen und schulischen Vorgängen und Einrichtungen könnte die Sache auch anders sein, anders verlaufen, kann das Handeln anders gedacht, anders konzipiert werden – es gibt hier nicht *die* einzig richtige Lösung. Erziehungswissenschaft kann aus ihren Analysen lediglich einen plausiblen Rat entwickeln – darum nannte sie *Schleiermacher* eine „angewandte Wissenschaft", eine „Kunstlehre".

Es ist umstritten, welche Bedeutung der Rat der Kunstlehre bei den Entscheidungen des Lehrers hat. Bei den Ärzten spielt der „Kunstfehler"-Begriff vor allem vor Gericht eine wesentliche Rolle. Das Verschreiben eines Medikamentes, ein chirurgischer Eingriff, welche dem wissenschaftlichen Erkenntnisstand nicht entsprechen und zu Schädigung des Patienten führen, können dem Arzt erhebliche Regreßansprüche einbringen. Vorausgesetzt ist bei dieser Rechtskonstruktion freilich, daß es einen mindestens annähernd einheitlichen „Stand der Erkenntnis" gibt. Ob das in der Medizin mit Recht vorausgesetzt wird, ob nicht auch heutige Medizin in streitende Schulen zerfällt, bleibe hier unerörtert. In der Pädagogik jedenfalls wird ein einheitlicher Erkenntnisstand nicht vorausgesetzt – Prozesse wegen pädagogischer Kunstfehler werden in der Republik nicht geführt. Das entlastet die Lehrer, erweitert den regelungsfreien Raum, in dem sie selbst entscheiden können und müssen. Der wissenschaftlich gegründete Rat hat in ihrem Bereich keine zwingende Gewalt. Dem Lehrer ist überlassen, ob er sich bei lerntheoretischer, kommunikativer, morphologischer, kybernetischer etc. Didaktik Rat holt mit oder ohne Bewußtsein darüber, daß jede Didaktik ein bestimmtes Menschenbild impliziert. Ihm ist sogar freigestellt, auf den Rat der Kunstlehre ganz zu verzichten und seinen Unterricht auf hausbackene Einsichten des sog. gesunden Menschenverstandes zu gründen.
Die wissenschaftlich mitbewirkten Regelungsanstöße wirken im pädagogischen Feld indirekt. So wurde z. B. der Modernisierungsdruck im Reformjahrzehnt stark beeinflußt durch wissenschaftlich-publizistische Beeinflussung der öffentlichen Meinung, z. B. durch die Gutachten des *Deutschen Bildungsrats.* Diese „Modernisierung" richtet sich vor allem auf Erweiterung des Options-Spielraums für individuelle Entscheidungen – Verhaltenszwänge lockern sich, Umgangsformen auch im Unterricht werden verändert, Kleidungssitten lösen sich auf; der Schüler erhält beschränkte Wahlmöglichkeiten für Fächer. Lehrer, die an Verhaltensformen, die vor diesem Modernisierungsschub vielfach üblich waren, also z.B. Prüfen in jeder Stunde mit Zensureneintrag ins Notizbuch, scharfer Anweisungston in der Klasse, Aufstehen der Schüler bei jeder Antwort, festhalten wollen, geraten unter Druck ihrer Klasse und der Mitwirkungsgremien. Der Rat der Kunstlehre ist also pädagogisch nur dann stark wirksam, wenn er einen Verhaltenstrend auslöst oder verstärkt – sonst beschränkt sich seine Wirksamkeit auf Einzelpersonen, die sich bestimmtem Rat öffnen.
Die Trends allerdings schließen, so lange sie anhalten, bestimmte Verhaltensformen aus – wenn sich heute ein Lehrer so benehmen würde wie der Lehrer bei *Torberg,* würde ihn keine Schüler-Entschuldigung bestätigen, mit dem geschlossenen Widerstand der Elternschaft müßte er rechnen, und von den Kollegen hätte er kaum Unterstützung zu erwarten. Auch im pädagogischen Raum fehlt also der Einfluß der Kunstlehre nicht, auch wenn die juristische Kunstfehler-Konstruktion nicht so greift wie bei den Ärzten. Die Kunstlehre wäre in unserem Beispiel nachdrücklich unterstützt durch gesellschaftlich allgemein akzeptierte Kodierung von Umgangsformen: unbegründete Herrschaft, die sich gewalttätig durchsetzen will, findet in der Bundesrepublik keinen Beifall.

## 2.5 Pädagogische Freiheit

Der Lehrer ist als Beamter weisungsabhängig. Er ist gehalten, sich allen Normen zu fügen, die das Rechtsgefüge enthält, und zudem den Anweisungen seiner Vorgesetzten Folge zu leisten. Aber wenn er dazu auch brav bereit ist, sagen ihm alle diese Vorschriften nicht, wie er seine Physikstunde morgen in der Klasse 10a um 11.00 Uhr durchführen soll, und erklären ihm nicht, wie er sich dem kleinen Fritz gegenüber zu verhalten hat, der im Unterricht seinen Tischnachbarn verhaut. Die Normen machen lediglich Ziele deutlich (er soll Grundlagen der Elektrizitätslehre beibringen) und zeigen Grenzen seiner Handlungsvollmacht (er darf den kleinen Fritz nicht mehr über die Bank legen). Sein faktisches Handeln ist seiner pädagogischen Freiheit anheimgestellt, und die Kunstlehre (also Pädagogik, allgemeine Didaktik, Fachdidaktiken) berät ihn dabei.

*Pädagogische Freiheit* (ein auch in der Rechtsprechung üblicher Begriff) ist nicht Ausfluß besonderer Liebe des Staates gegenüber den Lehrern, keine Privilegierung eines Berufsstandes, sondern funktionelle Notwendigkeit: der Lehrer kann nur dann erfolgreich arbeiten, wenn man ihm diese Freiheit läßt. Das ist vergleichbar mit dem Ermessensspielraum, der den Richtern gewährt ist. Man normiert die Strafbarkeit des Diebstahls – aber der Richter kommt zu einem Urteil, das sich dem Gerechtigkeits-Postulat mindestens annähert, nur dann, wenn er die Umstände jedes einzelnen Falles exakt überprüft. Der Lehrer transportiert das vorgegebene Lernziel nur dann mit Hoffnung auf Erfolg in die Köpfe seiner Schüler, wenn er deren Wesensart, Vorkenntnisse, mögliches Lerntempo etc. reflektiert und sein Vorgehen darauf einstellt. Er kann das Verhalten des kleinen Fritz nur dann beeinflussen, wenn er etwas vom Hintergrund, vom Motiv solchen Verhaltens erfaßt.

Schulrechtlich fixiert sind die Globalziele, die Verfahrensgrundsätze. Durch Kunstlehre beraten ist der Lehrer in den Prinzipien seines täglichen Handelns. Schulrecht und Kunstlehre treten im Idealfall nicht gegeneinander auf. Das Recht ist in der Regel nachgängig: es fixiert solches, was die Mehrheit akzeptiert, generiert neue Normen aus schon bestehenden.

Beide Figuren können und wollen nicht den Einzelfall und seine Behandlung genau vorschreiben. Der *Gegenstand pädagogischer Freiheit ist das praktische Verhalten in der konkreten Unterrichts- und Erziehungssituation.* Für dieses praktische Verhalten formieren Recht und Kunstlehre einen Rahmen: also z.B. (denn dies läßt sich nur in Beispielen beleuchten) gebietet das Recht dem Deutsch-Lehrer, bei der Zensierung seiner Aufsätze Neutralitätsgebot und Gleichheitsgrundsatz zu beachten: es ist ihm untersagt, dem Liebling eine um zwei Notenstufen bessere Zensur zu schenken, dem kommunistischen Jungen (oder dem Sohn des CDU-Abgeordneten) ohne Sachgrund die „5“ zu verpassen. Die Kunstlehre (hier die Fachdidaktik) berät ihn über die Kriterien, die er bei seiner Zensierung beachten sollte. Aber wie er den Gedankengang seines Schülers im einzelnen würdigt, zu welchem Urteil er abschließend kommt, bleibt ihm überlassen. Das Recht spricht dabei von der *Unvertretbarkeit seiner Entscheidung* und meint damit, daß kein anderer als der Lehrer dieses Urteil fällen kann, daß auch niemand sonst

berechtigt ist, es zu setzen, daß auch Gerichte nur bei nachweisbaren Formfehlern es aufheben können, daß Fachaufsicht der Schulbehörde nur bei deutlichen und massiven Ermessensfehlern einzugreifen hat.
Unsere Beispiele (und solche Beispiele hat jeder Leser in genügender Zahl bereit) zeigen, welche Bedeutung pädagogische Freiheit trotz des rahmenden Schulrechts und der beratenden Kunstlehre besitzt. Im konkreten Einzelfall, beim Verlauf jeder Unterrichtsstunde, ist der Lehrer auf sich selbst verwiesen, und sein Urteil entscheidet Schülerschicksale, nach wie vor, auch im Rechtsstaat.

## 2.6 Die Schulverfassung

Normen, Vorgaben, Freiräume sind in den Abschnitten dieses Kapitels bisher vor allem auf das Handeln der einzelnen Lehrer-Person bezogen worden. Nun ist aber jeder Lehrer Mitglied einer Institution. Für die Institution gilt ähnliches wie für den Lehrer: einerseits sind ihr bestimmte Regelungen rechtlich vorgegeben (die *Schulverfassung*), andererseits hat sie die Möglichkeit, diesen Rahmen mit einem ihr eigenen *Verwaltungsstil* auszufüllen.
Rechtlich vorgegeben ist der Institution, in welcher Weise man in ihr zu Entscheidungen kommt, die Art der Willensbildung. In Berlin, Hamburg, Nordrhein-Westfalen und dem Saarland finden wir besondere Schulverfassungs- oder Schulmitbestimmungsgesetze, andere Länder legen dies in einem einheitlichen Schulgesetz fest oder haben ein Schulverwaltungsgesetz mit entsprechenden Normen (z. B. Berlin; schneller Überblick über die Regelungen in den Bundesländern bei *Hage/Staupe* 1985, Anhang II). Diese Gesetze legen fest, wer in der Schule für was zuständig ist, wer bei welchen Fragen angehört werden muß, mitwirken, mitbestimmen darf. Die Zusammensetzung der Konferenzen ist fixiert, festgelegt sind Wahlvorgänge für die Bildung der Gremien etc.
Materiell sind diese Regelungen in den Bundesländern nicht ohne inneren Widerspruch. Denn hier ist zwar eine große und zeitaufwenige Organisation aufgebaut worden mit Wahlen, Gremien, Ausschüssen, diversen Sitzungen, aber die mitbestimmenden Gremien haben wenig zu entscheiden. Die Schulrechtskommission des *Deutschen Juristentages* schildert die Lage:

„Alle Landesgesetzgeber haben in ihren Schulgesetzen oder in besonderen Mitbestimmungsregelungen einerseits Schulverfassungen auf der Basis der Beteiligung von Eltern, Schülern und Lehrern an den schulischen Angelegenheiten geschaffen, sie haben jedoch andererseits die Rechtsstellung der Schule innerhalb des Verwaltungsaufbaus nicht verändert und den paritätischen schulischen Gremien keine Entscheidungs-Kompetenzen im Bereich von Unterricht und Erziehung eingeräumt . . . es ist weithin der Eindruck entstanden, daß in allen Ländern ein Zuviel an Organisation und ein Zuwenig an Mitbestimmung existiert.“ (1981, 56)

Nun wird in der Schulverfassung nicht nur die *Partizipation* geregelt, sondern es werden alle *Entscheidungsbefugnisse* verteilt. Durch die Art, wie ein Bundesland die Schulverfassung normiert, wird ein bestimmter Verwaltungsstil nahegelegt.

Die Länder sind hier in ihrer Gesetzgebung weitgehend frei und können den bildungspolitischen Absichten ihrer Parlamentsmehrheiten folgen. Juristisch ist umstritten, ob sich aus dem Grundgesetz überhaupt etwas für die Schulverfassung ableiten läßt – höchstens kann man aus ihm folgern, daß die Schulverfassung partizipatorische Momente haben soll. Welche Kompetenz bei Sachentscheidungen aber welchem Gremium übertragen wird, wieviel Mitbestimmung man Eltern und Schülern überläßt, ob man den Schulleiter an Konferenzbeschlüsse bindet, ob man ihm dabei ein Vetorecht gibt, welche Befugnisse zu alleiniger Entscheidung man dem Schulleiter überläßt, wer bei Bestellung des Schulleiters mitwirkt etc., dies alles kann im Bundesland entschieden werden. Je nach politischer Mehrheit finden wir in den Ländern stärker direktoriale oder stärker kollegiale, mitbestimmte Verfassungen. Eine Schule allerdings, wie *Torberg* sie beschrieb, in der Eltern und Schüler überhaupt keinen gesicherten Einfluß auf Entscheidungen haben, gibt es in der Bundesrepublik nicht mehr. Und es gibt auch keine Schule mehr, in der Schüler wie Lehrer täglich vor den unvorhersehbaren Entscheidungen eines allmächtigen Direktors zittern (wie sie im drittletzten Kapitel der „Buddenbrooks" von Th. *Mann* beschrieben ist).
Die Gesetzgebung der letzten Jahrzehnte in allen Ländern der Bundesrepublik tendiert zu kollegialen Verfassungen mit *Mitbestimmungsbefugnis von Eltern und Schülern.* Dies hat mindestens bewirkt, daß der Stil des Handelns, des Umgangs in den Schulen sich wandelte, obwohl de facto nur sehr wenig „Herrschafts"-Gewalt an Schüler und Eltern fiel – diese ist im hierarchischen System, dessen unterstes Ende die Einzelschule ist, an die institutionalisierten Organisationsabläufe der Verwaltung gebunden. Das Gesamtsystem ist ein „perennierendes soziales Gebilde" (*Weber,* M. 1956, 121 u. ö.), das jedenfalls auch zur Ausübung von Macht und Herrschaft eingerichtet wurde, und das nicht durchaus verwandelt wird, wenn am unteren Ende Betroffene mitwirken. Möglich aber ist Variation innerhalb des rechtlich fixierten Rahmens der Institution, Beeinflussung des Verwaltungsstils.

## 2.7 Verwaltungsstile der Institution

In einem Teil der Literatur wird behauptet, daß die einzelne Schule im verwalteten, verrechtlichten Großsystem staatlichen Erziehungshandelns keinen Spielraum zur Ausformung einer individuellen Physiognomie besitze. So sagt z. B. H. *Becker* (erstm. 1954, Nachdruck 1962, 148):

„Unsere Schule ist eine ‚verwaltete Schule': während die moderne Schule, die ihre geistige Grundlegung in der Aufklärung erfuhr, zunächst noch ein Lebenszusammenhang selbständiger Menschen war, die vom Staat nur überwacht wurde, hat sie sich immer mehr zur untersten Verwaltungshierarchie entwickelt; sie steht heute auf einer ähnlichen Stufe des Verwaltungsaufbaus wie das Finanzamt, das Arbeitsamt, die Ortspolizei, und in einem deutlichen Gegensatz zur Selbstverwaltung der Ortsgemeinde. Die Lehrer entwickeln sich zu Funktionären, und die Schule ist in Gefahr, nur noch Funktionäre zu bilden. Das Bildungsergebnis der modernen Schule wird langsam der konformistische, einfallslose, mühelos gleichschaltbare Mensch, dessen Kenntnisse zwar z. T. vielseitig, aber qualitativ nicht hochwertig, dafür leicht nachprüfbar sind."

Der *Deutsche Bildungsrat* griff in seiner Empfehlung zur „Verstärkten Selbständigkeit der Schule und Partizipation der Lehrer, Schüler und Eltern" (1973, erarbeitet unter *Beckers* Vorsitz) solche Analysen auf und forderte mehr Entscheidungsrecht für alle an Schule Beteiligten:

„Die Partizipation der Beteiligten trägt der Tatsache Rechnung, daß eine Institution nicht unabhängig von den in ihr tätigen Menschen wirksam entscheiden und handeln kann. Durch Partizipation sollen die gemeinsame Verantwortung und das Zusammenwirken der Lehrer, Schüler und Eltern in dem sozialen System Schule ermöglicht und gestärkt werden."

Diese Empfehlung beunruhigte die Kultusminister so, daß darin der eigentliche Grund für die Auflösung des Bildungsrats zu sehen ist – ein Herauslösen der Schulen aus dem Herrschafts-, Weisungsgefüge des verwalteten Staates konnte nicht zugelassen werden. Das beabsichtigte die Empfehlung allerdings auch nicht – vieles in ihr (wie der zitierte Satz) liest sich heute eher als Beschreibung von Selbstverständlichkeit. Denn sicher sind es in jeder Schule die „in ihr tätigen Menschen", welche die täglichen Entscheidungen treffen.
Der *Schulverfassungs-Rahmen* ist in allen Bundesländern weit genug, damit die einzelne Institution so etwas wie ein „Klima", einen eigenen Stil ausbilden kann (vgl. Kap. 6). Sie setzt das Geflecht der Vorgaben und Normen in institutionsspezifischer Weise um. Die Institution verwaltet sich nach Prinzipien, die ihrem Eigenleben einen bestimmten Ton und Geschmack geben – sehr oft, ohne daß solche Prinzipien ausdrücklich bedacht werden. Forschungen zu *Schulverwaltung und Schulmanagement* haben in den letzten Jahrzehnten exakter konkretisiert, was unter dem früher viel beschworenen „Geist" einer Anstalt genauer zu verstehen ist. Wir versuchen dies mit drei Fragen zu illustrieren: Welche Prinzipien arbeitete erziehungswissenschaftliche Forschung für Schulverwaltung heraus? Welche Prinzipien werden in der erziehungswissenschaftlichen Literatur empfohlen? Gibt es so etwas wie einen optimalen Verwaltungsstil? Wir betrachten also die Dimension der Tätigkeits-Steuerung, die zwischen den rahmenden, gebietend-verbietenden Normen und den beratenen oder unberatenen individuellen Entscheidungen liegt. Der Ermessensspielraum ist hier weniger für den Einzelnen, mehr für das „Kollektiv", das in der Institution arbeitet, gegeben, wobei allerdings der wichtigste Entscheidungsanteil in der inner-institutionellen hierarchischen Spitze, also bei der Schulleitung sich befindet.

### *2.7.1 Prinzipien des Verwaltungsstils*

Welchen Prinzipien kann eine Institution in ihrer eigenen Verwaltung folgen? Aus der sehr ausgebreiteten Literatur zu dieser Frage (Überblick bei *Hoyle/McMahon* 1986) greifen wir ein einziges Beispiel heraus: *Astutos* und *Clarks* Paradoxe.
*Astuto/Clark* (1986) untersuchten die *regulativen Prinzipien,* die für das Handeln des Schulleiters gelten. Da aber im Schulrecht der Bundesrepublik der Schulleiter

nicht mehr Souverän, König seiner Institution ist, sondern eher als Vorsitzender einer ständigen Konferenz begriffen werden kann (vgl. *Flössner* 1980, *Spies/Heitzer* 1987), da jedenfalls in größeren Schulen stets eine ganze Reihe von Kollegen mit Leitungs- und Verwaltungsaufgaben betraut sind, können diese Prinzipien auf den gesamten Verwaltungsstil der Institution bezogen werden.

*Astuto/Clark* sahen sich nicht in der Lage, einen ganz bestimmten Stil von Schulverwaltung zu empfehlen: das ist gerade das Hervorhebenswerte an ihrem Beitrag gegenüber vieler Literatur zum gleichen Thema. Sie zeigen, daß die für Verwaltungsstile geltenden Prinzipien miteinander in Konflikt stehen. Darum reden sie von *Paradoxen.* Wir geben die Paradoxe zunächst im Zitat wieder und lösen sie dann in einfache Fragen auf:

„1. Activity vs. stability
2. Distinction vs. intention
3. Variability vs. regularity
4. Efficacy vs. accountability
5. Facilitation vs. intervention
6. Empowerment vs. control
7. Disaggregation vs. holism
8. Effectiveness vs. efficiency.“

Ist es für die Institution Schule besser, wenn sie ihre historisch gewachsene Routine zu wahren sucht (stability), oder soll sie immer wieder neue Wege suchen, in ihrem Unterricht, ihren Projekten experimentieren (activity)? Muß die Leitung der Schule vor allem darauf achten, daß die vorgegebenen Ziele (also z. B. die Lernziele der Richtlinien) angestrebt und erreicht werden (intention), oder kann sie zulassen und unterstützen, daß diese Ziele abgewandelt, den Systemmöglichkeiten angepaßt, in eigene Schulkultur übersetzt werden (distinction)? Kommt es bei allen Verwaltungstätigkeiten in der Institution vor allem auf bürokratische Regelhaftigkeit an, auf ganz fest geordnete Verläufe (regularity), oder sind auch dabei ad-hoc-Entscheidungen sinnvoll, die aus jeweiligen Lagen begründet sind (variability)? Werden in der Schule besondere Leistungen herausgestellt, ermutigt und prämiert, werden Mißerfolge bei Experimenten toleriert und abgedeckt (efficacy), oder ist dem System Pannenvermeidung das wichtigste – alles muß geregelt ablaufen, muß nachweisbar sein: also die Klassenbücher genau geführt, die Konferenzprotokolle exakt dokumentierend etc. (accountability)? Greift die Schulleitung vor allem anweisend ein, von Normen und von festen Einsichten, gleichsam von Wahrheitsbesitz geleitet (intervention), oder moderiert sie primär die ständigen Suchbewegungen des Systems, hält Fragen offen, läßt unterschiedliche Lösungen zu (facilitation)? Werden die in der Schule arbeitenden Personen ständig kontrolliert, der pünktliche Ablauf, die äußere Ordnung überwacht (control), oder findet Verwaltung ihre Aufgabe mehr in der Weitergabe dessen, was für erfolgreiche Arbeit notwendig ist; Information, Arbeitsmittel, Unterstützung, Rückhalt (empowerment)? Sucht das System nach Vereinheitlichung, wie sie früher in Deutschland und heute noch im Ausland durch Schuluniformen, Schulmützen, durch starre Riten des Begrüßens etc. nach außen sichtbar gemacht und durch Reden über den „Geist" der Anstalt erläutert wurden (holism), oder gibt es innerhalb des Systems sehr unterschiedliche Zirkel, können Progressive und Konservative, Linke und Rechte, Experimentatoren und Routiniers koexistieren (disaggregation)? Geht es dem System insgesamt mehr um regelhaft gesicherte Leistungsfähigkeit, um gleichsam genormte Produktion wie am Laufband (efficiency), oder ist neuernde Produktion, innovierendes Bemühen, Eprobungschance für die Möglichkeiten von Lehrern und Schülern das Wichtigste (effectiveness)?

*2.7.2 Die Modernisierung der Prinzipien*

Für die alte Schule des „besonderen Gewaltverhältnisses" war die Begriffsreihe stability-intention-regularity-accountability-intervention-control-holism-efficiency kennzeichnend. „Modernisierung", wenn man dieses Wort nicht auf passagère Modewellen bezieht, meint: Erweiterung individueller Wahlmöglichkeit, Abbau starrer Gefüge, Zerbrechen von Schranken und Tabus. Die Modernisierungsschübe in der Schule nach dem Zweiten Weltkrieg haben den Verwaltungsstil sehr stark auf die Reihe activity-distinction-variability-efficacy-facilitation-empowerment-disaggregation-effectiveness verschoben. Es ist ein neues Bildprogramm von Schule entstanden. Sie erscheint nicht mehr als starre, durchaus überwachte, kontrollierte, in ihrer Tätigkeit genau voraussehbare Maschinerie des Lehrens und Lernens, sondern als in sich beweglich, sich ständig erneuernd, experimentierfreudig, vertrauend und zulassend gegenüber denen, die in ihr arbeiten, mehr als Organismus denn als Apparat. Dieses Bild liegt im gesellschaftlichen Trend, und es ist durch Wissenschaft bestärkt worden. Besonders die reiche Literatur zum „Innovations"-Problem (z. B. *Dalin* 1973 und 1986, der *Deutsche Bildungsrat* besonders mit der zitierten Empfehlung „Verstärkte Selbständigkeit . . ." 1973) hat einheitlich eine weniger regelgebundene, stärker experimentierende Schule empfohlen.

*2.7.3 Festigkeit und Flexibilität der Prinzipien*

Wenn wir an die Institutionsform denken, wie sie im einleitend zitierten Roman und in vielen Schriften der ersten Jahrhunderthälfte beschrieben wird, kann man nicht daran zweifeln, daß die Verwandlung des Institutionsstils dringend notwendig war. Die einseitige Machtverteilung, das Heranzüchten von Untertanengeist ist nicht tragbar in liberal verfaßter Gesellschaft, wäre auch nicht kompatibel mit Wort und Geist des Grundgesetzes. Man wird allerdings fragen müssen, ob nicht mindestens die „Innovations"-Literatur einseitig wurde im Empfehlen des Kontrastbildes.

Denn Schule bleibt Institution. Keine Institution kann leben ohne Stabilität, Regel, Kontrolle, jede ist rechenschaftspflichtig über ihre Handlungen. Man kann nicht sinnvoll z. B. variability empfehlen und regularity als veraltet darstellen – jede Schule, in der z. B. verläßliche Pünktlichkeit keine Rolle spielt, versinkt in Chaos. Man kann nicht control und empowerment, also dt. etwa Kontrolle und Ermächtigung, schlicht wertend einander gegenüberstellen – selbstverständlich wird auch der Lehrer in einer Schule ohne unnötigen Druck und Staub die Haus-

arbeiten seiner Schüler kontrollieren, wird sich selbst die Kontrolle seines Klassenbuches gefallen lassen müssen. Und selbstverständlich muß „accountability", Rechenschaft abgeben, in und von der Institution verlangt werden – sie ist öffentliche Einrichtung mit öffentlichen Aufgaben, für die Schüler vergibt sie Lebenschancen – das kann nicht lediglich nach individueller Beliebigkeit geschehen.
Die (meist wenig schulerfahrenen) Schriftsteller, welche die ständige „rollende Reform" gepriesen haben, übersahen in ihrem Innovationseifer die Notwendigkeiten, die für eine durch Rechtsnormen gerahmte Institution mit staatlichem Auftrag gegeben sind. Wenn daher ein bestimmter Verwaltungs-Stil empfohlen werden soll, dann muß auf Arbeitsweisen hingewiesen werden, die *beide* Begriffsreihen der zitierten Paradoxe enthalten. Es geht nicht um eine Wahl zwischen Stabilität und Variabilität, zwischen Anweisung und Moderation usw. Es geht darum, daß so viel Stabilität, Verläßlichkeit, Regelhaftigkeit herrscht wie nötig – dafür sind Dokumentation, Gegenkontrolle, bürokratisch routinierte und zeitökonomisch ablaufende Vorgangsweisen ganz unverzichtbar. Und es geht zugleich darum, daß so viel Innovation und Variation wie möglich zugelassen wird – also so viel, daß die Systemordnung nicht dauernd umgestürzt wird, daß aber Lehrer ihre Einfälle auch ausprobieren können. Toleranz muß im System herrschen, aber nicht Beliebigkeit der Handlungsweisen der beamteten und auf unsere staatliche Ordnung vereidigten Lehrer. *Astutos* sog. Paradoxe sind *Momente* eines tüchtigen Verwaltungsstils – sie müssen sich gegenseitig ausbalancieren.

# Kapitel 3:
# Das Subsystem: Schulklasse, Stammgruppe, Kurs

## 3.1 Szenarium der Sozialisation

J. *Henry* beschreibt folgende Szene aus einer (amerikanischen) Grundschulklasse (in: *Zinnecker* 1975, 45):

„Die Lehrerin gibt nun Wörter zum Buchstabieren und die Schüler schreiben sie an die Tafel. Jedes Wort gilt als Wurfball und jedes richtig geschriebene Wort als ein erfolgreicher Malwurf. Solange ihre Mannschaftskollegen die Wörter richtig an die Tafel bringen, rücken die Schüler jedesmal ein Mal vor. Zu manchen Worten gibt die Lehrerin kurze Kommentare: ‚Lippe: Gib acht, daß kein unwahres Wort von Deinen Lippen kommt.' – ‚Axt: Die Axt im Haus erspart den Zimmermann.' ‚Dutzend: Zwölf Stück von irgendwas'. – ‚Knie: Runter auf die Knie.' – ‚Tasche: Nimm Deine Hände aus Deiner Tasche – und aus der Deines Nachbarn."
. . . ‚Keiner sagt vor! . . . Aus!' Die Kinder stöhnen.
Das ‚Aus' ertönt häufiger, wenn die zuletzt gewählten Kinder drankommen. Diese Kinder haben Schwierigkeiten, ‚Café' richtig zu schreiben. Wenn sie es wieder nicht schaffen, tönt ein lautes ‚Nein' aus der Klasse. Die Lehrerin sagt: ‚Der Dritte bitte.' Als ein Schüler an der Tafel eine Denkpause einlegt, wird er ermahnt: ‚Beeil Dich, mein Lieber. Wir haben eine Zeitbegrenzung!' Schließlich bewältigt ein Mädchen das Wort. Sie setzt sich strahlend wieder auf ihren Platz."

Hier, in der Schulklasse und dem in ihr ablaufenden Geschehen, wird die Institution Schule am lebendigsten: Wir beobachten Akteure, die verschiedene Rollen spielen (den Spielleiter, die Gewinner und Verlierer), wir verfolgen eine dramatische Handlung, in der Spiel und Ernst unlösbar verbunden sind, wir erkennen bei manchen Kindern den kognitiven Fortschritt, bei vielen das Aufbrausen emotionaler Impulse – kurz: Vor uns ist ein Szenarium errichtet, in dem sich das eigentliche Schul-Leben abspielt. Nirgends wird die Institution Schule deutlicher faßbar als am Unterrichtsgeschehen in der Klasse.
Allerdings handelt es sich nicht um ein nach außen gewendetes Schauspiel, das den Zuschauer ergötzen soll, im Gegenteil, es findet in der Regel unter Ausschluß der Öffentlichkeit statt. Es bewegt sich auch keineswegs nur an der Oberfläche, seine Wurzeln reichen tief in menschliche Existenzen hinein, seine Strukturen spiegeln die Strukturen von Schule und Gesellschaft. Es ist möglich, am Modell der Schulklasse grundlegende Funktionen der Schule klar zu machen (Schultheorie) und zentrale Prozesse der Eingliederung in die Gesellschaft aufzuzeigen (Sozialisationstheorie). Wir wollen versuchen, unter Zuhilfenahme unseres Eingangsbeispiels einige solcher Grundeinsichten zur Institution Schule herauszuarbeiten.

### *3.1.1 Vermittlung zwischen Schule und Arbeitswelt*
Die Schulklasse ist die augenfällige Konkretisierung der Institution Schule. Sie ist eine von Erwachsenen erfundene, zweckgerichtete Einrichtung, um möglichst viele Kinder gleichzeitig und effektiv auf das selbständige Leben in der „Welt"

vorzubereiten. So versteht M. *Langeveld* die Schule „als eine vom Erwachsenen für das Kind geschaffene ‚Institution', als jene eigentümliche Lebensform, die dazu eingerichtet ist, dem Menschen auf seinem Weg vom Status des Kindes zum Status des Erwachsenen die Hilfe der Erziehung zu leisten" ([2]1963, 11).
Wenn aber die Institution eine „eigentümliche Lebensform" sein soll, so gilt es, das Proprium dieser *Lebensform* herauszufinden. *Langeveld* spricht von „einer Art von Amphibie zwischen den Generationen" (a.a.O. 13) und schließt sich damit einer Deutung der Schule an, die *Hegel* in einer seiner Gymnasialreden entwickelte (vgl. Grundlagentext 1.1).

„Die Schule . . . ist Mittel-Sphäre, welche den Menschen aus dem Familienkreise in die Welt herüberführt, aus dem Naturverhältnisse der Empfindung und Neigung in das Element der Sache. In der Schule nemlich fängt die Thätigkeit des Kindes an, wesentlich und durchaus eine ernsthafte Bedeutung zu erhalten . . . es hört auf, um seiner unmittelbaren Person willen, und beginnt nach dem zu gelten, was es leistet, und sich ein Verdienst zu erwerben" (zit. nach *Thaulow* 1973, Bd. 3, 217).

Das hier über die Schule allgemein Gesagte läßt sich ohne weiteres an unserem Fallbeispiel Schulklasse demonstrieren. Dem Alter der Kinder wird ein Zugeständnis gemacht, indem durch die Lehrerin das spielerische Element betont wird. „Es ist das jugendliche Kräftebewußtsein, das zum Vergleich drängt, und man muß ihm seinen Lauf lassen" (*Höhne* 1978, 39). So läuft in unserer Klasse ein Wettspiel ab, das motiviert, elektrisiert, auch emotionalisiert. Doch dabei verbindet sich der homo ludens mit dem homo faber, das Kind soll im Spiel und Wettkampf zugleich lernen und leisten.
Wir wollen die Brückenfunktion der Schule, die sich hier in der Spannung von *Spiel und Ernst* ausdrückt, noch weiter ausfächern. Offensichtlich ist das Thema der skizzierten Unterrichtsstunde die Rechtschreibung. Was aber heißt das in Wirklichkeit? Es wird eine Verbindung hergestellt zwischen einem im Lauf der menschlichen Geschichte aufgehäuften Vorrat von Kenntnissen, Regeln und Normen, den man mit *Aebli* (1981, Bd, II) Systeme allgemeinen *Weltwissens* nennen könnte, und dem subjektiven Wissenserwerb einzelner Kinder in der Klasse (vgl. Kap. 1, S. 11 f.). Es geht auch nicht um die bloße Überlieferung von äußerlichen Regeln, etwa wie „Axt" buchstabiert wird, sondern in der Tiefenstruktur werden Orientierungsmuster vermittelt („Die Axt im Haus. . ."). Vordergründig werden Denkleistungen im kognitiven Wettbewerb prämiert, im Hintergrund ergeben sich *soziale Lernerfahrungen,* etwa wenn das Selbstkonzept des einzelnen positiv oder negativ beeinflußt wird.
Wir haben bis jetzt Spannungen aufgezeigt, die der Institution Schule, hier verkörpert durch die Schulklasse, systemimmanent sind. Zu bedenken bleibt, daß diese Dialektik auf der Bühne des Schulgeschehens sich vor der Kulisse der sonstigen Lebenswelt der Kinder abspielt, vor allem natürlich der Familie. Die Schule greift in einen bereits konstituierten Lebenszusammenhang ihrer Schüler ein, sie konstituiert diesen nicht selber. Sie darf nur den Anspruch erheben, eine schon entfaltete, hauptsächlich von der Familie geprägte Lebenswelt zu erweitern und in Richtung auf die Erwachsenenwelt zu verändern (vgl. *Giesecke* [2]1986, 114 f.).

In unserem Zusammenhang sehen wir allerdings von dem Phänomen einer allgemeinen Enkulturation der Kinder in den Wissens- und Kulturbestand der Menschheit ab und konzentrieren uns auf den Vorgang der *Sozialwerdung* (*Fend* u. a. 1976).
Welche Normen erlernt das Kind vornehmlich in der Schulklasse, die ihm in der Familie nicht gleichermaßen vermittelt werden können? Der amerikanische Soziologe R. *Dreeben* stellt in seinem Buch „Was wir in der Schule lernen" (1968, dt. 1980) folgende heraus:

- Unabhängigkeit: Als ein Schüler zur Eile angehalten wird, kann ihm niemand helfen. Vater und Mutter sind weit weg, er ist dem Anspruch der Lehrerin und der Mitschüler gegenüber ganz auf sich allein gestellt.
- Leistung: Das Mädchen, das sein Wort „bewältigt" hat, setzt sich „strahlend" auf seinen Platz.
- Universalismus: Kein Kind erfährt eine Sonderbehandlung, alle unterstehen dem gleichen Gesetz des Spieles und des Leistungswettbewerbs.
- Spezifität: Das Kind, mag es nun versagt oder geglänzt haben, erscheint der Lehrerin nicht als Ganzheit, als runde und volle Person, sondern lediglich unter dem Teilaspekt der Rechtschreibfähigkeit.

So, meint *Dreeben,* ergeht es uns auch in der Gesellschaft: Wir müssen uns selbständig verhalten, sind aufgefordert, Leistungen zu erbringen, werden in der Konkurrenz nach gleichen Kriterien behandelt, von unseren Partnern aber zumeist nur durch die Brille bestimmter Interessen betrachtet.

### *3.1.2 Träger gesellschaftlicher Funktionen*

Die Schulklasse ist, wie wir im Anschluß an *Langeveld* gesehen haben, ein von Erwachsenen eingerichtetes Sozialgebilde mit der Aufgabe, „dem Menschen auf seinem Wege vom Status des Kindes zum Status des Erwachsenen die Hilfe der Erziehung zu leisten" (1963, 11). Man bezeichnet diese Funktion auch als *Sozialisation.*
In einem klassisch gewordenen Artikel hat der Hauptvertreter des soziologischen Funktionalismus, der Amerikaner Talcott *Parsons,* die „Schulklasse als soziales System" dargestellt (erstmals 1959, hier zit. nach dem Abdruck von 1973, vgl. Grundlagentext 3.1). Sie sei nach dem Schuleintritt des Kindes bis zum Beginn der Erwerbstätigkeit „die zentrale Sozialisationsinstanz" (1973, 349). *Parsons* hat die Sozialisationsfunktion der Schulklasse in folgende vier Teilbereiche aufgegliedert (ebd. 362 f.):

„1. Emanzipation des Kindes von den primären emotionalen Bindungen an seine Familie;
2. Verinnerlichung einer Ebene gesellschaftlicher Werte und Normen, die eine Stufe höher liegt als jene, die ihm nur durch seine Familie vermittelt wird;
3. Differenzierung der Schulklasse im Rahmen sowohl der tatsächlichen Leistung als auch der differentiellen Bewertung des Leistungserfolges und
4. vom Gesichtspunkt der Gesellschaft aus Selektion und Verteilung der menschlichen Ressourcen entsprechend dem Rollensystem der Erwachsenen."

Wie der soziale Anpassungsprozeß „funktioniert", kann ein weiteres Mal an unserem Fallbeispiel illustriert werden:

- Die emotionalen Bindungen des Kindes an seine Familie werden natürlich nicht aufgegeben, treten aber im Unterrichtsgeschehen völlig in den Hintergrund; das Interesse des Kindes wird auf die Sache (hier: Rechtschreibung) und auf den andersartigen sozialen Kontext (hier: Konkurrenzsituation von etwa 20 Kindern) gelenkt.
- Gesellschaftliche Werte und Normen wie Leistung und Konkurrenzdenken werden verinnerlicht, dazu treten die appellartigen Assoziationen bei den diktierten Wörtern: „Kein unwahres Wort, runter auf die Knie, Hand aus der Tasche!"
- Differenzierung der Schüler, Selektion der Leistungsstarken und Leistungsschwachen, schließlich sogar Platzzuweisung (Allokation) im weiterführenden Schulsystem und in der Berufswelt – auch diese Vorgänge sind in unserem Szenarium angelegt, etwa wenn die Kinder beim Versagen eines Mitschülers aufstöhnen und wenn das erfolgreiche Mädchen sich strahlend *auf seinen Platz setzt.*

### *3.1.3 Äußeres und inneres System der Schulklasse*

Die Schulklasse ist eine von Erwachsenen eingerichtete Institution, um Kinder und Jugendliche nach den Normen der Erwachsenenwelt zu sozialisieren. Eine solche Beschreibung übersieht freilich, daß eine Schulklasse ein *Interaktionsfeld von Individuen* ist, von Menschen mit je persönlichen Interessen und Gefühlen. Diese lassen sich nur innerhalb gewisser Grenzen „verzwecken", nicht zu bloßen Funktionsträgern abstempeln.

Es erscheint daher sinnvoll, von der „offiziellen" Struktur der Schulklasse eine „inoffizielle" abzuheben. Dies geschah vor allem in dem berühmten Artikel des Amerikaners C.W. *Gordon:* „Die Schulklasse als ein soziales System" (dt. erstmals 1959; zit. nach dem Wiederabdruck 1970; vgl. Grundlagentext 3.2). *Gordon* unterscheidet ein *„äußeres System"*, das „die Interaktion der Mitglieder hinsichtlich der Hauptfunktion der Gruppe regelt" (1970, 2), und ein *„inneres System";* letzteres „besteht aus einem Netz von persönlichen und sozialen Beziehungen, das den Status des Schülers sowohl in der Schulklasse wie auch in der weiteren Schulgemeinschaft definiert" (ebd. 4).

Unser Fallbeispiel hat das „äußere System" der besagten Grundschulklasse hinlänglich beschrieben; das Unterrichtsgeschehen war voll und ganz auf die „Hauptfunktion" konzentriert, nämlich auf Lernen unter Leistungsanspruch und Wettbewerbsbedingungen. Wo aber blieb das „innere System"?

Wir zitieren eine weitere Passage aus dem Text von J. *Henry,* die dem bisher besprochenen Abschnitt vorangeht (1975, 44 f.).

„Es geht ziemlich laut zu, aber die Lehrerin sorgt für Ruhe. Sie hat einen Jungen und ein Mädchen als Mannschaftsführer ausgewählt, um von vorne aus die Mannschaften zu bilden. Wer von einem der beiden als Teammitglied ausgesucht wird, sucht sich einen Platz in der Klasse aus. An der Art, wie die Schüler auf Abstand voneinander halten, kann man erkennen, daß sie das Spiel gut kennen. Thomas, der noch nicht gewählt wurde, sucht auf sich aufmerksam zu machen. Das gleiche versucht Richard, indem er sich vordrängelt, um von den Wählenden besser gesehen zu werden. Er hat offenkundig Angst, daß er übersehen werden könnte. Hanna, Thomas, Richard . . . bleiben zuletzt übrig."

Hier werden Spuren eines „inneren Systems" sichtbar, Interaktionsprozesse, die teilweise ungelenkt erscheinen, Statusprobleme, die zwischen den Schülern selbst verarbeitet werden müssen. Doch besteht kein Zweifel, daß in unserem Beispiel das äußere System klar über das innere dominiert. Mit anderen Worten: Das Verhalten der Schüler ist dem von der Lehrerin vorgegebenen Verhaltensmuster fast gänzlich angepaßt; die Institution Schule funktioniert reibungslos.

### *3.1.4 Schulklasse, Lehrer und Macht*

„Ist der Gedanke von Erziehung erst einmal aufgetaucht, dann ist notwendig Zwang im Spiel" (*Kob* 1981, 317). In der Tat vollzieht sich das Unterrichtsgeschehen in der Schulklasse nicht spontan, nicht aufgrund von Konsens, sondern in der Regel auf Anordnung und notfalls durch *Zwang* des Lehrers. Auch in unserem Fallbeispiel „drückt" die Lehrerin, sie setzt die Regeln fest, treibt an, fordert und wertet.

Daß die Schulklasse nicht auf Freiwilligkeit beruht, sondern ein „von oben her normiertes Zwangsaggregat" darstellt (*Weiss* 1970, 9), ist nicht zu bestreiten. Die spezifische „Autoritätsstruktur der Schule" (*Fürstenau* 1972, 19) wurde von juristischer Seite früher als ‚besonderes Gewaltverhältnis" bezeichnet; das neue Verständnis als sog. „Schulverhältnis" (d. h. gesetzlich geordnetes Rechtsverhältnis) kann nicht darüber hinwegtäuschen, daß Schulklasse, Einzelschule und Schulsystem hierarchisch aufgebaut sind (vgl. Kap. 2).

Der Soziologe J. *Kob* beschreibt die Erziehungssituation mit folgenden drei Merkmalen (1981, 318):

„1. ist in ihr die Absicht der Veränderung von Personen konstitutives Element,
2. geschieht die Situationsdefinition einseitig, also vom Erziehenden aus, der zu Erziehende erlebt sich als Objekt eines Handlungsablaufs,
3. sind die Prozesse in dieser Situation so weit wie möglich in Richtung auf den Sozialisationseffekt hin strukturiert und relativiert, d. h. daß die dabei erlebte soziale Wirklichkeit reduziert ist, ihre ‚normale' Bedeutung nur dem Schein nach behält: eine Frage des Erziehenden signalisiert kein genuines Informationsinteresse, eine vom Schüler erbrachte Leistung verliert ihre eigene Produktivität, ist nur Symptom für die pädagogische Diagnose und Leistungsbeurteilung."

Zusammenfassend stellt *Kob* fest (ebd. 321).

„Der Anspruch auf Erziehung stellt sich also sehr grundsätzlich als ein Machtanspruch dar. Dabei ist dieser Anspruch insofern total, als er nicht allein auf die Ausgangsintention der bewußt herbeizuführenden Veränderung von Personstrukturen beschränkt ist, sondern damit zugleich den Anspruch auf einseitige Definition der Situation und die durchgehende Manipulation der Prozeßstrukturen erhebt."

Repräsentant von Macht innerhalb der Schulklasse ist selbstverständlich die Lehrkraft. In der pädagogischen Tradition ist sie mit *Autorität* ausgestattet (Amtsautorität, persönliche Autorität, Wissens- und Erfahrungsvorsprung). In der Schulordnung ist ihr eine pädagogische, fachliche und methodische Eigenverantwortung im Klassenunterricht ausdrücklich anvertraut.

## 3.2 Die Schulklasse als soziales System

### *3.2.1 Systembeschreibung*

Systemtheoretisch gesprochen ist die Schulklasse ein Subsystem der Institution Schule. Wie der vorherige Abschnitt gezeigt hat, repräsentiert die Klasse die Funktionen und Strukturen des Schulwesens insgesamt. *Sie* ist das eigentliche Szenarium, in dem sich ‚Schule' abspielt, *sie* reduziert die Komplexität des Gesamtsystems auf ein überschaubares und praktikables Modell (vgl. hierzu und zum folgenden vor allem *Luhmann* 1972 und 1984).
Wie jedes System, so versucht auch das Subsystem Schulklasse sich selbst zu stabilisieren, eine Identität zu finden. Mit dem Begriff *Selbstreferenz* wäre das Bestreben einer Klasse zu bezeichnen, sich selbst zu organisieren, charakteristische Differenzen gegenüber anderen Klassen zu betonen, eine spezielle „Ideologie", einen eigenen „Sinn" zu finden.
Der herrschende „Sinn" in einer Schulklasse ist abhängig von den Beziehungen und Interaktionen der in der Klasse identifizierbaren Elemente untereinander. Da entstehen Cliquen, da werden Rollen übertragen, Schülern (und auch Lehrern) Etiketten aufgeklebt. Das Zusammenspiel solcher Elemente prägt die jeweilige Eigenart der Klasse.
Aus der Sicht der Gruppensoziologie beschreibt dies *Weiss* (1970, 113):

„Jede Gruppe kann als ein sozial-kulturelles Kräfte-System angesprochen werden, ein System, in dem vitale, naturhafte soziale Kräfte am Werke sind . . . Die gleichen Kräfte erzeugen auch, um das vitale Spiel des Zueinander, Auseinander und Gegeneinander zu bändigen, zu regulieren und zu harmonisieren, bestimmte Gewohnheiten, Regeln, Normen, Sitten, Bräuche, Leitbilder, Richtmaße, Verhaltensmuster. Wir haben hier die geistig-kulturelle Seite des Kräftesystems vor uns. Haben die Regeln, Normen etc. einmal Gültigkeit (Obliganz, Valenz) erlangt, werden sie anerkannt und dringt die Gruppe als Ganzes oder dringen mindestens die führenden oder dominierenden Kräfte auf ihre Beachtung und Befolgung, so kommt ihnen die Mächtigkeit zu, das Verhalten der einzelnen Gruppenmitglieder mitzubestimmen."

Die je spezifische Vernetzung der Normen, Gewohnheiten usw. modelliert, wie schon gezeigt, die Eigenart der Klasse. In der Alltagssprache der Schule nennen wir das den „Klassengeist". Er signalisiert die mögliche Verschiedenheit (systemtheoretisch: Kontingenz) der einzelnen Systeme:

„Wie unterschiedlich der Klassenstil, der Klassengeist sein kann, zeigt sich beim Vergleich gegensätzlicher Klassentypen. Hier die Klasse, in der die Formlosigkeit zum Stil gehört, dort die gesittete Klasse, die stunden- und tagelang ohne Aufsicht ihre Arbeit erledigt" (*Weiss* 1970, 116).

### *3.2.2 Die Klassengemeinschaft*

Es scheint, als läge der Aufbau einer stabilen Klassengemeinschaft sowohl im Interesse der betroffenen Schüler als auch der Lehrer, die in dieser Klasse unterrichten. Die Interessen des äußeren und des inneren Systems der Schulklasse (vgl. oben 3.1.3) kommen also im Prinzip zur Deckung. Man kann versuchen, den Prozeß aufzuklären, der zur Bildung einer „Klassengemeinschaft" führt.

Äußere Voraussetzungen einer Klassengemeinschaft

Als erstes sorgt bereits das „äußere System" für geeignete Vorbedingungen, die im Laufe der historischen Entwicklung des Schulwesens stark variieren, heute aber in der Bundesrepublik eine feste Form gefunden haben. Wir heben im folgenden zwei wesentliche institutionelle Voraussetzungen hervor:

(1) Die *Homogenität* der Klasse scheint eine gewisse Gleichheit der Interessen zu gewährleisten und dadurch einen festeren Zusammenhalt zu ermöglichen. Homogenität besteht nicht absolut, sondern wird nur annähernd erreicht („relative Homogenität"), vor allem durch die Einrichtung der Jahrgangsklasse und durch die Differenzierung nach Leistung. Frühere Formen der Differenzierung nach Geschlecht, Konfession u. a. sind dagegen im wesentlichen aufgegeben worden.

(2) Die *Klassenfrequenz* steuert in der Bundesrepublik offenbar auf eine Größe um ± 20 zu und vermeidet damit die Extreme der Kleingruppe und der Mammutklasse. Allerdings sind wir derzeit wissenschaftlich nicht in der Lage, eine optimale Klassenstärke anzugeben (*Ingenkamp/Petillon/Weiss* 1985); keinesfalls läßt sich die Formel „je kleiner, desto besser" pauschal stützen. In unserem Zusammenhang interessiert nur, daß nach *Weiss'* Vermutung (1970, 109) „einer Kleingruppe ein stärkerer Binnenkontakt, ein höherer Integrationsgrad zukommt als einer Großgruppe – vorausgesetzt es handele sich nicht um eine Zwangsgruppe, deren Mitglieder ohne Rücksicht auf ihre Sympathien oder Antipathien zusammengefügt sind." Eben dies trifft aber auf die Schulklasse zu. Ähnlich skeptisch urteilen *Ingenkamp* und seine Mitarbeiter (a.a.O. 195): „Man kennt sich (sc. in der kleinen Klasse) besser, kann sich aber auch seltener aus dem Wege gehen".

Stärkung der Klassengemeinschaft durch Maßnahmen des Lehrers

In der Regel wird auch vom Lehrer, insbesondere vom *Klassenleiter/-lehrer* erwartet, daß er die Klassengemeinschaft stärken müsse. Dies gilt selbstverständlich in besonderem Maße vom Lehrer/der Lehrerin in der 1. Grundschulklasse, wo ein neues Sozialgebilde aufgebaut und gestaltet werden soll. Begründet wird die Forderung nach gezielter Aktivität des Lehrers damit, daß in einer Klassengemeinschaft ein besseres Klima, eine größere Zufriedenheit, insgesamt eine humanere Atmosphäre herrsche. Natürlich steht im Hintergrund auch das Bestreben, das äußere System der Schule mit dem inneren System der Schulklasse in Übereinstimmung zu bringen.
Freilich ist in der zweiten Hälfte unseres Jahrhunderts selbst der Begriff „Gemeinschaft" von der allgemeinen *Legitimationskrise* nicht verschont geblieben. Bezogen auf die „Klassengemeinschaft" setzt sich H. *Gudjons* damit auseinander (1980, 63):

„In einer ‚guten Klassengemeinschaft' fühlt man sich wohl, gut aufgehoben, nicht mehr vereinzelt, macht Schule Spaß; auf eine gute Klassengemeinschaft kann man stolz sein. Genau das macht den Begriff zugleich verdächtig. Handelt es sich nicht um das Relikt einer romantisierenden Ideologie: Alle stehen füreinander ein, scharen sich um ein Ideal und gehen miteinander durch dick und dünn?

Enthält ‚Gemeinschaft' nicht auch jenen fatalen Zwang zur Preisgabe des Individuell-Besonderen, des Nonkonformistischen, ja der Kritik, der Opposition, des Mutes zum ‚aufrechten Gang'?"

Um dieser Fatalität zu entgehen, definiert *Gudjons* Klassengemeinschaft (ebd.)

„als die Qualität einer Gruppe, auch mit *Interessengegensätzen* und Beziehungs*konflikten* umzugehen, Kommunikation und Zusammenarbeit zu pflegen, Außenseiter zu integrieren, eigenes und fremdes Verhalten sensibel wahrzunehmen und zu verändern, aber auch Situationen und Konstellationen im Geflecht sozialer Beziehungen kritisch zu beurteilen" (i.O. kursiv).

Mit welchen Maßnahmen soll nun der Lehrer die Klassengemeinschaft stärken helfen? Wir können hier nicht einen vollständigen Katalog anbieten, sondern beschränken uns auf folgende vielleicht banalen Hinweise:

(1) Schon durch Gestaltung der *äußeren Bedingungen* im Klassenraum können die sozialen Beziehungen begünstigt werden (Ausgestaltung des Klassenzimmers; Sitzordnung; Interaktionsmaßnahmen, z. B. Klassenämter usw.).

(2) Ein breites Spektrum *unterrichtlicher Maßnahmen* mit integrativer Wirkung steht zur Verfügung, z. B. Mitwirkung der Schüler bei Unterrichtsplanung und Gestaltung (vgl. *Andreas* u. a. 1983), sozialintensive Unterrichtsformen wie Gruppenunterricht und Projektarbeit, feedback der Schüler, Verfügungs- und Aussprachestunden, schließlich eine Fülle von Alltagshandlungen, die beispielsweise H. *Zulliger* (1970, 144 ff.) beschrieben hat.

(3) Besonders wirkungsvoll sind *außerunterrichtliche Maßnahmen,* auf die wir im Kap. 6 näher eingehen, z. B. ein Aufenthalt im Schullandheim, ein gemeinsames Ausgehen mit der Klasse, die Gestaltung eines Klassenfestes. Allerdings kommt es hierbei darauf an, daß die in einer Sondersituation geschaffenen Sozialbeziehungen in geeigneter Form auf den Schulalltag übertragen werden. Daß dies nicht immer bruchlos geschehen kann, hat *Kuhlmann* in seinem Buch „Klassengemeinschaft" beschrieben (1980, 61 u. ö.).

(4) Nach allem, was wir wissen, ist der sog. *sozial-integrative Führungsstil* am ehesten geeignet, positive soziale Beziehungen in einer Klasse zu fördern (vgl. *Tausch* 1981, 198 ff.).

### Die Entstehung des sozialen Gefüges in der Schulklasse

Wie schon kurz erwähnt, besteht die Schulklasse als ein soziales (Sub-)System ihrerseits aus „Elementen", nämlich aus den einzelnen Schülern, die sich in *Rolle und Status* unterscheiden, selbst nicht festgelegt, sondern entwicklungsfähig sind, aber nicht selten unter einer Etikettierung zu leiden haben, sowie aus kleineren Gruppen, den sog. Cliquen. Durch die besondere Art dieser Elemente, ihr je verschiedenes Zusammenspiel und ihre jeweilige Eigenentwicklung werden Klassengemeinschaften und Klassengeist sehr wesentlich bestimmt.
Beschaffenheit und Zusammenhang der Elemente sind uns insbesondere durch soziometrische Tests und Forschungen bekannt (u. a. *Cappel* 1974, *Elbing* 1975, *Engelmayer* 1970, *Petillon* 1980). Durch das Soziogramm lassen sich nicht nur

Freundschaftsgruppen (Cliquen) innerhalb der Klassen feststellen, sondern auch gewisse Rollenträger (Star, Mitläufer, Außenseiter) identifizieren. Vor zu weit gehenden Schlüssen aus solchen Analysen muß freilich gewarnt werden (*D. Ulich* 1977, 58).

Einen besonderen Einfluß auf die Klassengemeinschaft und den Klassengeist haben nach *Weiss* (1970, 72 ff.) Rivalitäten, Rangordnungen und Führerpersönlichkeiten.

Je nach Alter, Reife und Klima der Klasse gibt es *Rivalitäten* um Besitz („mein Schulranzen ist schöner"), Gunst (Beliebtheit, besonders beim Klassenstar), Kraft („ich bin stärker als . . .") und Schulleistung. Während für das einzelne Kind das Ausweichen von einem Rivalitätsfeld auf ein anderes, besser zu bewältigendes wichtig ist, tendiert der Klassengeist zur Konzentration auf nur ein bestimmtes Feld. Für das Klima in der Klassengemeinschaft ist der Grad des Rivalisierens ausschlaggebend; ein überzogener Wettkampf um Noten und Punkte kann z. B. eine Klasse völlig vergiften. Durch äußere Einflüsse (z. B. N.C.) kann eine derartige Situation verschlimmert, durch pädagogische Maßnahmen des Lehrers aber gemildert werden.

Das Abschneiden auf verschiedenen Rivalitätsfeldern entscheidet über die Stellung innerhalb der *Rangordnung* der Klasse. Dabei schälen sich spezielle Rangordnungen heraus (z. B. nach Schulleistung), aber auch eine Hierarchie, die es gestattet, von einem oder mehreren Klassenführern zu sprechen. Ob diese mehr das äußere System unterstützen oder in Opposition zu ihnen stehen, ist von höchster Bedeutung für den Klassengeist, für die Stabilität und Destabilisierung in der Klasse.

### Der Klassengeist

Jede Schulklasse unterliegt der Fremdeinschätzung durch Lehrer. Sie hat bei ihnen einen guten oder schlechten Ruf, gilt als willig, begabt, schwierig oder aufsässig. In dieser Beurteilung ist eine erste, pauschale Aussage über den Klassengeist zu erkennen.

Was verstehen wir unter Klassengeist? Nach *Weiss* (1970, 113) „bestimmte Gewohnheiten, Regeln, Normen, Sitten, Bräuche, Leitbilder, Richtmaße, Verhaltensmuster", nach *Specht/Fend* (1979, 131) das *normative Klima,* das in einer Klasse herrscht, genauer: das durch „Meinungsführer" der Klasse ausgedrückt wird.

Von ausschlaggebender Bedeutung ist nun, ob dieses normative Klima, das im „inneren System" der Schulklasse herrscht, mit dem „äußeren System" der Schule, der Erwartungsstruktur der Erwachsenen, übereinstimmt oder im Gegensatz steht. *Specht* und *Fend* sprechen von „schulfreundlichen" und „oppositionellen Kontexten" und haben deren Auswirkungen empirisch untersucht. Sie kommen zu folgenden Ergebnissen (1979, 134):

„Einerseits zeigt sich, daß schulfreundliche Schülerkontexte – von der Sozialstruktur der Klasse her gesehen – günstigere Voraussetzungen für die Entstehung eines leistungsorientierten, in positivem Sinn schulbezogenen Sozialklimas aufweisen, da Schüler, die ein solches Klima initiieren, tragen und fördern können, hier anteilmäßig stärker repräsentiert sind als in oppositionellen Klassen. Andererseits gibt es aber auch deutliche Hinweise darauf, daß das Sozialklima unter den Schülern in signifikanter Weise mit dem Unterrichts- und Sozialverhalten des Lehrers in Wechselwirkung steht. Die interpretative Schlußfolgerung liegt nahe, daß Lehrer Klassen, in denen relativ ungünstige Voraussetzungen für die Entstehung eines positiven Lernklimas vorliegen, mit verstärktem Anpassungsdruck begegnen, damit aber genau den unerwünschten Effekt erzielen, daß Schüler, die sich diesem Druck explizit widersetzen, in der Klasse als Führer anerkannt und zu Identifikationsfiguren stilisiert werden."

Im Hinblick auf die Qualität der sozialen Verhältnisse unter den Schülern ließ sich durch diese Untersuchung folgendes feststellen:

„Das typische Muster der soziometrischen Sympathiestruktur in den *schulfreundlichen Klassen* sieht so aus, daß jeweils der größte Teil der Klasse durch ein Netz gegenseitiger Sympathiewahlen zu einer Großgruppe miteinander verbunden ist, um die sich einige kleinere Cliquen, Zweierbeziehungen und nur wenige, nicht durch gegenseitige Wahlen verbundene Schüler gruppieren . . . Demgegenüber umfassen die dominierenden Cliquen in den *oppositionellen Klassen* meist nur einen kleineren Teil der Schüler; die Tendenz zur Aufspaltung in Subgruppen ist stärker. . ." (1979, 136).

### *3.2.3 Konflikte in der Schulklasse*

Die mannigfaltigen Sozialbeziehungen in der Klasse, die Verklammerung der „Klassengemeinschaft" durch den „Klassengeist" sind zunächst wertfreie Beschreibungskriterien. Sie sagen nichts aus über die Grundentscheidung, ob in einer Klasse inneres und äußeres System konvergieren oder divergieren. Im folgenden Abschnitt untersuchen wir, welche strukturellen Spannungen und situativen Störungen das System Schulklasse aus dem Gleichgewicht bringen können. Dies soll unter dem Stichwort „Konflikte in der Schulklasse" geschehen (vgl. D. *Ulich* 1977, 89 ff.).

Im Prinzip sind in einer Schulklasse sechs Arten von Konflikten möglich:

- Der Lehrer „kämpft" gegen die gesamte Klasse oder stößt mit einem einzelnen Schüler oder einigen Schülern (einer Gruppe) zusammen.
- Gruppen von Schülern (Cliquen) rivalisieren untereinander; eine Clique verfolgt einen einzelnen Schüler; zwei Schüler geraten in Streit, der verbal oder bracchial ausgetragen wird.

Es sei darauf hingewiesen, daß die deutsche Literatur eine Vielzahl von Darstellungen solcher Schülerkonflikte enthält, z. B. bei Hermann *Hesse,* Heinrich und Thomas *Mann,* Robert *Musil* und Friedrich *Torberg* (vgl. Kap. 1 und 2).

Als *strukturelle Ursachen* für Konflikte in der Schulklasse lassen sich hervorheben:

- Die Konkurrenzsituation und das Rivalitätsprinzip sind z. T. systembedingt, z. T. durch das Zusammenleben unterschiedlicher Individualitäten nahegelegt. D. *Ulich* (1977, 90) behauptet sogar: „Nebeneinander und Gegeneinander überwiegen das Miteinander."
- Der strukturelle Antagonismus zwischen äußerem und innerem System *kann* zu einem „oppositionellen Schülerkontext" führen (*Specht/Fend,* vgl. oben),

d. h. zu ständigen Friktionen zwischen der Mehrheit der Klasse und den meisten in ihr unterrichtenden Lehrern.

- Die Konfrontation des Schülers mit überindividuellen, gesellschaftlichen Lernerwartungen, die im Curriculum als Quelle der Schülerbeanspruchung repräsentiert sind (vgl. *Westphalen* 1981), erzeugt Spannungen und Frustrationen, die in Aggressionen umschlagen können.
- Die Position der Macht, die der Lehrer innehat (vgl. 3.1.4), erzeugt eine Hierarchie von Führendem und Geführten, die im demokratischen Umfeld zu Legitimationsschwierigkeiten und Konflikten führen kann.

Hinzu kommen noch situative Ursachen in großer Zahl: die individuelle Ausprägung der Sozialbeziehungen in der Klasse, Eigenarten (Schwächen) des Lehrers, besondere Umstände wie häufiger Lehrerwechsel usw.

Konflikte in der Schulklasse sind relativ häufig – zu ihrer Deutung bieten sich dementsprechend auch verschiedene wissenschaftliche Theorien an: So mag die Psychoanalyse als Lust am Zerstören, als destruktive Strebung interpretieren, was eine Klasse veranlaßt, einen „schwachen" Lehrer bis zum Zusammenbruch zu hetzen. Die Frustrations-Aggressions-Theorie (*Dollard* 1939) versucht zu erklären, wie ein schlechter Unterricht oder unerträglich harte Zensuren die frustrierte Klasse zu Aggressionen stimulieren. Endlich können verschiedene Lerntheorien herangezogen werden: das Lernen am Erfolg (*Atkinson* 1965), z. B. beim „Hochnehmen" eines Lehrers, und das Lernen durch Imitation (*Bandura/Walters* 1963), z. B. beim Nachmachen eines Schülerstreichs.

Es bedarf keiner Worte, daß die Opposition des inneren Systems der Schulklasse gegenüber dem äußeren System die Funktionstüchtigkeit der Institution Schule behindert. Hinzuzufügen bleibt, daß die Untersuchung von *Specht* und *Fend* auch nachweisen konnte, daß in den schulfreundlichen Klassen „eine eindeutige und signifikant höhere Zufriedenheit der Schüler mit ihren sozialen Beziehungen herrscht" (1979, 147). Aus beiden Gründen gilt es also, das soziale System der Schulklasse zu stabilisieren und die vorhandenen Konflikte zu lösen.

Nun weiß jeder Praktiker, wie schwer dies ist. Die zahlreiche Literatur über Unterrichtsstörungen und Disziplinprobleme (z. B. *Biller* 1981) dokumentiert, um welch ernstes Problem es sich hier handelt. Wir können nur wenige Andeutungen machen:

- Eine Konfliktvermeidung durch „laisser-faire-Stil" ist in der Regel ebenso unmöglich wie die Einschaltung eines Dritten (eines Kollegen, des Schulleiters), weil letzteres von der Klasse als Schwäche ausgelegt wird.
- Ein Kampf bis aufs Messer, d. h. bis zur Ausschaltung des Gegners (Kapitulation des Lehrers; Relegation oder „Sitzenbleiben-lassen" einzelner Schüler) ist so selten nicht, sollte aber im Interesse des Systemfriedens unbedingt vermieden werden.
- So bleibt nur der Kompromiß, der durch pädagogischen Takt des Lehrers, gelegentlich auch durch vertragsähnliche Abmachungen (kooperative Verhaltensmodifikation, vgl. *Redlich/Schley* 1980) zustande kommen mag.

## 3.3 Institutionelle Alternativen zur Schulklasse

### *3.3.1 Legitimation der Jahrgangsklasse und der Gegenmodelle*

Die Jahrgangsklasse wurde schon von *Comenius* (1592–1670) konzipiert, setzte sich aber erst im 19. Jahrhundert im Zuge der Vereinheitlichung des preußischen Schulwesens durch (vgl. *Keim* 1977, 16 ff.). Als ein ökonomisch-zweckmäßiges Modell ist sie die weitaus verbreitetste Organisationsform der Schule. Sie verdankt diese Position nicht nur der Tatsache, daß sie sich nach festen (Alters-) Kriterien ohne viel Probleme einrichten läßt, sondern auch ihrer Funktionsgemäßheit im Rahmen der Sozialisationsaufgaben der Schule (vgl. Kap. 3.1) und ihrer Stabilität im Rahmen der Schule als einem sozialen System (vgl. Kap. 3.2). Wenn der hauptsächliche Schulzweck Lernen (im weitesten Sinne) ist, so scheint dafür die relative Homogenität der Schulklasse die günstigsten und zugleich wirtschaftlichsten Voraussetzungen zu erbringen. Wenn für die Lernprozesse ein stabiles Gehäuse gefunden werden muß, so bietet sich wiederum die durch Klassengemeinschaft und Klassengeist auch ideologisch gefestigte Organisationsform der Jahrgangsklasse an.

Funktionalität und Selbstorganisation der Jahrgangsklasse als stabiles Fundament effektiver Lehr- und Lernprozesse – ist das nicht ein unersetzbarer Systemvorzug, der die Suche nach Alternativen überflüssig macht? Man kann entgegenhalten, daß gerade durch die einfache Form dieser Institution die im Bildungswesen herrschende Komplexität unerträglich reduziert wird. Der grundlegende Mangel der Jahrgangsklasse ist, anders gewendet, gerade ihre Stabilität, die zur Verfestigung, manchmal sogar Zementierung sozialer Beziehungen und didaktischer Prozesse führt. Es fehlen die Elemente der Flexibilität, die dazu geeignet sind, die vielfältigen Bedürfnisse der Schüler, die verschiedenen didaktischen und curricularen Erfordernisse und die Probleme der Entwicklung und des zeitlichen Wandels aufzufangen. Kurz, ein Schüler, der z.B. neun Jahre in die gleiche Jahrgangsklasse am Gymnasium gegangen ist, hat die Vorteile einer festen Gruppe und Organisation, aber auch die Nachteile ihrer Starrheit erfahren müssen (vgl. Anmerkung 7).

Wir stellen daher drei Alternativen zur Jahrgangsklasse vor, die in der Praxis unserer Schulen nur zu einem Teil Bedeutung erlangt haben, die aber im Rahmen einer Besinnung auf die Schule als Institution nicht fehlen dürfen. Es handelt sich um das Gegenmodell der Stammgruppe, das in der Jena-Plan-Schule Peter *Petersens* erprobt wurde, um das Kurssystem, das an den gymnasialen Oberstufen der Bundesrepublik Deutschland derzeit praktiziert wird, und um das open-classroom-System, das an vielen britischen und nordamerikanischen Schulen realisiert ist.

### *3.3.2 Die Stammgruppe in der Jena-Plan-Schule*

Einen entschiedenen Versuch, die Jahrgangsklasse zu überwinden, hat Peter *Petersen* (1884–1952) an seiner mit der Universität Jena verbundenen Versuchsschule unternommen (vgl. *Dietrich* 1986). Er glaubte, den „Bankerott des Jahresklassensystems sowie der Auslese für die sogenannten höheren Schulen" feststellen zu können (1927; Nachdruck 1952, 15), da sie zu katastrophalen Sitzenbleiberzahlen und damit zur Überalterung der angeblich altershomogenen Klassen führten. Seine Konsequenz lautete (ebd. 17): „Kein Volk kann die Schüler ändern und lernschulmäßig mehr aus ihnen herausbringen, darum ist das Schulwesen – und in erster Linie das Schulleben – selbst zu ändern."

In *Petersens* Jena-Plan-Schule entstand das Modell einer Gegenschule, in deren Erziehungskonzept die sog. Stammgruppe als Ersatz für die Jahrgangsklasse eine tragende Säule darstellt (vgl. Grundlagentext 3.3). Ihr pädagogisches Prinzip ist die „geistige Gemeinschaft", ihr Organisationsprinzip das „freie innere Kräftespiel" oder auch „die jede Gemeinschaft bezeichnende freie Dynamik der inneren Struktur" (alle Zitate S. 27). Wir haben dies oben als Flexibilität bezeichnet.

Wie sieht eine Stammgruppe aus? Sie ist im Gegensatz zur Jahrgangsklasse nach dem Prinzip der *relativen Heterogenität* zusammengesetzt, eine möglichst breite Mischung der Schüler nach Geschlecht, Begabung, sozialer Schicht, vor allem aber aus je drei Schuljahren. Unter insgesamt 40 Schülern finden sich so 12–15 Anfänger und die gleiche Zahl von „Senioren". „Kein Kind bleibt jemals ‚sitzen', sondern alle rücken nach dreijähriger Arbeit in einer Gruppe in die nächste auf" (a.a.O. 26). Die „Versetzung" von Gruppe zu Gruppe wird aber höchst flexibel gehandhabt.

Der Vorteil eines solchen Systems wurde seinerzeit vor allem darin gesehen, daß das Sitzenbleiben verhindert werden konnte, dadurch, daß das Kind individuell je nach seiner Reife gelenkt wurde. Hinzu kommt der soziale Gedanke, daß die in der Jahresklasse künstlich getrennten Alters- und Reifegrade hier zusammenstehen sollen: Das ältere Kind steht für das jüngere ein.

Wie kommt es, daß sich die „bankerotte" Firma Jahrgangsklasse dennoch gegenüber dem neuen Modell durchgesetzt hat? Wir vermuten, daß neben der unbestreitbar leichteren organisatorischen Handhabung des Jahresklassenprinzips in einem Massenschulwesen (Reduktion von Komplexität!) vor allem didaktische Gründe eine Rolle spielen: Die äußere Differenzierung in Jahresklassen ermöglicht ein straffes Curriculum nach dem Motto: eines schickt sich für alle.

### *3.3.3 Das Kurssystem der gymnasialen Oberstufe*

Im Gegensatz zum Stammgruppenprinzip hat sich das Kurssystem an den westdeutschen Schulen in der Nachkriegszeit durchsetzen können: vor allem an den Gesamtschulen, wo in der Regel nach Leistung differenziert wird, zum anderen im Wahl-Pflichtkurs-System der Realschule und nicht zuletzt an der seit 1972 reformierten Oberstufe der Gymnasien, wo ein differenziertes Curriculum zur Wahl steht. Während das Kurssystem der Integrierten Gesamtschule im Kap. 5 erörtert wird, soll hier das Kursangebot der gymnasialen Oberstufe als Beispiel eines flexiblen Gegenmodells zur Jahrgangsklasse dargestellt werden.

Die Vereinbarung der Ständigen Konferenz der Kultusminister zur „Neugestaltung der gymnasialen Oberstufe in der Sekundarstufe II" vom 7.7.1972 legt im Abschnitt „Organisationsform" verbindlich fest:

„Das System der Jahrgangsklassen wird in ein System von Grund- und Leistungskursen umgewandelt, das auch jahrgangsübergreifend sein kann. Die Kurse sind themenbestimmt, doch bleiben sie Fächern und den für sie geltenden Lehrplanrichtlinien zugeordnet. Sie dauern jeweils ein halbes Jahr" (KMK 1972, 16).

Gegenüber dem traditionellen Jahrgangsklassensystem des Gymnasiums, das bis einschließlich der 10. Jahrgangsstufe erhalten geblieben ist, seien folgende wesentlichen Unterschiede hervorgehoben (vgl. *Flössner/Schmidt/Seeger* 1977, 132 ff.; *Westphalen* 1979, 51 ff.):

(1) Das System der Oberstufe ist erheblich komplexer als das der Unter- und Mittelstufe. Grundkurse und Leistungskurse als in sich ebenso komplexe Subsysteme bilden eine „vernetzte Struktur" (*Vester* 1984, 68), in der sich der Schüler nicht ohne ausgiebige Beratung (Tutorensystem) zurechtfinden kann. Institutionelle Veränderungen haben somit zu einer deutlichen *Ausdifferenzierung des Systems* geführt, die in der Praxis der einzelnen Schule nicht selten zu spürbaren organisatorischen Schwierigkeiten führt.

(2) Kern der Oberstufe ist ein stark differenziertes *curriculares Angebot* in Form von thematisch-fachlich strukturierten Kursen, die im Prinzip individuell zusammengestellt werden können, auch wenn die KMK-Vereinbarung und die länderspezifischen Detailregelungen eine Fülle von Pflichtbindungen und Restriktionen enthalten. Verglichen mit der Sekundarstufe I am Gymnasium bietet die Oberstufe dennoch die Möglichkeit individueller Schwerpunktsetzung, ist also deutlich flexibler als das bisherige System.

(3) Die Einrichtung von *Grund- und Leistungskursen* in ein und demselben Fach ist nicht nur eine institutionell höchst interessante Innovation, sondern auch eine didaktische Herausforderung an die curriculare und unterrichtliche Gestaltung. Daß der gleiche Lerninhalt auf zwei Niveaus mit je verschiedenen Lernzielen unterrichtet wird, bedeutet eine durchaus originelle Differenzierung, die im deutschen Schulwesen und der deutschen Bildungstradition nichts ihresgleichen findet.

(4) Die Vereinbarung bestimmt (KMK 1972, 13 f.):

„Der Unterricht in der Oberstufe wird nach Begabung und Leistung differenziert. . . Der Wahlbereich soll es den Schülern ermöglichen, ihren Interessen und Neigungen ohne Bindung an festgelegte Aufgabenfelder nachzugehen. . ."

Das Kurssystem versucht dadurch dem Leitziel der Oberstufe zu entsprechen, dem Schüler eine „größere Selbständigkeit" (ebd. 11) zu vermitteln. Mit anderen Worten: Der eingeräumte „Vorschuß an Mündigkeit" äußert sich in größerer *(Wahl-)Freiheit.*

(5) „Das Kurssystem erweitert die Anzahl möglicher Sozialpartner für den Schüler ganz erheblich; er lernt den Umgang mit einer größeren Zahl von Mitschülern" (KMK 1977, 19). Dies wird von der KMK unter den Prinzipien der *Mobilität* und der Erweiterung des Sozialhorizonts verbucht. In der Tat löst das Kurssystem die starren Strukturen der Jahrgangsklasse auf; die Chance wird eingeräumt, fixierte Rollen abzustreifen.

(6) In der gymnasialpolitischen Literatur wird immer wieder nostalgisch beklagt, daß durch das Kurssystem die *Nestwärme* der Klasse verlorengeht. Dies ist institutionell gewollt:

„Die gymnasiale Oberstufe stellt eine Übergangsstufe zwischen dem Klassen-/Kerngruppensystem der Primarstufe und der Sekundarstufe I einerseits und der mobilen und komplexen Sozialordnung der Hochschule und der Berufswelt andererseits dar. . . Der Schüler soll behutsam aus den ihm bisher vertrauten Strukturen gelöst und ebenso behutsam zur Bewältigung der ihm noch nicht vertrauten Strukturen geführt werden. . ." (KMK 1977, 18).

Zusammenfassend erblicken wir in der Neugestaltung der gymnasialen Oberstufe einen Versuch, das unter Legitimationsdruck geratene Gymnasium durch Ausdifferenzierung seines Systems zu entlasten. Die allzu starre Grundstruktur, ein für alle Schüler gleiches Pflichtcurriculum in der Organisationsform der Jahrgangsklasse zu vermitteln, wurde der Individualität und dem Selbstbestimmungsanspruch der jugendlichen Schüler nicht mehr gerecht; das neue System erscheint wesentlich flexibler – wenigstens im Ansatz der 70er Jahre, während in den 80er Jahren wiederum Verkrustungen erkennbar sind.

### *3.3.4 Die open-classroom-Bewegung*

Die Tendenz zur Individualisierung des Unterrichts, die sich in der neugestalteten gymnasialen Oberstufe wenigstens im Ansatz ausdrückt, hebt den Klassenverband prinzipiell auf. Versalität sucht Stabilität zurückzudrängen. Einen großen Schritt weiter in diese Richtung nahm die sog. open-classroom-Bewegung, die sich besonders an Infant Schools in Großbritannien und Elementary Schools in den USA verbreitet hat. Wir wollen sie hier noch kurz vorstellen, um das Bild der institutionellen Subsysteme im Schulbereich zu vervollständigen.
Ch. E. *Silberman,* der wohl bedeutendste Propagandist der Bewegung in den Vereinigten Staaten, beschreibt das Bild, das ein „Offenes Klassenzimmer" dem Besucher bietet (1973, 295):

"To enter an open classroom for the first time is a disorienting experience for anyone accustomed to traditional formal schooling. An open classroom does not look like a classroom. It is, rather, a workshop in which 'interest areas' take the place of the familiar rows of desks and chairs, and in which individualized learning takes place. . .
The reading area in an open classroom, for example, typically is an inviting place, with a rug or piece of old carpet on which children can sprawl while they read, a couple of easy chairs or perhaps a cot or old couch for additional comfort, a table and chairs where children can write, and a large and tempting display of books at child's height. The arithmetic area (or 'maths area', as the English call it) most likely will have several tables pushed together to form a large working space. On the tables, in addition to a variety of math texts and workbooks, will be a box containing rulers, measuring tapes and sticks, string, and the like; other boxes, containing pebbles, shells, stones, rocks, acorns, bottle tops, and anything else that can be used for counting; several balance scales, with boxes of weights as well as more pebbles, stones, rocks, feathers, and anything else than can be used for weighing."

Die Schüler, die sich in diesem Klassenzimmer aufhalten, bilden zwar in der Regel eine Jahrgangsklasse. Die Lehrkraft wird auch versuchen, feste Sozialbeziehungen zwischen den Kindern zu stiften; vielleicht kommt sogar so etwas wie ein Klassengeist zustande. Aber das primäre Prinzip ist doch die höchstmögliche didaktische Flexibilität und die größtmögliche Freiheit für Schüler und Lehrer. Die Selbstbestimmung des Kindes, das gerade keine Lust auf Rechnen hat und sich daher in die Leseecke verkrümelt, zählt mehr als eine äußere Lenkung, die – vielleicht – zu effektiverem Lernen führen könnte.

Es mag scheinen, als würde die open-classroom-Bewegung die Institution Schule an den Rand der Selbstaufgabe führen, das System von innen zersetzen wollen. In Wirklichkeit, so glauben wir, repräsentiert das „Offene Klassenzimmer“ den höchsten Triumph der Schule als Institution: Ohne daß die eigentlichen Schulzwecke (kognitives und soziales Lernen; Qualifikation und Allokation) aufgegeben würden, wird eine überaus raffinierte, unerhört komplexe Organisationsform aufgebaut, die innerhalb gewisser unverzichtbarer Bindungen dem Individuum erstaunliche Freiheiten gewährt.

## Kapitel 4: Die traditionelle Struktur: Gegliedertes Schulwesen

Das folgende Kapitel stellt einen Versuch dar. So vertraut uns nämlich Schularten wie Grundschule, Hauptschule, Realschule und Gymnasium im einzelnen scheinen, so wenig sind sie bisher als Ganzes, als ein System betrachtet worden. Auch heute noch gilt *Derbolavs* Feststellung aus dem Jahre 1959 (242), ihm sei nicht bekannt, „daß seit *Kerschensteiners* vielversprechenden Ansätzen die Theorie der Schulorganisation ernsthafte systematische Förderung erfahren hätte" (ähnlich *Führ* 1976, 337 u. *Beckmann* 1983, 178 und 182).
Daß es, von einem bildungspolitisch orientierten Versuch *Scheuerls* (1968) abgesehen, keine wissenschaftstheoretisch legitimierte Theorie der Makroorganisation des Schulwesens gibt, mag verwundern, wo doch auf der anderen Seite sowohl seine Mikrostruktur, die Schulklasse, als auch einzelne Schularten systematisch erforscht sind. Noch mehr muß erstaunen, daß das sog. dreigliedrige Schulwesen, also die drei nach der Grundschule „weiterführenden" Schularten Hauptschule, Realschule und Gymnasium im Sekundarbereich I, bisher in keinen Theorierahmen eingefaßt wurde. Erstaunlich deswegen, weil das gegliederte Schulwesen vor allem durch die Konkurrenz der Integrierten Gesamtschule unter einen empfindlichen Legitimationsdruck geraten ist.
Unser Kapitel richtet sich in seiner Anordnung nach einem Schema, das *Reimers* 1964 für die Theorie der Schule reklamierte; diese sei der „Versuch der *Deskription, Analyse* und *Kritik* der Institution Schule einschließlich ihrer Bezüge wie ihres inneren Geschehens" (Ausg. 1973, 248; vgl. *Kramp* 1973, 19). Im ersten Abschnitt soll das Schulwesen der Bundesrepublik Deutschland nach seiner äußeren Struktur knapp beschrieben und am Beispiel der traditionellen, dreigliedrigen Sekundarstufe I hinsichtlich seiner Bezüge veranschaulicht werden. Der zweite Abschnitt enthält eine Analyse des Systems in Anlehnung vor allem an funktionalistische und systemtheoretische Gedankengänge. In einem abschließenden kritischen Teil werden die Legitimationsprobleme des gegliederten Schulsystems aus vornehmlich bildungspolitischer Sicht beurteilt.

### 4.1 Zur Beschreibung von Schularten

Unter *Schulart* verstehen wir mit *Köck/Ott* (1979, 457) „Schulen mit gleichen Bildungszielen", also z. B. Gymnasien. In offiziellen Texten werden hierfür auch andere Bezeichnungen gebraucht. Der Rahmenplan des *Deutschen Ausschusses* (1959) spricht z. B. ohne klare Unterscheidung von Schulformen, Schultypen und Zweigen; in anderen Dokumenten wird der Begriff „Schulformen" bevorzugt, so vor allem im Düsseldorfer Abkommen (1955), Hamburger Abkommen (1964) und im Bildungsgesamtplan der BLK (1973). Wir schließen uns bei unserer Bezeichnung an *Scheuerl* (1968) an und benutzen zur Untergliederung der „Schulart" den Begriff „Schultyp" (z.B. das altsprachliche Gymnasium).

Zur Deskription der Schularten des allgemeinbildenden Schulwesens liegt bisher kein *wissenschaftliches Schema* vor. Zumeist erschöpften sich Beschreibungsversuche in einer pragmatischen Aufzählung äußerer Gegebenheiten. Beispielsweise strukturiert das Kultusministerium Nordrhein-Westfalen (1985) nach folgenden Kriterien: Eintritt(sbedingungen in die Schulart), (Gestaltung der) Erprobungsstufe, Übergangsmöglichkeiten (zu anderen Schularten), Unterrichtsfächer, Unterrichtsorganisation, Abschlüsse und Berechtigungen. Um Schularten aber auch in ihrer Tiefenstruktur beschreiben zu können, wird als Grundlagentext 4.1 ein eigener *Kategorienraster für Schulartprofile* zur Diskussion gestellt, der, wie *Ipfling* (1986, 213 f.) feststellte, deskriptiven, nicht aber legitimatorischen Charakter trägt. Wenn wir uns auch von der Anwendung des Rasters eine systematischere Erfassung der Bestimmungsmerkmale einer Schulart versprechen, so wird das Schema doch gewisse Schwierigkeiten nicht beiseite räumen, die der Beschreibung von Schularten speziell im Sekundarbereich I im Wege stehen. Dessen Schularten sind nämlich in der Gegenwart weniger als je zuvor scharfkantig umrissene Systeme, ihre Grenzen (vor allem in Schülerpopulation und Curriculum) sind fließend. Das liegt vor allem an folgenden Gründen:

– Die *Bildungsidee* der einzelnen Schularten ist mehr und mehr unscharf geworden (zum Gymnasium vgl. *Bauer* 1973 sowie *Westphalen* 1979, zur Realschule *Holstein* 1979 und zur Hauptschule *Nicklis* u. a. 1980).
– Die im Strukturplan vertretenen Prinzipien der Durchlässigkeit und des für alle Schularten geltenden wissenschaftsbezogenen Unterrichts haben bis dato unbekannte *Verklammerungen* auf der Sekundarstufe I geschaffen, die sich auch in den Curricula besonders der Orientierungsstufe niederschlugen.
– Die *Querverschiebung* der Schülerströme nach „oben", also in die Realschule und das Gymnasium (vgl. Kap. 4.3) haben die jeweilige Schülerpopulation entscheidend verändert, so daß alle Schularten der Sekundarstufe Identitätsprobleme haben.

### *4.1.1 Die Oberflächenstruktur des gegliederten Schulwesens*

Trotz dieser Einschränkungen ist natürlich eine Beschreibung der Oberflächenstruktur des westdeutschen Schul- und Bildungswesens möglich. Wir bedienen uns dabei einer offiziellen Graphik, die das Sekretariat der Ständigen Konferenz der Kultusminister in aktualisierter Fassung seit 1982 vertreibt (vgl. S. 57). Sie veranschaulicht, wie sich im gesamten Bildungswesen eine Reihe von Subsystemen aufeinander beziehen und z. T. überschneiden:

– der vorschulische Bereich
– die allgemeinbildenden Schulen im Primarbereich
– die allgemeinbildenden Schulen im Sekundarbereich I
– allgemeinbildende und berufliche Schulen im Sekundarbereich II
– der tertiäre (Hochschul-)Bereich
– der Bereich der Weiterbildung
– der Bereich der Sonderschulen.

Staat und Gesellschaft haben damit ein Großsystem geschaffen, genauer: sieben ineinandergreifende Subsysteme, damit die in der jungen Generation vorhandene

## Struktur des Bildungswesens in der Bundesrepublik Deutschland

Stand 1981

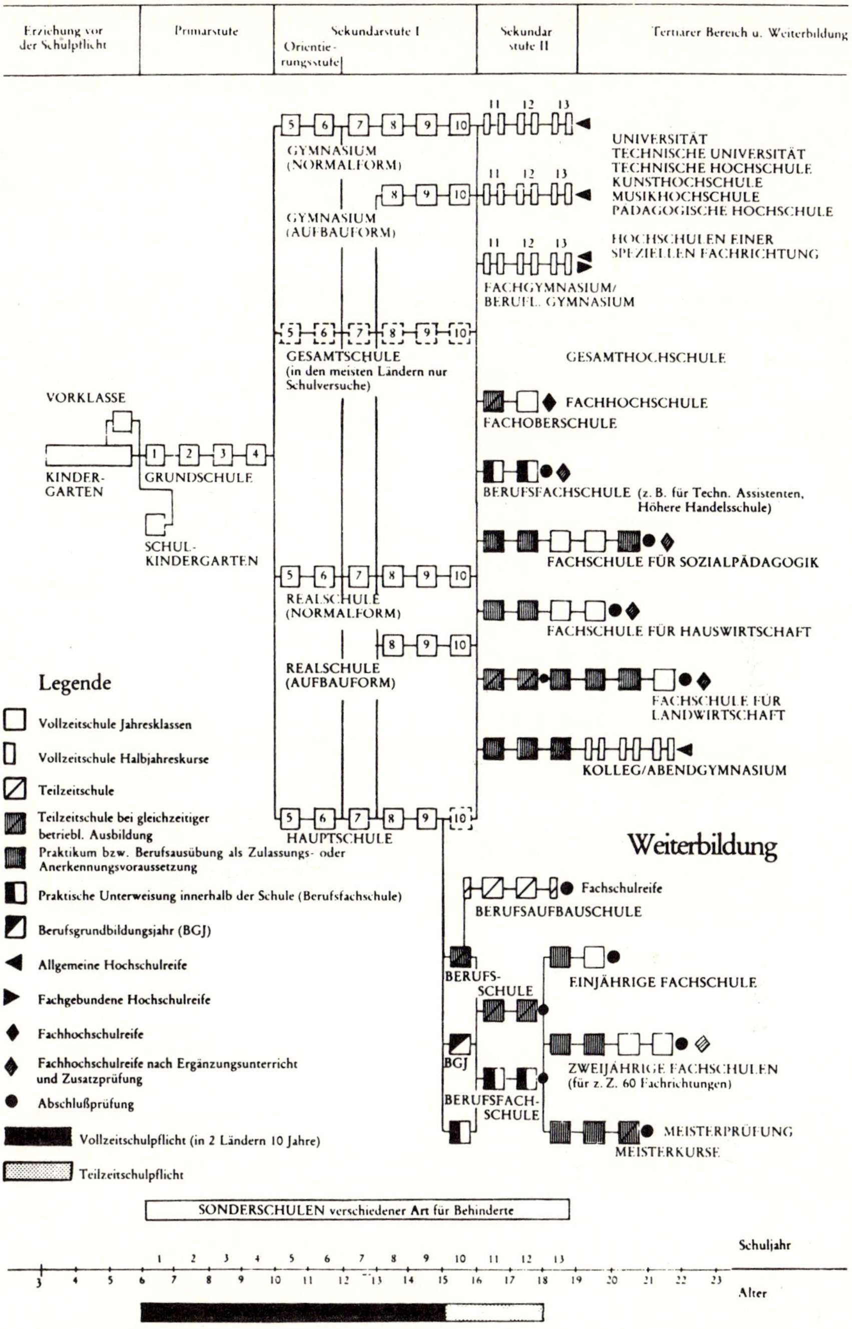


Aus: KMK: Das Bildungswesen in der Bundesrepublik Deutschland, 1982 a, 71

Differenz zwischen Kompetenz und Inkompetenz aufgehoben wird. Dabei wurde das Urmodell von Schule, nämlich eine Einrichtung, in der Lernende unter Anleitung von Lehrenden sich um den Erwerb von Kenntnissen, Fähigkeiten und Einstellungen bemühen, immer stärker ausdifferenziert (vgl. S. 64 f.).
Verlängerte man die Graphik nach rechts, so würde die Verflechtung des Bildungssystems mit dem zugeordneten Gesamtsystem der Gesellschaft, speziell mit dem Beschäftigungssystem und der sozialen Schichtung deutlich.
Zur Veranschaulichung dieser Systemverknüpfungen wird ein ergänzendes Schaubild beigegeben (S. 59), mit dem H. *Fend* (1980, 17) die *funktionalistische Sichtweise* der Institution Schule darstellt, die wir in Kap. 1 behandelt haben. Beide Tafeln zusammengenommen zeigen, „daß in institutionalisierter Erziehung gesellschaftliche Erwartung und staatliche Gestaltung dominieren" (vgl. S. 16), daß es dem Individuum also nicht eben leichtgemacht wird, das Grundrecht auf freie Entfaltung der Persönlichkeit zu reklamieren.

### *4.1.2 Dreigliedriges Schulwesen als Subsystem von Schularten*

Wir sind in dieser Veröffentlichung nicht in der Lage, das Gesamtsystem der Schule auf seine institutionellen Strukturen hin zu untersuchen – nicht nur der Umfang dieses Buches, auch die Forschungslage verbietet das. Statt dessen beschränken wir uns auf das sog. dreigliedrige Schulwesen im Sekundarbereich I, weil wegen der grundlegenden Kontroversen um die Gestaltung des Schulaufbaus ihm eine besondere bildungspolitische Dynamik anhaftet. Obwohl derzeit (1987) mehr als 4% aller Schüler dort neben den Hauptschulen, Realschulen und Gymnasien die Sonderschulen besuchen und etwa der gleiche Anteil die Gesamtschulen, vernachlässigen wir diese beiden Schularten: die Sonderschulen, da sie einer anderen Systemdimension angehören, die Gesamtschulen, da ihnen das nachfolgende Kap. 5 gewidmet ist.

Wie schon gesagt, gehen die üblichen Beschreibungen der Schulartprofile nicht über die Oberflächenstruktur hinaus. Das trifft, abgesehen von dem erwähnten Beispiel aus Nordrhein-Westfalen, auch auf die KMK-Veröffentlichung von 1982 zu, in der „Kompetenzen, Strukturen, Bildungswege" auf diese Weise dargestellt werden. Anspruchsvoller sind die „Profile der Schularten", wie sie Baden-Württemberg als Vorgabenpapiere zu der 1980/81 begonnenen Lehrplanreform entwickelt hat (*Ministerium für Kultus und Sport* Baden-Württemberg 1981).

Wir bedienen uns eines neueren Versuches der *Profilbeschreibung,* wie er im Jahre 1984 vom Kultusministerium in Schleswig-Holstein unternommen wurde. Er stützt sich vornehmlich auf ein unveröffentlichtes Papier des Kultusministers „Leitgedanken zu Bildung und Erziehung in Schleswig-Holstein", das den Mitgliedern von Lehrplankommissionen vorgegeben wurde, und basiert auf dem Landesschulgesetz von 1978, Schulordnungen der drei weiterführenden Schularten Hauptschule, Realschule und Gymnasium in Schleswig-Holstein sowie einem ebenfalls unveröffentlichten Diskussionspapier des Deutschen Philologenverbands zum Bildungsprofil des Gymnasium, vorgelegt von W. *Heldmann* und K. *Westphalen.* Aus diesen Quellen haben wir eine Synopse hergestellt, die in knapper, übersichtlicher Form die drei Schularten vergleichbar macht. Eine

Gesellschaftliche Funktionen des Bildungswesens.

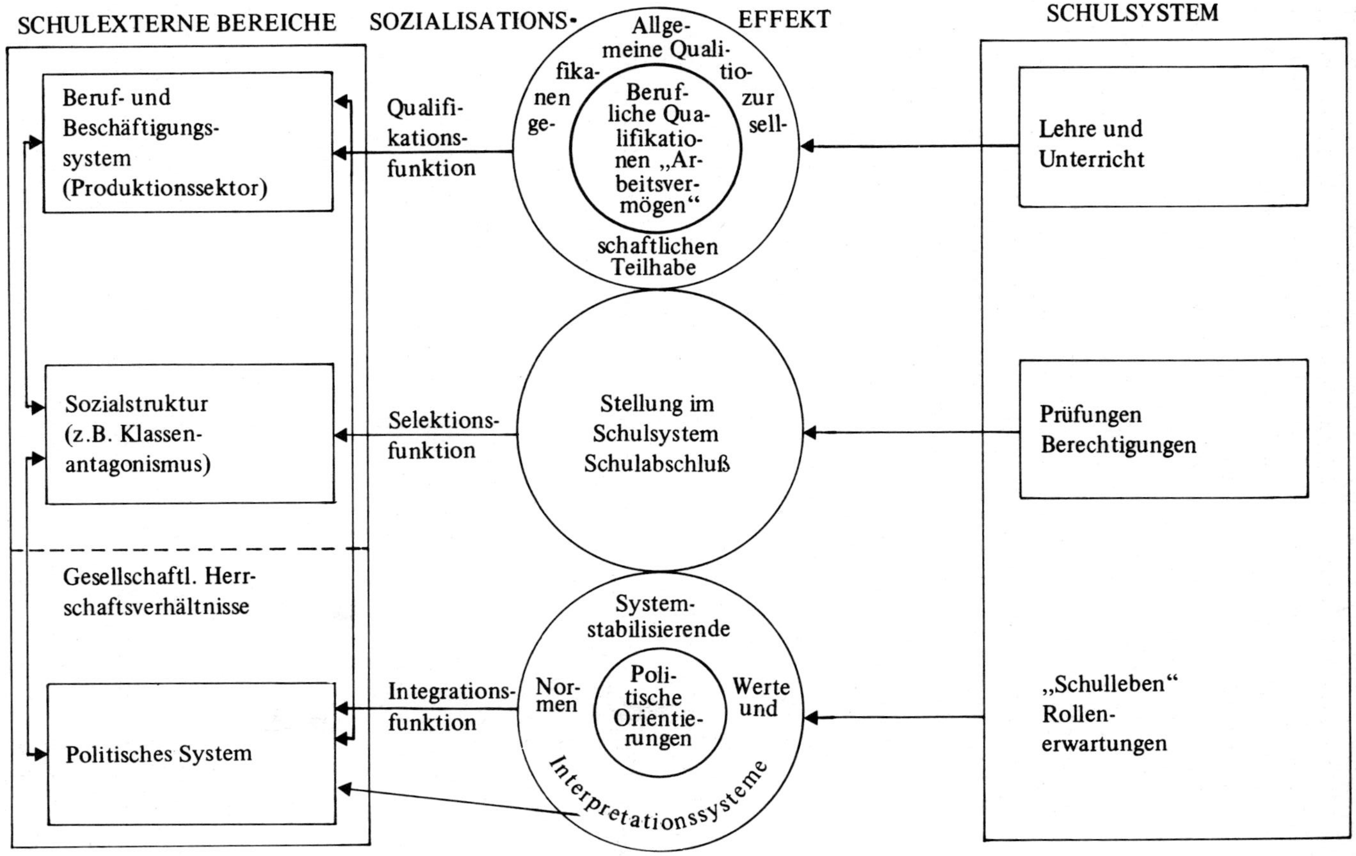


Aus: Helmut *Fend:* Theorie der Schule. München 1980, S. 17

Analyse oder gar Wertung der Synopse ist an dieser Stelle nicht beabsichtigt; der Leser mag sie nach Lektüre der beiden nachfolgenden Abschnitte selbst vornehmen (kritisch dazu: GEW 1984, 170 f.). Er sollte jedoch berücksichtigen, daß es sich um eine bildungspolitisch akzentuierte Deskription von Schularten aus der Sicht einer Schulverwaltung handelt, die Aufschluß über die Selbstdeutung (Selbstreferenz) des Systems erteilt, nicht aber um eine wissenschaftliche Profilbeschreibung im Sinne unseres „Kategorienrasters". Letztere ist im Rahmen dieser Veröffentlichung nicht zu leisten; Ansätze finden sich bei *Aurin* (1978), *Heldmann* (1980) und *Wollenweber* (1980).
Der Grundgedanke für die verschiedene Ausgestaltung von Schularten nach Beendigung einer vierjährigen Grundschulzeit wird in einer Informationsschrift des Kultusministers von Schleswig-Holstein wie folgt ausgedrückt:

„Jeder weiß, daß Kinder und Jugendliche nur dann gesund und selbstbewußt aufwachsen können, wenn die Bildungswege ihren Begabungen und Leistungsmöglichkeiten entsprechen. Das gegliederte Schulwesen unseres Landes ist darauf abgestimmt, unterschiedlichen Begabungen gerecht zu werden, und bietet dafür vielfältige Bildungswege an" (aus: Schulen richtig wählen – Bildungswege in Schleswig-Holstein 1983, 4).

Diese Begründung eines differenzierten Schulwesens führt zu entsprechenden Konsequenzen bei der pädagogischen und didaktischen Gestaltung der Schularten. Die Differenzierung ergibt notwendigerweise ein nicht aufhebbares Spannungsverhältnis zwischen dem Ziel einer *grundsätzlich einheitlichen Bildung und Erziehung* für alle Jugendlichen einerseits, wie sie in § 4 des Schulgesetzes in Schleswig-Holstein vorgesehen ist, und einer *differenzierten Instruktion und Ausbildung* gemäß den Fähigkeiten und Neigungen des einzelnen andererseits.
Vor die in der nachfolgenden Synopse ausgearbeiteten Profile der einzelnen Schularten wäre also eine Klammer zu setzen, mit der diejenigen Bildungsziele und sozialen Tugenden explizit gemacht werden, die *allen* Schülern gleich welcher Schulart vermittelt werden sollen. In der Synopse wird folglich mehr die (zu beschreibende) Verschiedenheit betont als die (durch das Schulgesetz vorauszusetzende) Einheit.

*Synopse der Schulartprofile*
aus der Sicht einer Schulverwaltung (nach Texten aus Schleswig-Holstein) vgl. die Seiten 61 und 62.

## 4.2 Zur Analyse des gegliederten Schulwesens

### *4.2.1 Der systemtheoretische Ansatz*

Im folgenden Abschnitt geht es uns darum, das gegliederte Schulwesen mit Hilfe der systemtheoretischen Denkweise soweit als möglich zu analysieren. Voraussetzung für die Anwendung dieses Ansatzes ist, daß die einzelnen Schularten überhaupt in Zusammenhang gebracht, als ein System betrachtet werden können. „Die Aufgabe, geschichtlich entstandene, miteinander nicht verbundene Schul-

*Synopse der Schulartprofile* aus der Sicht einer Schulverwaltung (nach Texten aus Schleswig-Holstein)

| Kriterium | Hauptschule | Realschule | Gymnasium |
|---|---|---|---|
| (1) Allgemeiner Bildungsauftrag | Grundlegende Allgemeinbildung durch solides Grundwissen, manuelle Fertigkeiten und berufsvorbereitende Orientierung | Gehobene Allgemeinbildung durch vertieftes Grundwissen, praktische Fähigkeiten und theoretische Durchdringung lebensnaher Sachverhalte | Anspruchsvolle Allgemeinbildung durch breites Grundwissen; Fähigkeit, komplexe Sachverhalte durch systematisches und philosophisches Fragen zu durchdringen |
| (2) Spezifisches Ziel der Schulart | Die Hauptschule schafft die Voraussetzung für die Wahl eines Ausbildungsberufs und für weiterführende, v.a. berufsbezogene Bildungsgänge. | Die Realschule bereitet sowohl auf weiterführende schulische Bildungsgänge als auch im besonderen auf Berufe mit gesteigerten Anforderungen vor. | Das Gymnasium widmet sich kontinuierlich dem Ziel der allgemeinen Studierfähigkeit. Damit wird die Voraussetzung für die Übernahme anspruchsvoller Aufgaben im beruflichen und öffentlichen Leben geschaffen. |
| (3) Spezifische Bildungsziele | Sichere Beherrschung der Kulturtechniken, enge Verbindung von Denken und Tun, grundlegende Wissenschaftsorientierung, Förderung der musischen und praktischen Anlagen, handlungsorientierter Einblick in die Berufswelt. | Fähigkeit, lebensnahe Sachverhalte sowohl handlungsorientiert-praktisch als auch theoretisch-wissenschaftlich zu bearbeiten. Ordnung der Vorstellungswelt durch Systematik im weiten Überblick. | Besondere Förderung der Urteilskraft. Denken in Zusammenhängen und Strukturen; Bereitschaft, sich Sinnfragen zu stellen. Ausdrucksfähigkeit auf hohem sprachlichen Niveau. Überblick über die Systematik der Wissenschaften. |
| (4) Charakteristische Fächer | Wirtschaft/Politik, Hauswirtschaft, Technisches Werken, Textiles Werken. | 2. Fremdsprache (Französisch oder Dänisch) als Wahlfach/Wahlpflichtfach; Wirtschaft/Politik; Hauswirtschaft, Technik, Textiles Werken | 2. Pflichtfremdsprache (Französisch oder Latein), wahlweise noch weitere Fremdsprachen |

Fortsetzung zu: Synopse der Schulprofile aus der Sicht einer Schulverwaltung (nach Texten aus Schleswig-Holstein)

| Kriterium | Hauptschule | Realschule | Gymnasium |
|---|---|---|---|
| (5) Spezifische Auswahlgesichtspunkte für den Lernstoff | Verzicht auf stoffliche Systematik, durchgängig Prinzip des Exemplarischen, Auswahl nach Handlungsmöglichkeiten | Ansätze zu stofflicher Systematik. Lerngegenstände mit Modellcharakter | Systematik der Vorstellungswelt, didaktisierter Bezug auf Fachwissenschaften, hochkomplexe symbolische Systeme |
| | Spezifische Förderungsmöglichkeiten, erweiterte Bildungsmöglichkeiten (Wahlkurse), ggf. in einzelnen Fächern Differenzierung, | Ausgedehnte Wahldifferenzierung in Kl. 9 und 10 mit vier Schwerpunkten | Begrenzte Schwerpunktbildung (3. Fremdsprache) auf der Mittelstufe, Kurssystem auf der Oberstufe |
| | vorberufliche Bildung, Berufsfeldorientierung, Betriebspraktikum | Orientierung in der Berufswelt, Betriebspraktikum | Nicht vorrangig auf berufliche Zwecke ausgerichtete Bildung |
| (6) Charakteristische Unterrichtsverfahren | Konkret-anschaulich, erlebnisbetont, umweltbezogen, handlungsorientiert. Vertiefen, Üben, Wiederholen und Fördern nehmen breiten Raum ein | Anwendungsbezug theoretischer Kenntnisse, praktisches Handeln mit theoretischer Reflexion. Enge Theorie-Praxis-Verschränkung durch Arbeit am Modell. Einübung von Arbeitstechniken betont | Kategoriales (systematisches) Denken, sinnerschließendes Fragen, distanzierte Reflexion, zusammengefaßt als Wissenschaftspropädeutik |
| (7) Unterrichtsorganisation | Klassenlehrerprinzip wegen des angestrebten fachübergreifenden, ganzheitlichen Unterrichts | Fachlehrerprinzip wegen des Erfordernisses einer vertieften fachwissenschaftlichen Ausbildung des Lehrers | Fachlehrerprinzip wegen der Wissenschaftspropädeutik |
| (8) Abschlußprofil | Der Hauptschul-Abschluß vermittelt eine solide Grundlage für eine Berufsausbildung bzw. führt darüber hinaus ins berufliche Schulwesen. | Die Realschul-Abschlußprüfung bildet die Grundlage für eine Berufsausbildung mit gesteigerten Anforderungen und eröffnet daneben weitere schulische Bildungsgänge. | Die Abiturprüfung verleiht die allgemeine Hochschulreife und ermöglicht die Aufnahme eines Hochschulstudiums bzw. einer vergleichbaren Berufsausbildung. |

gattungen zu koordinieren und in ein gegliedertes System zu bringen, ist seit *Comenius* durchgehendes Thema schulorganisatorischer Bemühungen. Das einheitsstiftende Prinzip ist seither immer wieder unterschiedlich bestimmt worden. . ." (*Wehle* 1973, 151).

Otto *Willmann* (1839–1920) beklagte die mangelnde Einheit des Schulwesens (1923, 626): „So erscheint das Ganze zunächst nur als ein Aggregat, dessen Elemente verschiedenen Kräften entstammen und zum Teil in verschiedenen Perioden hinzugekommen sind, also als ein Ergebnis geschichtlicher Anlagerung, das man eher ein mechanisches als ein organisches Produkt nennen könnte." *Willmanns* Forderung, es müsse der Weg über den Aufbau eines „Systems" zur Gestaltung eines „Organismus" führen, ist bis heute uneingelöst:

„Was der Staat leistet, wenn er die Rechtsverhältnisse der Anstalten regelt, sie in Verbindung untereinander setzt, Ergänzungen und gleichmäßige Verteilung vornimmt, ist erst die Herstellung eines Systems, und damit ist zunächst nur ein formeller Fortschritt gegeben. . . Es ist aber über das Aggregat sowohl, als über das bloße System hinaus zur organischen Gestaltung des Bildungswesens fortzuschreiten, bei welcher die geschlossene Einheit aller Faktoren nach Maßgabe ihres Wertes und ihres Beitrages zum Gesamtzwecke angestrebt wird" (1923, 626 f.).

Wenn wir auch der Terminologie *Willmanns* nicht weiter folgen wollen, ist seine Fragestellung durchaus noch berechtigt: Handelt es sich beim gegliederten Schulwesen überhaupt im heutigen terminologischen Verständnis um ein „System", d. h. um ein „einheitlich geordnetes Ganzes", im Besitze eines „gewissen Maßes von Integration und Geschlossenheit im Verhältnis seiner Elemente zueinander" (*Hartfiel* 1976, 655)?

Die Vorstellung wäre wahrlich naiv, das Schulwesen mit seinen vielen Verzweigungen und unterschiedlichen Entstehungsbedingungen sei gewachsen wie eben ein Organismus. Es ist auch nicht entstanden wie ein umfassend konstruiertes Gedankengebäude im Kopfe eines Schultheoretikers, so wie etwa *Comenius,* Wilhelm v. *Humboldt* und vor allem *Schleiermacher* Schulsysteme entwarfen (vgl. dazu *Scheuerl* 1968, 94 ff.). Bei den Schularten handelt es sich vielmehr um historisch unterschiedlich einsetzende *Problemlösungsversuche der Gesellschaft,* die in *Analogie* zueinander entwickelt und erst im nachhinein zu einem System verbunden worden sind; vgl. unsere Übersicht über wichtige Daten zur Entwicklung des gegliederten allgemeinbildenden Schulsystems (S. 64 f.).

*Scheuerl* setzt diese Systemverbindung zum „dreigliedrigen Schulwesen" an das Ende des 19. Jahrhunderts (1968, 100).

„. . . Durch einen Schnitt, der quer durch die Berechtigungen der verschiedenen ‚mittleren' Schularten hindurchgelegt wurde und der einen Teil dieser Schulen den Gymnasien gleichstellte, einen anderen auf kürzere Lehrgänge und stärker berufsbezogene Abschlüsse zurückdrängte, entstand – mehr aus der machtmäßigen Schlichtung eines auswuchernden Konkurrenzkampfes als aus dem Konzept einer einheitlichen Gliederungstheorie – das, was wir seither das ‚dreigliedrige' Schulwesen zu nennen uns gewöhnt haben. Aber es war und ist gar nicht so sehr eine Dreizahl von ‚Gliedern' als vielmehr eine Dreizahl von staatlich anerkannten Abschluß- und Berechtigungsebenen, denen eine größere Anzahl von Schulen unterschiedlichen Alters, verschiedener Zwecksetzungen und Traditionen kraft obrigkeitlicher Autorität durch Verfügung zugeordnet wurden."

*Wichtige Daten zur Entwicklung des gegliederten allgemeinbildenden Schulsystems*

Volksschulen werden ab dem 16. Jh. unter dem Einfluß der Reformation von Fürsten und Städten (Gemeinden) eingerichtet, bleiben aber bis ins 19. Jh. unter geistlicher Aufsicht

Realschulen entstehen im 18. Jh. als Bürger- und Handwerksschulen, nehmen unter dem Einfluß des Philanthropinismus (= Realismus) und der neuen wirtschaftlichen Bedürfnisse ab 1800 stark zu

Gymnasien entstehen aus den mittelalterlichen Klosterschulen und verbreiten sich im 18. Jh. als „Gelehrtenschulen"

| | |
|---|---|
| 1747 | Hecker richtet in Berlin erste Realschule auf Dauer ein |
| 1763 | Friedrich d. Gr. ordnet im General-Landschulreglement die allgemeine Schulpflicht an |
| 1794 | Allgemeines Landrecht in Preußen erklärt Schulen und Universitäten zu „Veranstaltungen des Staates" |
| 1808 | Neuordnung des bayerischen höheren Schulwesens im humanistischen Geist durch Niethammer |
| 1809/10 | W. v. Humboldt entwickelt Grundgedanken einer Schulreform in Preußen: Volksschule und höhere Schulen im Geist allgemeiner Menschenbildung |
| 1837 | Johannes Schulze faßt richtungweisende Grundsätze für den Gymnasialunterricht in Preußen zusammen |
| 1854 | In den Regulativen von Ferd. Stiehl wird der preußischen Volksschule ein reaktionäres Programm verordnet |
| 1859 | Teilung der Realschulen in Realgymnasien (mit Latein) und Oberrealschulen; daneben bestehen sechsklassige Mittelschulen, die zur Mittleren Reife führen |
| 1900 | Aufhebung des Monopols des Humanistischen Gymnasiums auf Hochschulzugang, Gleichberechtigung der drei höheren Lehranstalten Gymnasium, Realgymnasium und Oberrealschule |
| ab 1900 | Aufschwung des Mädchenschulwesens („Lyzeum") |
| 1920 | Reichsgrundschulgesetz: pflichtmäßiger Besuch der 4jährigen Grundschule |
| 1925 | Richertsche Reform der höheren Schule: deutsche Kultur als Grundlage von vier Gymnasialtypen: G, RG, OR und Deutsche Oberschule |
| 1947 | Kontrollratsdirektive Nr. 54 will ein ‚comprehensive educational system' in Deutschland einführen |
| 1959 | Rahmenplan zur Umgestaltung und Vereinheitlichung des Schulwesens, vorgelegt vom Deutschen Ausschuß; empfiehlt 2j. Förderstufe, daran anschließend 4j. Hauptschule, 5j. Realschule, 7j. Gymnasium; daneben 9j. Studienschule |
| 1964 | Deutscher Ausschuß: Empfehlungen zum Aufbau der Hauptschule |

| | |
|---|---|
| 1964 | Hamburger Abkommen der Ministerpräsidenten der Länder: Schulpflicht auf 9 Jahre erhöht; Teilung der Volksschule in Grundschule und Hauptschule; alle Schulen, die zur Hochschulreife führen, heißen Gymnasium, mittlere Schulen heißen Realschulen |
| 1968 | erste Integrierte Gesamtschule in Berlin eröffnet |
| 1970 | Strukturplan für das Bildungswesen, vorgelegt vom Deutschen Bildungsrat: horizontale Stufenschule soll das vertikale System ablösen |
| 1972 | Vereinbarung der KMK zur Neugestaltung der gymnasialen Oberstufe: Kurssystem |
| 1973 | Bildungsgesamtplan der Bund-Länder-Kommission: bildungspolitische Polarisation wird sichtbar in Bezug auf Integrierte Gesamtschule und die Form der Orientierungsstufe |
| 1982 | Rahmenvereinbarung der KMK für die gegenseitige Anerkennung von Abschlüssen an integrierten Gesamtschulen festigt die Existenz dieser Schulart, bezieht sie aber auf die Struktur des dreigliedrigen Schulsystems |

Dasselbe Bild scheint sich zu ergeben, wenn wir auf die Dokumente blicken, die das gegenwärtige Schulwesen zu verklammern suchen. Sowohl das Düsseldorfer „Abkommen zwischen den Ländern der Bundesrepublik zur Vereinheitlichung auf dem Gebiete des Schulwesens" 1955 wie auch seine Hamburger Neufassung 1964 enthalten nichts anderes als eine Auflistung von „Schulformen" und „Schultypen", worunter Subsysteme der Schularten verstanden werden. Eine einheitsstiftende Idee, die die Elemente miteinander verbindet, wird auch nicht ansatzweise vorgestellt.

Anders ist dies bei den beiden großen Reformplänen der Nachkriegszeit, in denen ausdrücklich nach zusammenfassenden Ordnungsprinzipien gesucht wurde.

Die Verfasser des „*Rahmenplans* zur Umgestaltung und Vereinheitlichung des allgemeinbildenden öffentlichen Schulwesens" haben das Problem der mangelnden Systemkohärenz im gegliederten Schulwesen in voller Klarheit gesehen: „Die Zweige unseres allgemeinbildenden Schulwesens sind nicht gleichen Ursprungs, sondern haben sich lange Zeit nebeneinander entwickelt, ehe Versuche aufkamen, sie in einen strukturellen Zusammenhang zu bringen" (1959, 4). Und weiter heißt es: „Der zunehmenden Spezialisierung der Schulorganisation ist es aber bis heute nicht gelungen, zwischen Bildungsstufen und Schulformen einen überzeugenden Zusammenhang zu schaffen. . ." (1959, 7). Eben dies will nun der *Deutsche Ausschuß* für das Erziehungs- und Bildungswesen leisten (1959, 2):

„An der Dreigliedrigkeit im Aufbau unseres Schulwesens (nach den bisherigen Bezeichnungen Volksschulen, Mittlere und Höhere Schulen) hält der Ausschuß grundsätzlich fest. Er ist davon überzeugt, daß die geistige Einheit unseres Volkes, die über alle weltanschaulichen und sozialen Unterschiede hinaus besteht und gestärkt werden muß, eine Erziehung fordert, die von allen Schularten gemeinsam zu leisten ist und sie miteinander verbindet. Das kann aber nicht allein durch die Organisation eines für alle Bildungseinrichtungen und Begabungen verbindlichen äußeren Aufbaus erreicht werden. Vielmehr muß eine Besinnung auf den inneren Zusammenhang aller berechtigten Bildungsbedürfnisse unserer Zeit dahin führen, daß die für die verschiedenen Schultypen charakteristischen Bildungsinhalte neu durchdacht, gegeneinander abgegrenzt und in ihrer wechselseitigen Beziehung aufeinander bestimmt werden."

Das Verfahren, das dem *Deutschen Ausschuß* vorschwebt, wird deutlich: Kriterium und Rahmenvorgabe für den integrierenden Ordnungsfaktor des Schulwesens müssen sich aus einer „Besinnung auf den inneren Zusammenhang aller berechtigten Bildungsbedürfnisse unserer Zeit" gewinnen lassen. Mit anderen Worten: Das Subsystem Schulwesen entnimmt seinen „Sinn" dem Umweltsystem der je historischen Gesellschaftsverfassung.

Wo aber ist der Sinn zu finden? Der Rahmenplan möchte „mehr Nachwuchs mit gehobener Schulbildung" (1959, 9) hervorbringen; die „entscheidenden Ziele einer Gesamtreform" sind: „den Bildungsstand auch der Volksschüler zu erhöhen und zweckmäßig zu weiten, die darüber hinaus Fördernswerten besser auszulesen, diese Förderung durch richtige Übergänge in weiterführende Schulen zu sichern und die pädagogische Leistung zu verbessern" (ebd. 2). Darin ist natürlich keine einheitsstiftende Bildungsidee zu erblicken, vielmehr die Rechtfertigung eines hierarchischen Aufbaus des Schulwesens. Dieses erfüllt die Bedürfnisse der Zeit, wenn es einerseits den verschiedenen Begabungsstrukturen, andererseits den unterschiedlichen Anforderungen der Berufswelt entgegenkommt.

Wie H. *Schelsky* (1961, 9 f.) richtig bemerkt hat, versucht der Ausschuß seine Entscheidung, an der Dreigliedrigkeit im Aufbau des Schulwesens festzuhalten, mit folgenden Argumenten zu rechtfertigen:

- die Dreiteilung habe sich bewährt;
- sie entspreche den drei Hauptschichten der Berufe, einer führenden, einer ausführenden und einer vermittelnden Schicht;
- sie entspreche den drei Haupttypen der Begabung, einem theoretischen, einem praktischen und einem theoretisch-praktischen Typ.

Auf das Problem, ob diese – von *Schelsky* sämtlich bestrittenen – Argumente stichhaltig sind, wird später eingegangen werden (S. 78 f.). Die uns jetzt bewegende Frage, ob das gegliederte Schulwesen im Rahmenplan als ein kohärentes System betrachtet wird, kann allerdings bejaht werden. Wir wollen die dem System zugrunde liegende Struktur in einer *Neun-Felder-Matrix* veranschaulichen (s. u.), in die wir auch den Begriff der volkstümlichen Bildung aufgenom-

Neun-Felder-Matrix zur traditionellen Legitimation des dreigliedrigen Schulsystems

| | Begabung | Beruf | Bildungsidee |
|---|---|---|---|
| Hauptschule | praktisch | ausführend | volkstümliche Bildung mit Vorbereitung auf Arbeitswelt |
| Realschule | praktisch-theoretisch | vermittelnd | realistisch-technische Bildung |
| Gymnasium* | theoretisch | führend | humanistisch-wissenschaftliche Bildung |

* Die vom Deutschen Ausschuß vorgeschlagene Trennung des höheren Schulwesens in ein siebenjähriges Gymnasium und eine neunjährige Studienschule wird hier vernachlässigt.

men haben, da dieser in der Systematik des gegliederten Schulwesens eine bedeutende Rolle spielte, auch wenn ihn der Deutsche Ausschuß nicht in den Vordergrund stellt.

Eine klassische Rechtfertigung des dreigestuften Systems findet sich bei W. *Flitner* ([5]1963, 138–142; vgl. auch Grundlagentext 4.2), ein berühmt-berüchtigtes Gleichnis dafür bei *Weinstock* (1955, 120 ff., vgl. Grundlagentext 4.3).

Welches ist nun die zugrunde liegende Struktur des Schulsystems im Verständnis des Rahmenplans? Das dreigliedrige Schulwesen ist ein hierarchisch aufgebauter *Dienstleistungsbetrieb,* der Bezüge zwischen Schülerbeschaffenheit, künftiger sozialer Stellung des Schülers und schulischem Curriculum herstellt und in gleicher Weise den abgestuften Bedürfnissen des einzelnen wie der Gesellschaft dienen will.

Auch der *Deutsche Bildungsrat* war sich bei der Abfassung des *„Strukturplans* für das Bildungswesen" der Notwendigkeit bewußt, einen strukturellen Zusammenhang des Schulwesens herauszuarbeiten. In seinen Augen „setzt der Strukturplan einen besonderen Akzent ..., insofern hier das Bildungswesen als Einheit betrachtet und vom Gesamtzusammenhang her eine Veränderung des Systems und der Bildungswege vorgeschlagen wird" (1970, 27 f.). Die erstrebenswerte Veränderung des Systems sieht der *Deutsche Bildungsrat* bekanntlich darin, daß das dreigliedrige Schulsystem auf der Sekundarstufe allmählich durch ein stärker integriertes System abgelöst wird (1970, 148 f.):

„Die bisherige Unterscheidung zwischen volkstümlich-praktischer Bildung für Hauptschüler, gehobener praxis- und berufsorientierter Bildung für Realschüler und wissenschaftsorientierter Bildung für Gymnasiasten kann unter den Bedingungen der schnell fortschreitenden technologischen und wissenschaftlichen Entwicklung nicht aufrechterhalten werden. Diese herkömmliche Unterscheidung ist auch nicht mit dem Selbstverständnis einer offenen und demokratischen Gesellschaft zu vereinbaren."

Bei einer derartigen Zielsetzung kann selbstverständlich nicht erwartet werden, daß sich im Strukturplan ein Beitrag zur Theorie des gegliederten Schulwesens findet. Fragt man dennoch nach dem „Sinn", dem einheitsstiftenden Faktor des Schulsystems, das dem *Deutschen Bildungsrat* vorschwebte, so scheint dieser darin zu liegen, daß nun erst recht das Schulwesen als ein riesenhafter *Dienstleistungsbetrieb* der Gesellschaft angesehen wird. Eine kleine Auswahl von Zitaten soll das belegen:

„Allen Staatsbürgern soll es möglich sein, den gleichen Anspruch auf Bildung in verschiedenen Formen und auf verschiedenen Anspruchsebenen zu realisieren" (1970, 30).

„Kein Bildungsgang darf in einer Sackgasse enden. Das Bildungswesen muß so eingerichtet sein, daß der Lernende früher gefällte Entscheidungen für dieses oder jenes Bildungsziel korrigieren kann" (1970, 38).

„Die Institutionen des Bildungswesens, die dem Lernenden während einer wichtigen Lebensphase als Ort seiner Selbstentfaltung dienen, müssen wegen dieser Aufgabe in sich beständig sein. Ihre Beständigkeit darf jedoch nicht zur Erstarrung führen. Die Bildungseinrichtungen müssen vielmehr die Fähigkeit besitzen, sich entsprechend den Notwendigkeiten zu wandeln, die sich aus Veränderungen in der Gesellschaft ergeben. Das Bildungswesen muß daher so beschaffen sein, daß es Wandlungsfähigkeit und Beständigkeit miteinander verbindet" (1970, 39).

Ein Vergleich des Rahmenplans und des Strukturplans im Hinblick auf ihre Beiträge zur Theorie des gegliederten Schulsystems bringt folgendes Ergebnis: Der *Rahmenplan* hebt die differenzierte Struktur des Schulwesens hervor, vermag aber keine übergreifende Bildungsidee zu formulieren und von daher die Bildungsziele der Schularten zu deduzieren (vgl. *Spies* 1976 a, 80). Der *Strukturplan* betont (entgegen seinem Namen) weniger die Struktur denn die Einheit des Bildungswesens in seiner Funktion als Dienstleistungsbetrieb mit einem „breiten Angebot an Curricula" (1970, 31). Ihm schwebt ein Gleichgewicht von Differenzierung und Integration vor, „nicht gegensätzliche, sondern einander bedingende Prinzipien der Reform des Bildungswesens" (ebd. 70).

### *4.2.2 Strukturprinzipien des gegliederten Schulsystems*

Ansätze, das gegliederte Schulwesen als System zu begreifen und zu strukturieren, sind, dies ist das Ergebnis unserer Analyse, am ehesten im Rahmenplan zu erkennen (vgl. dazu auch Grundlagentext 4.4). Aber gerade dieser hat zu leidenschaftlichen Auseinandersetzungen geführt (*Schorb* 1960), und seine Effektivität wird skeptisch, wenn auch nicht durchweg negativ beurteilt (*Höhne* 1972, 11; *Spies* 1976a, 83). Nichtsdestoweniger halten wir den vom *Deutschen Ausschuß* vorgeschlagenen methodischen Weg für richtig, sich auf den „inneren Zusammenhang aller berechtigten Bildungsbedürfnisse unserer Zeit" zu besinnen und von daher die Funktion, den „Sinn" des Schulsystems zu bestimmen. Wir versuchen, diesen Weg erneut zu gehen, selbstverständlich mit aktuellen Bezügen und Ergänzungen.

Soziale Systeme sind im systemtheoretischen Denken gesellschaftliche Problemlösungen. Sie entstehen aus sozialem Handeln, ihre Leistung (Funktion) ist die Beantwortung problembeladener Fragestellungen. Wenn wir dem *Deutschen Ausschuß* folgen, so ließ sich Ende der fünfziger Jahre folgende *Problemkonstellation* feststellen:

(1) Der Schulaufbau muß dazu beitragen, „die geistige Einheit des Volkes . . . kräftig zu erhalten" (1959, 16)
(2) Unsere „arbeitsteilig entfaltete Gesellschaft" stellt an ihren Nachwuchs „unterschiedliche Bildungsanforderungen" (ebd.)
(3) „Unterschiede in der Bildungsfähigkeit dieses Nachwuchses" sind unverkennbar (ebd.)
(4) Das Schulwesen muß dem „immer stärker werdenden Andrang zu den weiterführenden Schulen gerecht werden" (1959, 8)
(5) „Die moderne Gesellschaft braucht für ihren Bestand und ihre Entwicklung mehr Nachwuchs mit gehobener Schulbildung als bisher" (1959, 9).

Unschwer lassen sich auf solche Formulierungen die Funktionen des Schulwesens beziehen, die im Einleitungskapitel dargestellt sind: die Integrationsfunktion (1), die Allokationsfunktion (2), die Selektionsfunktion (3) und die Qualifikationsfunktion (4 und 5). Das System Schule stellt somit ein Bündel von Problemlösungsversuchen dar, sein „Sinn" besteht – immer funktionalistisch-systemtheoretisch gedacht – in der Reproduktion der Gesellschaft bzw. in der Anpassung an neue Bedürfnisse.

Wir dürfen unterstellen, daß die vom *Deutschen Ausschuß* gesehenen Hauptprobleme des Bildungswesens mehr oder minder für jede moderne Gesellschaft, mithin auch für unsere gegenwärtige, gültig sind. Wenn wir richtig sehen, lassen sich im dreigliedrigen Schulsystem der Bundesrepublik sieben *Strukturprinzipien* erkennen, mit denen versucht wird, die gesellschaftliche Problemstellung zu lösen. Sie bedingen und ergänzen einander in dialektischem Verhältnis:

- Das *Prinzip der Analogie* bedeutet, daß die einzelnen Schularten (einschließlich der Grundschule) grundsätzlich analog aufgebaut werden. Sie haben die gleichen Globalziele, die gleichen Funktionen, die gleiche Organisationsstruktur usw. Hierdurch soll die geistige Einheit des Volkes gewährleistet, der einzelne an eine stabile Institution gewöhnt werden.
- Das *Prinzip der Differenz* bedeutet, daß die einzelnen Schularten der Sekundarstufe sich im Rahmen einer generellen Analogie dennoch deutlich voneinander unterscheiden. Sie differieren in der selektierten Population, in den konkreten Bildungszielen und Bildungsinhalten, im didaktischen Konzept usw. Damit will das gegliederte System der unterschiedlichen Bildungsnachfrage durch die Arbeitswelt entgegenkommen und auf die unterschiedliche Bildungsfähigkeit der Kinder antworten.
- Das *Prinzip der Perspektivität* heißt, daß den Schularten relativ klare Zielvorstellungen vorgegeben sind. Diese manifestieren sich in drei hierarchisch gestuften Plattformen, die den Schülern den Endpunkt ihrer Ausbildung begreiflich machen. Paradebeispiel ist das Abitur.
- Das *Prinzip der relativen Homogenität* bedeutet, daß in den drei weiterführenden Schularten (Hauptschule, Realschule, Gymnasium) jeweils eine nach Schulleistungsfähigkeit gruppierte Schülerpopulation unterrichtet wird. Jede Gruppe ist so homogen, daß ein schulartspezifischer Abschluß nach einem speziellen didaktischen Konzept vermittelt werden kann.
- Das *Prinzip der relativen Heterogenität* verhindert auf der anderen Seite eine zu starke Vereinheitlichung der Schülerpopulation, so daß etwa die sog. „Zugpferde" fehlen. Innerhalb einer Gymnasialklasse z.B. sollte sich bei relativ gehobener Leistungsfähigkeit aller Schüler noch ein breites Spektrum differenzierter Leistungsdispositionen vorfinden.
- Das *Prinzip der pädagogisch-didaktischen Spezifität* bedeutet, daß in jeder weiterführenden Schulart de facto eine schulartspezifische „Kunstlehre" (Pädagogik, Didaktik und Methodik) herausgebildet wird. Entsprechend dem Zweckrationalismus des Systems ermöglicht dies eine zielorientierte Lehrerbildung und einen rationellen Unterricht aufgrund der relativen Homogenität der Schüler.
- Das *Prinzip der Durchlässigkeit* versucht eine zu frühe Festlegung von Bildungsgängen am Ende der Grundschule dadurch zu verhindern, daß Übergangsmöglichkeiten von einer weiterführenden Schulart in die anderen eröffnet werden, sobald die geistige Entwicklung eines Schülers das gebietet. Vor allem in der Orientierungsstufe geschieht dies durch Annäherung der Lehrpläne der Schularten.

Hierzu einige Erläuterungen:

Die Prinzipien der *Analogie* und *Differenz* wurden im Abschnitt 1.2 dieses Kapitels am Beispiel Schleswig-Holsteins veranschaulicht: das Schulgesetz sorgt für eine prinzipielle Vergleichbarkeit der Schulen hinsichtlich Grundbildung und sozialer Erziehung, die Lehrpläne differenzieren die Schularten, die von einer unterschiedlichen Schülerpopulation besucht werden.
Das Prinzip der *Perspektivität* unterscheidet das gegliederte Schulwesen am meisten von einer Integrierten Gesamtschule, in der vom Grundsatz her keine Leistungs*ebenen,* sondern allenfalls verschiedene Leistungs*kurse* (im setting-System) eingerichtet werden dürften (vgl. aber die KMK-Vereinbarung vom 27./28. Mai 1982, wonach auch dort – unter Preisgabe der Integrationsidee! – Abschlüsse und Berechtigungen erworben werden können, die den drei Plateaus gleichgestellt sind). Die Zielklarheit an den Schularten Hauptschule, Realschule und Gymnasium ist infolge ihrer simplen Dreistufung vermutlich ein entscheidender Faktor, ein „Leitmotiv" bei der Identitätsfindung des Jugendlichen, soweit sie von der Schule beeinflußt wird.
Die Prinzipien der relativen *Homogenität bzw. Heterogenität* sind intensiv empirisch untersucht worden. Bekanntlich hat der Streit um die Lerneffizienz homogener bzw. heterogener Lerngruppen Ergebnisse gebracht, die die Absolutsetzung einer der beiden Möglichkeiten verbieten. *Keim* faßt den derzeitigen Kenntnisstand unter Berufung auf weitere Quellen wie folgt zusammen (1977, 74; vgl. *Hausser* 1980, 150 ff.):
„Nach den bisher vorliegenden Untersuchungen scheinen leistungsstarke Schüler in homogenen und heterogenen Gruppen gleich gut gefördert werden zu können, ‚über die Auswirkungen der Leistungsdifferenzierung auf durchschnittliche Schüler läßt sich dagegen nichts Genaues sagen', während als sicher gelten kann, ‚daß schwache, langsam lernende Schüler deutlich bessere Leistungen erzielen, wenn sie in heterogenen Gruppen unterrichtet werden'."
Es ist empirisch leicht belegbar, daß das dreigliedrige Schulsystem ein Mischsystem darstellt, in welchem weder absolut homogene noch absolut heterogene Lerngruppen vorfindbar sind (Vorsortierung durch Selektion, aber auch Bandbreite des Leistungsspektrum in einer Klasse). Daraus kann geschlossen werden, daß die leistungsstarken Schüler im gegliederten System gut gefördert werden (für sie gibt es „leichte Anzeichen eines Vorteils von Leistungsdifferenzierung", so *Hausser* 1980, 151), ferner daß die leistungsschwachen Schüler nicht die Impulse der leistungsstärkeren entbehren müssen. Der entscheidende Vorteil der relativen Homogenität im gegliederten Sekundarschulwesen scheint uns aber zu sein, daß nicht der Leistungsschwächste eines Schülerjahrgangs mit dem Leistungsstärksten in Konkurrenz treten muß (vgl. *Scheuerl* 1968, 130). Die sonst unvermeidlichen Frustrationserlebnisse, die zu einer empfindlichen Schwächung des Selbstwertgefühls führen, haben wir am Beispiel einer Alltagssituation in der Schulklasse im Kap. 3, S. 39 u. 42 f. zu illustrieren versucht. Die Forderung, in stark leistungsorientierten „Haupt"-Fächern wie Deutsch, Englisch und Mathematik heterogene Lerngruppen über alle Schüler eines Jahrgangs hinweg für die gesamte Dauer der Sekundarstufe I aufrechtzuerhalten, wird daher selbst von entschiedenen Vertretern der Integrierten Gesamtschule kaum noch erhoben, denn das hieße ja, die Ergebnisse der Bezugsgruppenforschung zu ignorieren. Dort wird die Annahme immer überzeugender begründet, „daß sich Selbsteinschätzung und -bewertung immer vor dem Hintergrund einer spezifischen Bezugsgruppe vollziehen und daß Qualität und Ausprägung der selbst zugeschriebenen Eigenschaften, Fähigkeiten, Merkmale usw. durch die relative Position innerhalb dieser Bezugsgruppe bestimmt werden. So wiesen etwa *Krug/Peters* (1977) nach, daß sich das Selbstkonzept der Begabung bei Kindern nach Einweisung in eine Sonderschule deutlich erhöht hat. . ." (*Filipp* 1981, 334).

Zum Prinzip der *pädagogisch-didaktischen Spezifität* sei ein Beleg angeführt, der auf eingehenden und systematischen Unterrichtsbeobachtungen in vier Schularten der Sekundarstufe I (Hauptschule, Realschule, Gymnasium, Integrierte Gesamtschule) beruht. Kritiker des gegliederten Schulwesens wie *Dörger, Keitel* und *Rauschenberger* leugnen zwar die Existenz einer speziellen Schulartendidaktik, müssen aber in der Realität didaktische Unterschiede von Schulart zu Schulart anerkennen (1976, 168 f.):
„Didaktische Theorien im Bereich der Sekundarstufe I können nicht schulformbezogen sein, deshalb gibt es ebensowenig eine Didaktik der Hauptschule wie etwa eine für die Realschule und die Gesamtschule. Gäbe es sie, so würden sie verschiedene Schulziele implizieren; dies wiederum würde zu einer frühzeitigen Dichotomisierung der Lehrpläne führen, womit am Ende noch der Anspruch auf Durchlässigkeit aufgegeben werden müßte. Aber die Praxis des Unterrichtens in weitgehend voneinander isolierten Schulsystemen bringt latente didaktisch-methodische Muster hervor, und diese wirken faktisch wie spezifische Schulformdidaktiken; sie führen langfristig zu verschiedenen Ergebnissen und verhärten die Disparatheit der verschiedenen Schultypen. Sie sind meist nicht einmal gezielt hergestellt und wirken trotzdem, als seien sie normenorientiert."
Das *Prinzip der Durchlässigkeit* ist kein genuines Prinzip des gegliederten Schulwesens, auch wenn stets gewisse Übergangsmöglichkeiten bestanden; es ist explizit erst im Zuge der Bildungsreform entwickelt worden. Während der Rahmenplan neben dem „regulären Aufsteigen" nur „für Einzelfälle . . . Möglichkeiten des Schulwechsels" vorsieht (*Deutscher Ausschuß* 1959, 18 f.), schreibt der Strukturplan explizit vor: „Kein Bildungsgang darf in einer Sackgasse enden. . . Das Bildungssystem soll durchlässig sein, auch wenn man von den gegenwärtig bestehenden Institutionen ausgeht" (*Deutscher Bildungsrat* 1970, 38). Bei der Realisierung des Prinzips bestehen große Unterschiede zwischen den Bundesländern; vielfach funktioniert Durchlässigkeit nur in Abwärts-Richtung.

### *4.2.3 Die Dynamik des Systems*

Es ist banal zu sagen, daß sich dreigliedriges Schulwesen und Gesamtschule dadurch unterscheiden, daß ersteres denjenigen Prinzipien folge, die Verschiedenheit markieren, letzteres denjenigen Prinzipien, die Einheitlichkeit betonen. Schon 1968 hat *Scheuerl* beobachtet:

„In beiden Systemen wird nach Leistungen zu differenzieren gesucht. Doch ist offensichtlich im mehrgliedrigen System neben dem Leistungsprinzip (dessen Kriterien für viele Schulfächer gar nicht eindeutig und einheitlich formulierbar sind) ein von vornherein auf bestimmte Gesamtziele gerichteter Bildungswille, der von den Erziehungsberechtigten stellvertretend für das Kind vorweggenommen wird, stärker mit im Spiel als in einem nicht-typisierenden System, das das Vorrücken getrennt an die Einzelleistungen der verschiedenen Kurse bindet und das erreichbare Ziel erst später als Resultante der einzelnen Kursergebnisse erkennbar macht" (1968, 137).

Auch W. *Heldmann* (1980, 192) betont die konzentrierende Funktion des gegliederten Systems:

„Der Gliederung des Schulwesens liegen somit auch systemtheoretische Gesichtspunkte zugrunde. Es wird einerseits der Zersplitterung in eine Fülle von Schulformen Einhalt geboten, die auf spezifische Ausformungen des Fähigkeits-, Neigungs- und Interessenspektrums ausgerichtet und organisatorisch nicht mehr zu bewältigen ist. Andererseits wird eine organisatorische Vereinheitlichung vermieden, bei der das Spektrum vielfältig differenzierter und im Anspruch unterschiedlich ausgeprägter Fähigkeiten, Neigungen und Interessen zuwenig berücksichtigt wird. Die Mehrgliedrigkeit des Schulwesens bietet hier mit seiner sachlichen Differenzierung und seiner didaktisch-methodischen Strukturierung die Möglichkeit eines angemessenen Ausgleichs."

Aus derartigen Äußerungen und aus *Modellvorstellungen,* wie sie durch die oben (S. 66) abgedruckte Neun-Felder-Matrix illustriert werden, leitet man immer wieder den Schluß ab, es handele sich beim gegliederten System um eine statische Struktur, um ein starres Drei-Schubladen-System, das die Privilegien der dominierenden Gesellschaftsschichten unverrückbar befestige und in dem das erreichbare Plateau bereits im Alter von 10 Jahren unwiderruflich definiert werde. In diesem Zusammenhang taucht gern das Bild von der „Drei-Säulen-Schule" auf, die *Bühl* als „hochselektives, doch inflexibles System" glaubte kritisieren zu müssen (1968, 166). Im gleichen Jahr sah dies *Scheuerl* in seinem Gutachten für den Deutschen Bildungsrat bereits viel differenzierter (1968, 123):

„In der Wirklichkeit haben wir es überall mit Mischformen zu tun. Seit Einführung der gemeinsamen Grundschule ebenso wie seit Koordination der staatlichen Berechtigungsabschlüsse am oberen Ende gibt es keine reinen ‚Säulen' mehr in unserem Schulsystem, sondern nur noch Teilstrecken im Gesamtsystem, die sich auf vorangegangenen ‚Stufen' aufbauen."

Auf der Suche nach einer zeitgemäßen Modellvorstellung des gegliederten Schulsystems vermögen wir uns aber auch heute noch nicht voll der Vorstellung *Scheuerls* anzuschließen, der in der Sekundarschule „eine gegenseitige Durchgitterung des ‚vertikalen' und des ‚horizontalen' Gliederungsprinzips" erblickte. Weder die Hauptschule noch die gymnasiale Mittelstufe machen derzeit den Eindruck, „durchgittert" zu sein. Das offiziell von allen Ländern der Bundesrepublik akzeptierte Prinzip der *Durchlässigkeit* (BLK 1973, 10), funktioniert, was potentielle Aufsteiger betrifft, noch unvollkommen. Die Fluktuation zwischen den Schulformen innerhalb der Sekundarstufe I vollzieht sich mehrheitlich in Form von sog. Seiteneinsteigern in die Realschule und in die Hauptschule; in Wirklichkeit handelt es sich um „Absteiger", die den Leistungsanforderungen des Gymnasiums und der Realschule nicht mehr gewachsen waren.
Sucht man nach einer bildhaften Vorstellung, die die dreigliedrige Sekundarstufe I in der Gegenwart charakterisieren könnte, so ließe sich von einem Dreistromland sprechen, dessen Ströme bei unterschiedlichem Gefälle (Leistungspegel) unterschiedlich rasch fließen und die durch ein Netz von Kanälen (Durchlässigkeit, Überleitungen) miteinander verbunden sind. Die Ströme selbst sind nicht in ein enges Bett gefaßt, sondern drohen auszuufern und die gesamte Landschaft ungeregelt zu überschwemmen.
Mit anderen Worten: Es hat sich erwiesen, daß das System keineswegs statisch, sondern durchaus flexibel ist. Je nach Bundesland ist allerdings der Grad der Durchlässigkeit verschieden ausgebaut: Hier und da finden sich noch Säulenstümpfe, mancherorts schon vernetzte Systeme, die sich der „Vergitterung" annähern. Allen Ländern gemeinsam ist aber der Drang der Schülerströme nach „oben", nach mehr Bildung und mehr Berechtigung.

#### *4.2.4 Die Stabilität des Systems*

Die bildungspolitische Schwemmlandschaft, die derzeit durch das dreigliedrige Schulwesen produziert wird, wird uns im dritten Abschnitt erneut unter bildungspolitischen Aspekten beschäftigen. Hier soll noch – in Abrundung unseres systemtheoretischen Ansatzes – eine Erklärung dafür gesucht werden, warum das dreigliedrige Schulsystem trotz offenkundiger Krisenerscheinungen sich durchaus noch einer beträchtlichen Stabilität erfreuen kann.

In den Augen der Gesamtschulbefürworter gleicht das dreigliedrige System drei Säulen, denen die Fundamente entzogen sind, die also haltlos im Luftraum schweben. Richtig darin ist, daß das Drei-Schichten-Modell der Berufe soziologisch fragwürdig und das Drei-Typen-Modell der Begabungen psychologisch nicht mehr haltbar ist und daß die Bildungsidee der Hauptschule umstritten, die Bildungsidee der Realschule unscharf und die des Gymnasiums überaltert zu sein scheint. Wie ist es unter solchen Umständen möglich, daß einer der Hauptgegner des herkömmlichen Schulwesens dieses als „außerordentlich flexibel und stabil zugleich" bezeichnen muß (*Rolff* 1984, 53)? Die folgenden systemtheoretischen Überlegungen können dies vielleicht verständlich machen.

Das System will sich erhalten

Einmal bestehende Systeme tendieren zur Selbsterhaltung. Die existierenden Schularten haben ihre *Klientel* in der Bevölkerung, soziale und ökonomische Interessenverbände dienen als Schützenhilfe im politischen Kampf. Vor allem treten die Lehrerverbände für das gegliederte Schulsystem ein, da sie für die Existenz der vertretenen Schulart wie für ihre eigene Existenz fürchten müssen.

So werden die Schulformen immer stärker *ausdifferenziert* (z. B. Schultypen am Gymnasium, Wahlpflichtsystem an der Realschule) und institutionalisiert (z. B. Verlängerung der Hauptschule erst um ein 9., gegenwärtig um ein 10. Schuljahr). Zur Selbsterhaltung versuchen sie sich voneinander abzugrenzen (*Selektivität*), indem sie Unterschiede im Bildungsziel, Curriculum, der Didaktik und der Abschlüsse betonen bzw. verteidigen. Störungen im System werden durch *Rückkopplungseffekte* beseitigt. H.-G. *Rolff* bestätigt dies durch folgende Beobachtung (1984, 53):

> „Elemente der Gesamtschule wurden von den herkömmlichen Schulen flexibel übernommen wie Differenzierungsformen, Förderungsmaßnahmen, aktualisierte Curricula oder die Idee von Projektwochen. So löste die Gesamtschulpolitik den bedeutsamen Nebeneffekt aus, die herkömmlichen Schulen zu modernisieren und damit ebenfalls zu stärken."

Das System öffnet sich der Umwelt

Zwar ist die gesellschaftliche Umwelt des gegliederten Schulsystems nicht dreistufig, wie der Systemgedanke es postuliert. Das hindert das System jedoch nicht daran, mit ihr intensiv zu kommunizieren. Alle drei Schulformen haben engen Kontakt mit der sozialen Umwelt, in besonderem Maße die Realschule, die sich der „Lebenswirklichkeit" von Grund auf verschreibt (*Westphalen* 1986), aber auch die Hauptschule und das Gymnasium, das neben seinem traditionellen

Partner, den Hochschulen, neuerdings auch die Wirtschaft als Gesprächspartner aufsucht. Im Prinzip zeigen sich alle drei Subsysteme flexibel gegenüber den Erwartungen ihrer Bezugsgruppen, auch wenn sie ihre relative Autonomie nicht aufgeben.

Zwischen dem gegliederten Schulsystem und seiner gesellschaftlichen Umwelt besteht Konsens in einem entscheidenden Punkt: *Sie realisieren die Tatsache, daß ein soziales System geschichtet (stratifiziert) ist,* sei es nach sog. objektiven Kriterien wie z. B. Einkommen, oder nach subjektiven Merkmalen wie z. B. Prestige (vgl. *Hradil* 1977, *Bolte/Hradil* 1984). Zwar versteht sich die Bundesrepublik Deutschland wie andere westliche Industriegesellschaften als „offene Mittelschichtgesellschaft", bei der die Mehrheit der Bevölkerung der Mittelschicht zugerechnet wird (*Statistisches Bundesamt* 1985, 477), doch gilt es auch dann noch, in die obere Mittelschicht oder gar Oberschicht aufzusteigen bzw. ein Absinken in die Unterschicht zu vermeiden. Infolgedessen besteht zwar kein Parallelismus zwischen dem Drei-Schichten-Modell und dem dreigliedrigen Schulsystem, aber eine *identifikationsfördernde Affinität,* insofern als durch die drei weiterführenden Schulformen jeweils ein Anspruch auf entsprechende Allokation symbolisiert wird.

### Das System reduziert die Komplexität

Stratifizierungsmodelle der Soziologie versuchen, die durch Pluralität und Individualität der Bevölkerung gegebene gesellschaftliche Komplexität auf eine überschaubare Schichteneinteilung zu reduzieren. Wir erblicken in der Dreigliedrigkeit der Sekundarstufe I einen analogen Versuch, die *öffentliche Ungleichheit symbolisch zu repräsentieren.* Es muß weltanschaulichen Grundpositionen vorbehalten bleiben, ob man diese Ungleichheit für legitimiert oder illegitim hält, fest steht, daß durch die faktische Hierarchie der drei in Frage stehenden Schulformen dem einzelnen die Möglichkeiten und Folgen sozialen Auf- bzw. Abstiegs augenfällig demonstriert werden. Die immer wieder von politischer Seite vorgetragene Schutzbehauptung, die weiterführenden Schulformen seien zwar nicht gleichartig, aber gleichwertig, muß als ideologisch zurückgewiesen werden: Wenn gemäß Pressemitteilung der Dortmunder Arbeitsstelle für Schulentwicklungsforschung 1986 nur noch 11% der Eltern für ihre Kinder den Besuch der Hauptschule erwägen, während 54% das Gymnasium für wünschenswert halten, dann ist das eine Prestigeaussage, die wir nicht kommentieren müssen. Daß Bildungsstand und sozialer Status hoch korrelieren, ist seit langem nachgewiesen (*Hradil* 1977, 40 f.).

Es wäre aber falsch anzunehmen, die Dreigliederung sei nur symbolisch, fasse Gruppen von Schulleistungsfähigen nur künstlich zusammen, während in Wirklichkeit ein breites Kontinuum von unterschiedlichst begabten und interessierten Kindern und Jugendlichen die Schule besuche. Wir vertreten vielmehr die Hypothese, daß zwar die Schulen eine höchst verschiedene Klientel aufnehmen, was die soziale Umwelt, die Berufswünsche, Interessen, Leistungsdispositionen usw. betrifft, daß sie aber diese Klientel in ihrem „Sinne", d. h. nach ihren Traditionen und Bildungszielen geistig *prägen* oder dieses wenigstens versuchen. Man könnte dies in der Sprache der Systemtheorie Autopoiesis nennen: ein autopoietisches System grenzt sich selektiv von den Umweltsystemen ab und regeneriert sich selbst.

Zur Erhärtung unserer Hypothese führen wir folgende Argumente an:

- Es ist nicht so, daß die Schulformen primär eine schichtenspezifische Exklusivität herstellen. So repräsentiert z. B. die Realschule die sozialen Schichten in gleicher Verteilung wie in der 4. Klasse der Grundschule (*Hegelheimer* 1979, 126), der *Effekt* eines Realschulabschlußzeugnisses ist aber in der Regel eine Allokation in einer mittleren Berufsposition mit mittlerem Einkommen. Selbstverständlich absolviert auch eine gewisse Anzahl von Unterschichtkindern das Gymnasium (diese Chancen waren übrigens auch im 19. Jahrhundert nicht verwehrt); sie erreichen damit die Plattform für akademische Berufe mit höchstem Sozialprestige.
- Es ist ein Aberglaube, an der Realschule versammelten sich Kinder mit theoretisch-praktischer Begabung. Aber liegt U. *Wangerin* so falsch, wenn er vermutet, daß in der Realschule eine Art „praktischer Intelligenz" besonders gefördert wird (1980, 190 ff.)? Wenn hingegen sich das Gymnasium mit der Vermittlung „hochkomplexer symbolischer Systeme" (*Westphalen* 1983b) beschäftigen muß, wird dann nicht hierdurch der Typus eines abstrakt denkenden, theoretisch orientierten Akademikers herangezüchtet? Den Hintergrund für derartige *Prägungen* legt *Scheuerl* (1968, 129) offen:

  „Der Versuch, solche Gruppierungen auf vorgegebene Begabungstypen zu begründen, kann als gescheitert gelten; eher sind es verschiedenartige Bedürfnisse der Gesellschaft, besonders der Berufswelt, die die Besonderheiten der Zielsetzungen und des inhaltlichen Aufbaus hervorrufen, und die dann ihrerseits auch die dafür nötigen Begabungen anlocken, fördern und prägen."

- Schließlich wird auch die Werthaltung der Schüler durch unterschiedliche Schulformen unterschiedlich geprägt. Dies haben H. *Fend* und seine Mitarbeiter auch empirisch nachgewiesen (1973, 887 ff.; 1976), die Zusammenfassung ihrer Ergebnisse lautet (Nachdr. 1981, 306):

  „Den objektiven Merkmalen unterschiedlicher Schulformen und der unterschiedlichen schulischen Erwartungsstruktur entsprechen auch in groben Zügen Wertsysteme der Schüler. Je niedriger die Qualifikationshöhe, die eine Schulform vermittelt, um so bedeutsamer wird eine an Konformität orientierte Werteinstellung mit Standards wie sozialer Sicherheit, sozialer Anerkennung und Konsum. Das gilt auch für die Betonung der Arbeitsmoral. Unterschiedliche Schulformen scheinen globale Wertorientierungen vorzuprogrammieren, die vermutlich in einer funktionalen Beziehung zum späteren Arbeitsplatz und zur späteren sozialen Stellung stehen. Es deutet sich eine Konsistenz zwischen niedrigen Qualifikationen und komplementären konformistischen Wertsystemen an."

- *Dörger/Keitel/Rauschenberger* veranschaulichen die Reproduktionsfunktion der drei Schulformen an der Rolle des Lehrers (1976, 168 f.):

  „Jede der traditionellen Schulformen hat im Verlauf ihrer Geschichte ein verhältnismäßig zählebiges Selbstverständnis der jeweiligen Berufsrolle des Lehrers entwickelt, und aus dieser berufsspezifischen Sozialisation der Lehrer gibt es kaum ein Ausbrechen. Aus ihr reproduzieren sich auch die Erwartungen an die Lernfähigkeit der Schüler und schließlich die Leistungsanforderungen."

Zusammenfassend ergibt sich: Das dreigliedrige Schulwesen verdankt seine Stabilität der Tatsache, daß der Bevölkerung *ein identifikationsförderndes, durchschaubares Modell sozialer Schichtung in symbolischer Transformation* auf das Schulwesen angeboten wird. Durch Institutionalisierung, Habitualisierung und Objektivation entstehen tief eingewurzelte Formen öffentlicher Erziehung, die den einzelnen von der Suche nach eigenständigen Bildungswegen weitgehend entlasten (vgl. Kap. 1). Gegenüber dem konkurrierenden System der Integrierten Gesamtschule hat sich das dreigliedrige System der Sekundarstufe I als flexibel erwiesen, der Rückkopplungsmechanismus des Systems funktionierte schnell und wirksam, eine maßvolle, systemgerechte Evolution stabilisierte das System. Die zunehmend unsicher gewordene Fundierung in soziologischer, psychologischer und bildungstheoretischer Hinsicht wird dadurch ersetzt, daß die Schulformen die brüchig gewordene Legitimation durch *Typenprägung* selbst von neuem erzeugen. Fazit: Vom systemtheoretischen Standpunkt aus betrachtet, hat sich das herkömmliche dreigliedrige Schulwesen in der Bundesrepublik Deutschland als existenzfähig, dauerhaft und auch als funktionstüchtig in einer gesellschaftlich ungleichen Umwelt erwiesen.

## 4.3 Das gegliederte Schulwesen in der Krise?

Im vorigen Abschnitt wurde versucht, mit dem begrifflichen Repertoire der Systemtheorie die Ausdifferenzierung und Stabilität des gegliederten Schulsystems zu erklären und seine Funktionalität darzustellen. Wir halten diesen Erklärungsansatz für hilfreich, verkennen aber nicht, daß in ihm die Gefahr einer einseitig technokratischen Legitimation von überkommenen Systemen steckt. Hören wir dazu eine betont kritische Stimme (*Priester* 1979, 179):

„Der moderne . . . Konservatismus präsentiert sich dezidiert antimetaphysisch und ‚realistisch', auf der Basis vermeintlich empirisch abgesicherter Befunde über den Seinszustand hochdifferenzierter Gesellschaftssysteme, der um ihrer auch künftigen Stabilität willen normativ in die Zukunft verlängert wird. Neben den Bezugspunkten der *Parsons*schen und *Luhmann*schen Systemtheorie und selektiv ausgewählten soziologischen und demokratietheoretischen Ansätzen (z. B. den symbolischen Interaktionismus) fungiert – meist unausgesprochen – Arnold *Gehlens* Anthropologie und Sozialphilosophie als Nährboden für eine konservativ-technokratische Konzeption, die die konfliktträchtige Dynamik und Widersprüchlichkeit des Modernisierungsprozesses nicht mehr unter Berufung auf staatsmetaphysische oder andere altkonservative Legitimationsmuster auffangen kann, sondern nur noch unter Berufung auf technische Sachzwänge. Sie stellt sich bewußt auf den Boden technologischer Rationalität und schmückt sich mit der Autorität ‚der' Wissenschaft. Ideologisch besetzte, aber im Gewand wissenschaftlich-empirischer Abgesichertheit auftretende Kategorien wie ‚Entlastung' reizüberfluteter Individuen und die Forderung nach stabilen, Außenhalt gewährenden ‚Institutionen' aus dem Begriffsarsenal A. *Gehlens*, dienen als Legitimationsgrundlage für die Rechtfertigung von nur noch Sachzwängen unterworfener, entpersonalisierter Herrschaft."

Es ist einzuräumen, daß die Systemtheorie darüber hinwegtäuscht, daß es sich bei der Einrichtung, Gestaltung und Umgestaltung eines Bildungssystems nicht um rein institutionelle bzw. organisationssoziologische Prozesse handelt, sondern um genuin politische Vorgänge. Die Schulverfassung ist ein prominentes Politikum, Schulformen sind „institutionelle Antworten auf bestimmte soziale Bedürfnisse" (*Leschinsky/Roeder* 1976, 170), die, so fügen wir hinzu, sich politisch durchzusetzen in der Lage waren.
Wir haben deshalb die Problematik des gegliederten Schulwesens und seiner heutigen Legitimierbarkeit auch unter bildungspolitischen Aspekten zu durchdenken. Im Gegensatz zum systemtheoretischen Abschnitt können wir hierbei nicht auf eine ausgearbeitete Theorie zurückgreifen. Zwar hat *Derbolav* den „Entwurf einer bildungspolitischen Rahmentheorie" vorgelegt (1977, 17 ff.), doch ist dieser strikt von politologischen Theorien abgekapselt und hat (deshalb?) kaum Resonanz gefunden. Unser eigener Standpunkt unterscheidet sich von diesem Versuch vor allem dadurch, daß wir Bildungspolitik als ein konfliktbetontes Ringen um Entscheidungen zur Gestaltung und Umgestaltung des Bildungswesens im Hinblick auf je verschiedene Menschenbilder und Gesellschaftsmodelle ansehen (zum Verhältnis von Politik und Pädagogik vgl. *Westphalen* 1986).

### *4.3.1 Zur bildungspolitischen Legitimation*

Die herkömmliche *bildungspolitische Begründung* des gegliederten Schulwesens findet sich in neueren „Kulturpolitischen Programmen" der CDU (1982) und CSU (1986, beide zit. nach: Die Realschule, Jg. 95, 1987, 7); der gleichlautende Satz darin heißt: „Zielsetzung des gegliederten Schulwesens ist ein begabungsgerechtes Bildungsangebot, das Überforderung und Unterforderung in gleicher Weise vermeidet. Die Bildungsgänge des gegliederten Schulwesens stellen keine Einbahnstraßen dar, vielmehr endet jeder Bildungsgang mit qualifizierten Abschlüssen, die weitere Qualifikationsmöglichkeiten eröffnen."
Dieser Grundgedanke hat seinen Niederschlag in amtlichen Dokumenten gefunden, so z. B. im § 3 des Schulgesetzes von Baden-Württemberg (1976):

„Einheit und Gliederung des Schulwesens

(1) Das Schulwesen des Landes gliedert sich, unbeschadet seiner im gemeinsamen Erziehungs- und Bildungsauftrag begründeten Einheit, in verschiedene Schularten; sie sollen in allen Schulstufen jedem jungen Menschen eine seiner Begabung entsprechende Ausbildung ermöglichen.

(2) Bei der Gestaltung, Ordnung und Gliederung des Schulwesens ist sowohl auf die verschiedenartigen Begabungsrichtungen und die Mannigfaltigkeit der Lebens- und Berufsaufgaben als auch auf die Einheit des deutschen Schulwesens, den organischen Aufbau des Schulwesens mit Übergangsmöglichkeiten unter den Schularten und Schulstufen, die Lebens- und Arbeitsfähigkeit der einzelnen Schulen und die Angemessenheit der Schulkosten Bedacht zu nehmen."

Unschwer sind in derartigen Texten die Prinzipien wiederzuerkennen, die wir in unserer Neun-Felder-Matrix (S. 66) zusammengefaßt haben. Da gibt es „verschiedenartige Begabungsrichtungen", die „Mannigfaltigkeit der Lebens- und Berufsaufgaben" und ein „begabungsgerechtes Bildungsangebot".

Die Grundstruktur der bildungspolitischen Legitimation ist also für das dreigliedrige Schulsystem *hierarchisch* und *relational,* d. h. es werden Bezüge hergestellt zwischen einer Dreistufigkeit in Begabung, Beruf und Bildungsidee.
Gegenüber dieser Rechtfertigung des gegliederten Schulwesens mit Hilfe psychologischer, soziologischer und bildungstheoretischer Argumente sind nun in der Aufbruchstimmung der Bildungsreform schwerwiegende Einwände erhoben worden, so z. B. von H. *Roth* (1968, 67):

„Es ist deshalb nach meiner Auffassung heute schlicht unmöglich geworden, für Gruppen von Menschen durch die Vorwegzuweisung in eine in ihren Zielen begrenzte Schulart den Rahmen im voraus festzulegen, den sie nicht überschreiten dürfen. Wir sind auf keinen Fall berechtigt, für jemanden die Abstraktionsebene festzulegen, auf der allein er denken darf (z. B. nur auf der volkstümlichen Ebene), oder die Lernziele festzulegen, die er höchstens erreichen darf, oder die Methoden des Lernens und Denkens, für die allein er aufgeschlossen werden darf. Lernen ist ein lebenslanger Prozeß, der nicht abschließbar ist, nicht abgeschlossen werden darf."

In der Tat läßt sich die Neun-Felder-Matrix in der oben wiedergegebenen Form nicht mehr halten, selbst wenn dies im politischen Tageskampf immer wieder geschieht. Wir wollen versuchen, die Kategorientafel differenziert zu betrachten.
Vorweg muß betont werden: Es gibt keine *naturgegebene* Dreiheit, weder im Bildungswesen noch in der Begabungsstruktur der Menschen noch in der Gesellschaft. Aber es gibt gute Gründe, im *wissenschaftlichen Denken* dreigeteilte Ordnungsschemata anzuwenden (z. B. die entsprechende Stratifizierung in der Soziologie), und auch gute Gründe, im *politischen Handeln* sich eines übersichtlichen Dreierschemas zu bedienen (z. B. kurz-, mittel- und langfristige Lösungen). Die Dreiheit ist also weder Dogma noch Axiom, sondern ein pragmatisches Denkschema und Handlungsinstrument.
Die Einteilung in praktische, theoretisch-praktische und theoretische Begabungen ist allerdings ebenso überholt wie ein überwiegend statischer Begabungsbegriff, doch müssen Schlußfolgerungen daraus im Lichte neuerer Forschungsergebnisse skeptischer ausfallen als zur Glanzzeit H. *Roths* (vgl. *Weinert* 1984, 353 ff.). Beim Scherbengericht über die alten Schemata darf nämlich nicht übersehen werden, daß es „stabile Lernunterschiede zwischen verschiedenen Schülern" gibt, daß zwischen Hochbegabten und Leistungsschwachen sich „breite Anforderungs- und Leistungszonen" erstrecken (ebd. 360 f.). Die Herstellung relativ homogener Lerngruppen in den drei Schularten ist also realitätsgerecht und praktikabel, darf allerdings nicht zu einer irreversiblen Fixierung der Begabungsdisposition führen.
Das Schema von *Weinstock* (Grundlagentext 4.3), der drei Berufsgruppen nach ihrer Beteiligung am Wirken der „Maschine" unterschied, wurde von dem Soziologen *Schelsky* scharf abgelehnt (1961, 10): „Die vorgetragene Trinitätssoziologie der Berufsgruppen entbehrt jeder realsoziologischen Grundlage." Tatsächlich ist eine Vorsortierung in manuell-ausführende („praktische") Tätigkeiten, in vermittelnde („theoretisch-praktische") Berufe und in rein „theoretische" Leiter-

funktionen in Anlehnung an das Dreierschema der Begabungen wissenschaftlich unhaltbar und wirklichkeitsfremd. Auf der anderen Seite wird eine *dreigestufte Einteilung von Berufsqualifikationen* nach wie vor als Denkschema wie als Leitmotiv verwendet und findet auch in der Anstellungspraxis der Wirtschaft ihre Entsprechung. So arbeitet, um nur ein Beispiel zu nennen, der Bericht „Zukunftsperspektiven gesellschaftlicher Entwicklungen", den die *Landesregierung Baden-Württemberg* in Auftrag gegeben hatte, mit den Begriffen niedrige, mittlere und höhere Qualifikationen (1983, 157). Was den Bildungsauftrag der drei Schularten betrifft, so wurde die herkömmliche Unterscheidung in volkstümliche, reale und humanistische Bildung durch das übergreifende Prinzip der *Wissenschaftsorientierung* zunächst verdrängt (u. a. *Wilhelm* 1967, *Deutscher Bildungsrat* 1970). Uns scheint allerdings eine Renaissance der alten Bildungsziele bevorzustehen, wenn auch in modifizierter Form. Doch bleibt abzuwarten, wie die Schularten letztlich ihre Identitätsprobleme lösen werden.
Zusammenfassend muß man manchen Bildungspolitikern ins Stammbuch schreiben, daß sie das dreigliedrige Schulwesen anpreisen wie eine antike Kommode mit drei Schubladen. Es gilt hingegen zu begreifen und darzustellen, daß es sich um ein flexibles, durchlässiges, reformiertes und weiterhin reformierbares System handelt, welches auf die Problemstellungen der Zeit mit adäquaten Lösungen zu antworten hat. Mit der wichtigsten dieser Problemstellungen, dem, was W. *Heldmann* den „Bildungsanspruch des neuen Mittelstandes" nennt (1980, 102), wird sich unser nächster Abschnitt befassen.

### *4.3.2 Querverschiebung nach oben: Strukturveränderungen*

Die Tatsache, „daß in der breiten Schicht des neuen Mittelstandes ein hohes Maß an Aufgeschlossenheit für die Fragen der Erziehung und Bildung sowie für weiterführende schulische Förderung vorherrscht" (*Heldmann* 1980, 108), hat zu einer kontinuierlichen Umschichtung innerhalb des gesamten Bildungssystems geführt. Wir verzeichnen eine Fluchtbewegung aus der Hauptschule in die Realschule und eine Abwanderung aus der Realschule in das Gymnasium. Wir nennen dies *Querverschiebung nach oben*, d. h. ein Umlenken der Schülerströme in die nächsthöhere Schulart. Diese Querverschiebung ist kulturell und sozial bedingt, aber auch politisch gewollt, verursacht und zu verantworten. Sie läßt sich zurückverfolgen bis in die Anfänge der Bundesrepublik und wurde durch die Bildungswerbung in den 60er Jahren überraschenderweise nur unwesentlich verstärkt – der Trend war ohnehin im Gange. Immerhin hat Bundeskanzler Brandt bei der Neubildung seiner Regierung 1969 in der Nachfolge der Veröffentlichungen von *Picht* (1964), *Dahrendorf* (1965) und anderen die Bildungspolitik an die Spitze der Prioritätenliste gesetzt und dadurch mit Sicherheit die Langzeitwirkung, die auch heute noch anhält, weiter vorangetrieben – mit der damals ungeplanten, undurchdachten Nebenwirkung einer grundlegenden Veränderung des gegliederten Schulsystems (zusammenfassend dazu *Jung* 1985).
Wir veranschaulichen die Querverschiebung nach oben durch eine Tabelle (S. 80), die die Anteile der Schularten am 7. Schülerjahrgang über mehr als 30 Jahre verzeichnet (BMBW, zuletzt 1986, 42). Allein durch die Eckdaten wird die

*Schüler im 7. Schuljahrgang in der Bundesrepublik*

| Schuljahr | Schüler insgesamt | Anteil der Schularten in % HS (VS) | RS | GY | IGS | SoS |
|---|---|---|---|---|---|---|
| 55/56 | 745 476 | 69,5 | 9,6 | 18,4 | – | 2,6 |
| 60/61 | 720 696 | 67,9 | 12,1 | 17,1 | – | 2,9 |
| 65/66 | 758 259 | 64,6 | 14,8 | 16,7 | – | 3,9 |
| 70/71 | 920 479 | 52,7 | 20,2 | 22,3 | – | 4,8 |
| 75/76 | 1 084 179 | 43,3 | 22,6 | 25,5 | 3,5 | 5,1 |
| 80/81 | 1 043 535 | 38,0 | 26,4 | 27,2 | 3,7 | 4,6 |
| 85/86 | 687 900 | 36,0 | 26,9 | 27,4 | 4,9 | 4,7 |

nach: BMBW: Grund- und Strukturdaten 1986, 42

Kontinuität der Entwicklung eindrucksvoll belegt. Vergleicht man nur die Jahre 1955 und 1985, so zeigt sich, daß der Anteil der Hauptschule an diesem Schülerjahrgang sich etwa halbiert, der der Realschule verdreifacht und der des Gymnasiums um die Hälfte gesteigert hat.

Systemtheoretisch betrachtet, bedeutet das, daß das gegliederte Schulwesen seine Funktionalität durchaus nicht eingebüßt hat, vielmehr weiterhin *adäquate institutionelle Antworten auf neue soziale Bedürfnisse* erteilt, dadurch daß die Bildungsnachfrage sich quantitativ verschoben hat. Aus pädagogischer Sicht bringt der Austausch der Schülerströme Auswirkungen auf das Selbstverständnis der Schularten hervor, vor allem hinsichtlich Zielsetzung, Leistungsanspruch und didaktische Konzeption. Vor dem Bildungspolitiker schließlich baut sich eine Entscheidungssituation auf: Der gestiegenen Bildungsnachfrage entspricht angesichts der westdeutschen Berechtigungs-Mentalität eine steigende Nachfrage nach höheren Positionen im Berufsleben; es zeichnet sich ein Konflikt zwischen der Förderung des „Bürgerrechts auf Bildung" (*Dahrendorf* 1965) und der Nichterfüllbarkeit der daraus resultierenden Ansprüche ab.

Die naheliegende politische Antwort auf gesellschaftliche Zwänge wäre eine erneute Verengung der Zugangswege zu den „höherwertigen" Schulformen. Doch dieser Ausweg scheint nicht mehr gangbar zu sein. Zum einen ist die *Aufstiegsmentalität* so stark geworden, daß ein Zurückdrehen der Schraube in der Öffentlichkeit nicht akzeptiert würde, zum andern kommt fatalerweise hinzu, daß die Schularten durch die demographische Entwicklung ohnehin mit starken Einbußen rechnen müssen und daher gegen jede Beschränkung der Zugänge optieren. Nach Berechnungen der KMK (BMBW 1986, 26) hat die Schülerpopulation an allgemeinbildenden Schulen 1986 erstmals wieder die 7-Millionen-Grenze unterschritten und wird bis 1990 auf den Tiefstand von 6,5 Millionen sinken, um das Jahr 2000 aber wieder auf etwa 7 Millionen steigen. Das heißt, daß mindestens in diesem Jahrzehnt der Schüler eine knappe „Ware" ist, die man notfalls unter geringfügigen Abstrichen am gewohnten Leistungsniveau „einkaufen" muß. Wenn die „oberen" Schulformen hilfreich ihre Hände ausstrecken, haben die unteren, also vor allem die Hauptschule, praktisch keine Chance, sich gegenüber der Konkurrenz zu behaupten.

*4.3.3 Schulsysteme in bildungspolitischer Konkurrenz*

Der Abfluß der Schülerströme in die Realschule und das Gymnasium ist eine Erscheinung, die für alle Bundesländer zutrifft. In „reiner" Form ist er allerdings nur in den Ländern Baden-Württemberg, Bayern, Niedersachsen, Rheinland-Pfalz und Schleswig-Holstein zu beobachten, wo mit Unterstützung der langjährigen CDU-CSU-Regierungen das dreigliedrige Schulsystem praktisch unangefochten dominiert. Anders verhält es sich in den Ländern Berlin, Hamburg, Hessen, Nordrhein-Westfalen und Saarland. Dort ist die Integrierte Gesamtschule als eine gesetzlich abgesicherte vierte Regelschulform in Konkurrenz zu den herkömmlichen Schulformen getreten. Sie hat auf der 8. Jahrgangsstufe in Berlin bereits die Realschule und die Hauptschule überrundet, in Hamburg lediglich die Hauptschule.

Wir finden also derzeit in der Bundesrepublik Deutschland *ein drei- und ein viergliedriges Schulsystem* (letzteres vielleicht nur übergangsweise) in bildungspolitischer Konfrontation. Als drittes Modell ist schließlich noch das Schulwesen des Stadtstaates Bremen zu nennen, dessen Selbstauskunft wie folgt lautet (KMK 1986b, 131):

„Die vorherrschende Schulform im Sekundarbereich I des Landes Bremen ist das Schulzentrum. Es umfaßt die 5. bis 10. Jahrgangsstufe. Die Schulzentren gliedern sich in die Abteilung Orientierungsstufe (5. und 6. Jahrgangsstufe), die Abteilung Haupt- und Realschule und die Abteilung Gymnasium. Die Schulzentren sind damit eine nach Schulgattungen untergliederte, aber unter einer Schulleitung einheitlich organisierte Schule für alle 10- bis 16jährigen Schüler, mit einem gemeinsamen Schulleben und vielen schulgatttungsübergreifenden unterrichtlichen Aktivitäten."

Am Bremer Schulwesen zeigt sich sehr deutlich eine bildungspolitische Strategie, die von den sog. A-Ländern (von der SPD regiert, Gegensatz: B-Länder, von der CDU bzw. CSU regiert) eingeschlagen wird, um die Integration der Schulformen voranzutreiben: Sie läßt sich als *latente Horizontalisierung* bezeichnen. Auf drei Ebenen wird sie vorangetrieben, ohne daß es zu spektakulären Strukturveränderungen käme, die die Öffentlichkeit alarmieren könnten: Auf der Ebene der äußeren Organisation werden z. B. neue Schulen als Schulzentren gegründet und zusätzliche Voraussetzungen für die Bildung schulartübergreifender Gremien wie eine „Schulkonferenz" geschaffen; auf der Ebene der inneren Organisation werden z. B. bei Versetzung im gegliederten System die Ausgleichsbedingungen erleichtert und das Gymnasium durch die Hereinnahme berufsbezogener Fächer und Inhalte curricular verändert, auf der Ebene der Lehrerausbildung und des Lehrereinsatzes werden an Hochschulen ausschließlich integrierte, stufenbezogene Ausbildungsgänge angeboten und die Lehrer unabhängig von ihrer Ausbildung schulartübergreifend eingesetzt. Nach Meinung der Bundes-Direktoren-Konferenz der Gymnasien von 1985 waren damals schon in den Ländern Bremen, Hamburg, Hessen und Nordrhein-Westfalen mit Hilfe dieser Strategie „die wesentlichen Voraussetzungen für die Verwirklichung der integrierten Stufenschule erfüllt" (BDK 1985, 172 ff.).

## 4.4 Konsequenzen und Perspektiven

Die gewaltigen Verschiebungen innerhalb des dreigliedrigen Systems in den letzten Jahrzehnten, die Schaffung eines viergliedrigen Konkurrenzmodells in einer Reihe von Bundesländern sowie die Vision einer horizontalen Schule in Bremen bieten auf den ersten Blick das Bild eines desorganisierten, desorientierten Schulwesens. Hat die bildungspolitische Konfrontation in A- und B-Länder, in reformfreudige und konservative Länder letztlich ein Chaos hervorgebracht, durch das die Institution Schule in ihrer Verläßlichkeit erschüttert wird? Wir versuchen, aus der verwirrenden Entwicklung einige wichtige Punkte hervorzuheben.

(1) Als erstes ist mit Nachdruck festzustellen, daß das Schulsystem in seiner vielfältig gegliederten Gestalt einer ständig steigenden Zahl junger Menschen *mehr Wissen und Fähigkeiten* und eine *bessere Bildung* vermittelt hat. Das ist gewiß nicht nur ein quantitatives Phänomen, dennoch seien einige exemplarische Zahlen genannt.

„In den Jahren 1965–1982 stieg der Anteil der weiblichen Schüler an den Schülern insgesamt insbesondere in folgenden Schularten: in der Unter- und Mittelstufe des Gymnasiums von 42,2 auf 50,9%, in der Oberstufe des Gymnasiums von 37,8 auf 50,0%, in Abendschulen und Kollegs von 18,9 auf 48,7%, in Berufsaufbauschulen von 10,6 auf 29,2% und in Fachschulen von 50,2 auf 64,4%" (*Jung* 1985, 1038).

Vor allem ist die Zahl der Schulabgänger mit anspruchsvolleren Abschlüssen erheblich gestiegen, am eindrucksvollsten der Anteil der Schulabgänger mit Hochschul- und Fachhochschulreife: von 7,3% am Altersjahrgang im Jahre 1960 auf 29,4% im Jahre 1985 (BMBW 1986, 67).
Mag sein, daß solche Zahlen zuwenig über die Qualität der Absolventen aussagen (dazu *Klafki* 1982, 341 ff.), mag auch sein, daß eine „maßlose Bildungsexpansion" (*Breszinka* 1986, 10) zu einem immer größeren „Überschuß" an Akademikern geführt hat: Im Zusammenhang unserer Analyse genügt die unbestreitbare Feststellung, daß das gegliederte Schulwesen mitsamt den neu etablierten Integrierten Gesamtschulen sich nicht als starr, sondern als ein höchst flexibles System erwiesen hat.

(2) Der quantitativen Erfolgsbilanz des Schulwesens wird mit Vorliebe die Vermutung entgegengesetzt, der quantitative Aufschwung bedeute notwendigerweise einen Abstrich an Qualität. Die Unterstellung eines derartigen Kompensations-Gesetzes ist völlig unbewiesen. Erst jüngst hat K. *Ingenkamp* (1986, 23) in einem methodenkritischen Artikel gezeigt, daß

„wir zur Leistungsveränderung unserer Berufs- und Studienanfänger keine hinreichend tragfähige Aussage machen können. Wir haben Hinweise auf absinkende Leistungen, auf gleichbleibende Lernerfolge, ja sogar auf Lernzuwachs, wenn man die vagen Daten nur ins rechte Licht rückt. Für politische Schaukämpfe ist das Material ‚ergiebig' genug und auch weidlich dafür genutzt worden. Aber für eine wissenschaftlich verantwortbare Trendanalyse sind fast alle Ergebnisse viel zu fragwürdig."

Zur Beantwortung der Frage, ob bei gestiegener Quantität der Schüler die Qualität der Schulleistungsanforderungen bisher im ganzen gehalten werden konnte, wäre eine inhaltliche Analyse der Curricula der einzelnen Schulformen erforderlich sowie eine Untersuchung des daraus erwachsenen Unterrichts. Das ist derzeit nicht zu leisten. Wir müssen uns mit der Feststellung begnügen, daß uns keine stichhaltigen Untersuchungen bekannt sind, durch die gezeigt würde, daß sich die Identität der Realschule und des Gymnasiums so *grundlegend* geändert hätte, daß man von einem neuen Leistungsgefüge sprechen dürfte.

(3) Auf der anderen Seite kann nicht in Abrede gestellt werden, daß durch die Vermehrung der relativen Schülerzahlen am Gymnasium um die Hälfte und durch die Verdreifachung der relativen Schülerpopulation an der Realschule sich diese Schularten seit den 50er Jahren *kontinuierlich verändert* haben. Die Schwierigkeiten, die beide aus je verschiedenen Gründen mit der Formulierung ihrer heutigen Bildungsidee haben, seien in Erinnerung gerufen.
Doch hat der Verlust an Identität und die unterbliebene Neuformulierung ihrer Bildungsidee beiden Schularten nicht geschadet, im Gegenteil, beide verfügen über ebenso viel Klientel wie Patronage, so daß sie im Vergleich zur Hauptschule und zur Integrierten Gesamtschule einen deutlichen Gewinn an Beständigkeit verbuchen können.

(4) Die schon von *Scheuerl* unterstellte „Durchgitterung des vertikalen und des horizontalen Gliederungsprinzips“ (1968, 120) ist zwar noch keineswegs eingetreten, doch haben sich Trends dazu verstärkt. Wir berichteten bereits von der „latenten Horizontalisierung“ der Sekundarstufe I, auf welche die Bundesdirektorenkonferenz hinwies. Manifest hingegen ist die fortschreitende Realisierung des Prinzips der *Durchlässigkeit* in einigen Bundesländern. So lesen wir in einer Broschüre des *Kultusministeriums Nordrhein-Westfalen* über den Aufbau des dortigen Schulwesens (1985, 2).

> „Über alle Schulen der Sekundarstufe I können nordrhein-westfälische Schüler – bei entsprechenden Leistungen – in alle Bildungsgänge der Sekundarstufe II eintreten.“

Auf der anderen Seite hat die Integrierte Gesamtschule in einer folgenschweren Rahmenvereinbarung der Kultusministerkonferenz für die „gegenseitige Anerkennung von Abschlüssen an integrierten Gesamtschulen“ eine *Vertikalisierung* nach dem Muster des dreigliedrigen Schulwesens hinnehmen müssen; auch dort werden nunmehr die Abschlüsse der drei traditionellen Schularten verliehen. Wir halten es trotzdem für voreilig, sich mit dem Schlagwort „Konvergenz der Bildungssysteme“ über bestehende bildungspolitische Fundamentalkonflikte hinwegzutrösten.
Das für die westdeutsche Bildungspolitik grundlegende Prinzip des „kooperativen Föderalismus“ (vgl. *Arnold/Marz* 1979, 78 f.), der ja in Wirklichkeit eher ein „konkurrierender Föderalismus“ ist, wird durch das sich abzeichnende *Auseinanderklaffen des Schulsystems* in viergliedrige, dreigliedrige und integrierte Subsysteme einer neuen Bewährungsprobe unterzogen.

(5) Es ist an dieser Stelle nicht leicht, zum Abschluß des Kapitels über das gegliederte Schulwesen auf bildungspolitische Szenarien zu verzichten, wie dies *Klemm, Rolff* und *Tillmann* für das Jahr 2000 versucht haben (1985). Wir sind aber der Meinung, dieser Art von Futurologie sei in dem erwähnten Buch Genüge getan.

Die Dynamik des Systems veranlaßt uns jedoch, auf eine Strömung hinzuweisen, die systemtheoretisch und bildungspolitisch von höchster Bedeutung ist: die immer stärkere *Abkoppelung von Schulsystem und Beschäftigungssystem,* die eine zwangsläufige Folge der stark vermehrten Ausgabe höherwertiger Berechtigungsscheine durch die Institution Schule ist. Je mehr Zertifikate über den erfolgreichen Abschluß der Realschule, je mehr Abiturzeugnisse vorgelegt werden können, um so schwieriger wird es, in der Arbeitswelt und an den Hochschulen entsprechende Plätze zu finden. Die Querverschiebung nach oben, eines der erfreulichsten pädagogischen und gesellschaftlichen Ereignisse des Jahrhunderts, gefährdet die Allokationsfunktion der Schule und damit das Gleichgewicht in der Gesellschaft. Nach Abstammung und Besitz ist (war) schulische Leistung das primäre Kriterium der modernen demokratischen Gesellschaft für die Zuteilung von Lebenschancen. Wenn Schule zwar weiterhin Leistung produziert, die Gesellschaft aber Leistung nicht mehr belohnt, ist das Regelkreissystem gestört, sind Bildungspolitiker und Gesellschaftspolitiker zum Handeln aufgerufen.

# Kapitel 5: Ein Reformversuch: Integrierte Schule

## 5.1 Das Programm

### *5.1.1 Meritokratische und soziale Züge*

Schulprogramme instrumentieren kollektive Wünsche. Schulen sind Mittel zur Stabilisierung oder zur allmählichen Veränderung bestehender gesellschaftlicher Verfassung. So entsteht das preußische Gymnasium im politischen Umbruch der Napoleonischen Zeit, entsteht beim Übergang in eine meritokratische Verfassung gesellschaftlichen Lebens. Im politischen und gesellschaftlichen Leben geht es vor allem darum, wer die Ämter und die Positionen, damit die Macht und die Privilegien haben soll. *Meritokratisch* bedeutet, daß die Tüchtigsten, die sorgfältig Ausgebildeten, diejenigen, welche sich verdient machen um die Gesellschaft, „merit" erwerben, den Staat auf allen Ebenen leiten sollen, ohne Rücksicht darauf, welcher Gesellschaftsschicht sie entstammen. Offensichtlich konnte das aber im 19. Jahrhundert nicht durchgesetzt werden: die älteren Stratifizierungen, welche Geburt und Eigentum privilegieren, erweisen sich als übermächtig.

Die Befürworter des integrierten Schulsystems in den 60er Jahren wiederholten mit ihrem Leitbegriff *Chancengleichheit* das Programm der meritokratischen Gesellschaftsverfassung:

„Daß da gehören soll, was da ist, denen, die für es gut sind, also
Die Kinder den Mütterlichen, damit sie gedeihen,
Die Wagen den guten Fahrern, damit gut gefahren wird
Und das Tal den Bewässerern, damit es Frucht bringt"
(B. *Brecht:* Kaukasischer Kreidekreis, Schlußzeilen)

Sie griffen ein altes Programm auf, um es vollständiger zu realisieren, als das nach ihrer Meinung bis dahin geschehen war. Die Gesamtschule sollte das Instrument werden, um privilegierende Stratifizierungen zu beseitigen oder zu mindern, um jedem Kind alle Möglichkeiten des Positionserwerbs zu eröffnen.

Das Programm für das integrierte Schulsystem entstand nicht aus einer „Bildungsidee". Eine eigene Bildungsidee hat die Gesamtschulbewegung nicht entwickelt. Die integrierte Schule wird aus gesellschaftspolitischem Engagement gefordert. Jürgen *Girgensohn,* damals Kultusminister in Nordrhein-Westfalen, schrieb 1971:

„Die technische Revolution veränderte unsere Welt. Veränderung ist nicht automatisch Verbesserung. Daß mehr Räder schneller rollen, bewirkt nicht notwendig, daß die Bürger zufrieden sind.
Zivilisatorische Veränderung muß begleitet sein von Gesellschaftsreform. Sozialpolitik war im 19. Jahrhundert das Mittel gesellschaftlicher Reform. In unseren Tagen gesellt sich Kulturpolitik zur sozialen Bemühung. Zwar bleibt auch für uns die Sorge um ökonomische Sicherung jedes Bürgers wichtige Aufgabe. Aber die Verwirklichung unseres Leitziels, der Chancengleichheit, erfolgt nicht nur durch wirtschaftliche Maßnahmen. Wir müssen ein Schulsystem schaffen, das jedem ohne Rücksicht auf seine Herkunft diese gleiche Chance gewährt, eine Schule, die jeden zu kritischer Mündigkeit führen will" (Geleitwort zu *Siepmann/Muth/Spies* 1971).

Das gesellschaftspolitische Engagement der Gründergeneration der heutigen Gesamtschulen bewirkte die Stoßkraft der Bewegung. Aber da man nicht zugleich eine durchgeformte inhaltliche Vorstellung entwickelte, was denn nun in diesen neuen Schulen anders sein sollte als im bisher Gewohnten, konnte man mit bleibender Wirkung lediglich *eine neue Organisationsform* entwerfen, die inhaltlich schnell wieder in den Sog gymnasialer Schultradition geriet.
Zwar wird in der Gründungszeit unentwegt behauptet, daß die Gesamtschulen sich keineswegs nur in der Organisationsform ihres Unterrichts vom Bisherigen absetzen würden. So heißt es z. B. im Vorwort eines Programmbuches:

„Ist der Gesamtschulversuch ein Teil der allgemeinen Schulreform oder ein gänzlicher Neubeginn?
Er ist Neubeginn, insofern es sich bei den Schulen um Gründungen handelt, die sich bewußt von den bisherigen Konzepten der traditionellen Schulformen lösen. Die Gesamtschule hat zu den bisherigen Schulformen die Funktion eines konkurrierenden Antisystems.
Sie ist konkurrierend, weil die hergebrachten Schulen weiterbestehen. Schon die bloße Macht ihres gewohnten Daseins erschwert das Wachsen der neuen Form. Hinzu kommt, daß niemand im Ernst pauschal die gesamte Arbeit bisheriger Schule als schlecht bezeichnen kann. Die Gesamtschule konkurriert, läuft gleichzeitig, und sie hat in diesem Lauf ihre Überlegenheit der Gesellschaft sinnfällig zu machen.
Sie ist Anti-System: denn nicht nur in bezug auf ihre Organisationsform, die Zusammensetzung ihrer Schülerschaft, die nicht selektiert ist, sondern auch in Curriculum, Arbeitsweise, Bauform, Einfügung in den gesellschaftlichen Raum usw. sucht sie unbegangene Wege. Sie ‚läuft gleichzeitig', aber auf einer anderen Straße. Man verkennt die Aufgabe, wenn man von der wissenschaftlichen Begleitung einfach einen Effizienzvergleich zum alten Schulwesen erwartet, denn Gesamtschule ist mehr ein gesellschaftspolitisches als ein auf Effizienz der Leistungen angelegtes Phänomen" (*Siepmann/Muth/Spies* 1971, 9).

Aber das blieb Postulat. Auch dem *Deutschen Bildungsrat* gelang in seiner Empfehlung zur „Einrichtung von Schulversuchen mit Gesamtschulen" (1969) keine inhaltlich konkrete Ausformung. Er forderte „eine wissenschaftliche Schule für alle, Individualisierung des Lernens, bessere Förderung, größere Chancengleichheit, soziale Erfahrung in der Gesamtschule": Titel, zu denen das Gremium in der Empfehlung Gründe und Einwände zusammenstellte. Der *Bildungsrat* (1969, 79) sagte zwar:

„Die Gesamtschule wird ihre sozialen und pädagogischen Ziele nicht erreichen können, wenn sie als bloßes Organisationsgefüge begriffen wird. Schon aus den organisatorischen Strukturen, die sie kennzeichnen, aus Eignungs- und Wahldifferenzierung ergibt sich die Notwendigkeit von Änderungen des Unterrichtsangebotes gegenüber dem bisherigen Schulsystem" (vgl. dazu auch Grundlagentext 5.1).

Doch über die Art der Änderung des Unterrichtsangebots ist in der Empfehlung wenig zu lesen. Es wurde lediglich ein „Weg der kooperativen Lehrplanrevision" vorgeschlagen, in dem „der Sachverstand der Lehrer . . . mit der systematischen Beratung und Kritik durch Expertengruppen" (a.a.O., 82) verbunden werden sollte – das wiederholt also das Schema *Robinsohns* zur Curriculum-Erstellung (1967).

Nicht aus Bildungsideen entstand die Gesamtschule, sondern aus einem politisch-sozialen regulativen Prinzip, dem der Chancengleichheit. Dagegen ist an sich nichts einzuwenden: Die Gründung oder die Beseitigung von Schulformen hat fast immer *Gründe jenseits der Pädagogik.* Der Bruch des Gymnasialmonopols 1900 erfolgt nicht deshalb, weil man Griechisch und Latein für ungeeignete Erziehungsmittel hält, sondern weil Wirtschaft und Industrie des Wilhelminischen Deutschlands ein genaueres Abzielen der Schule auf ihre Bedarfe wünschen. Die Abschaffung der Vorschule in der Weimarer Republik (übrigens ein Vorlauf zur Gesamtschulbewegung) hat nichts mit pädagogischem Versagen der Vorschulen zu tun, sondern ist ebenfalls sozialpolitisch motiviert. Allerdings war in diesen beiden Beispielen eine inhaltlich ausgeformte Alternative bereits gegeben: Realgymnasium und Oberrealschule existierten schon und erhielten lediglich die Möglichkeit zur Vergabe von Hochschulreife; die Grundschule (bzw. die Volkschule, wie sie damals hieß) war längst pädagogisch und curricular ausgeformt. Bei den Gesamtschulen dagegen konnte man auf deutsche Erfahrungen kaum zurückgreifen – denn einige Privatschulen, die damals einwirkten, wie z. B. die Odenwald-Schule (vgl. *Edelstein* 1967, *Schäfer/Edelstein/Becker* 1971), konnten nicht ernsthaft als Muster gelten, da ihre Schülerpopulation, ihre Lehrerschaft, ihre Tradition gänzlich von dem verschieden waren, was man für die im Anfang riesengroß geplanten staatlichen Gesamtschulen zu erwarten hatte (vgl. *Mastmann/Flössner/Teschner* 1968). Man blickte daher auf ausländische Muster – besonders schwedische Schulen erschienen als Modelle (z.B. *Husén/Boalt* 1968).

### *5.1.2 Wissenschaftliche Schule und wissenschaftliche Versuchssteuerung*

Wenn man in den Programmen nach so etwas wie einer „Bildungsidee" sucht, so findet man lediglich allgemeine Vorstellungen zu Dimensionen des Lernens und des Sozialverhaltens in der Schule. Man wollte *„eine wissenschaftliche Schule für alle":*

„Bildung, die ein realitätsgerechtes Verhalten des Individuums in der modernen Gesellschaft gewähren soll, kann nicht mehr durch vorwissenschaftliche Traditionen, seien sie volkstümlicher oder literarischer Art, vermittelt werden. . . . Die Schule muß in jedem Fach die Beziehung zur Wissenschaft herstellen", formulierte der *Deutsche Bildungsrat* (1969, 21 f.).

Als möglichen Einwand dagegen sah er höchstens das Argument, daß dabei schwache Schüler überfordert, besonders befähigte Schüler nicht früh genug gefördert werden könnten – Argumente, die damals nicht viel galten, da man genetische Begabungsbegriffe für überholt ansah und mit H. *Roth* (1968) sich vom „Begaben" der Schüler alles versprach. Es verblüfft heute, wie wenig die Differenz zwischen wissenschaftlicher Arbeit, die sich ins Detail versenkt und sich in unendlichen Verweisungen aufhalten muß, und schulischer Propädeutik erfaßt wurde, die gewiß nicht ohne Kontakt zur Wissenschaft arbeitet, aber niemand erziehen kann, wenn sie bloße Agentur von Universitätsforschung ist. Noch verblüffender ist die Gleichsetzung von „volkstümlicher oder literarischer" Tradition – hier wird nicht unterstellt, daß der *Bildungsrat* die Wetterregeln der Bauern und *Goethes* Werke gleichsetzen wollte – aber eine bemerkenswerte Geringschätzung

artistischer und religiöser Tradition spricht dennoch aus solchen Sätzen, eine Verachtung auch der „unmittelbaren und überlieferten Erfahrung" (a.a.O.), also des „primären Weltbildes", wie *Portmann* (1979) es nannte, alles dessen, was wir unmittelbar in Sinnen und Erleben erfahren – nur was durch Filter und Meßgeräte wissenschaftlichen Tuns gesichert war, schien schulrelevant (vgl. *Spies* 1982).
Die Überschätzung wissenschaftlicher Möglichkeit erscheint zugleich in der geplanten *Versuchssteuerung.* Die Gesamtschule sollte als „gesellschaftliches Experiment" (*Raschert* 1974; vgl. dazu auch Grundlagentext 5.3) angelegt werden. Der *Bildungsrat* dachte den Vorgang nach Ingenieur-Muster, wie ein design-planning: zunächst wird ein Modell entworfen, dies hergestellt und in Probeläufen beobachtet. Man ortet die Schwachstellen und verbessert sie. Dann erfolgt Produktionsentscheidung, die laufenden Bänder springen an. Natürlich wußte auch der *Deutsche Bildungsrat,* daß „die Entwicklung und Veränderung von Schulsystemen nicht als bloße Folge von Forschungsergebnissen begriffen werden kann" (1969, 141), aber man erhoffte immerhin „Entscheidungsgrundlagen" für die Politik und stellte daher ein großes Programm für die wissenschaftliche Begleitung des Schulversuchs auf, besser operationalisiert als der Entwurf für die Schulen selbst. Dieser Teil des Programms ist auch durchgeführt worden und erbrachte Bücher, nichts als Bücher, die kein Politiker las. Im Landtag von Nordrhein-Westfalen dürfte es keinen einzigen Abgeordneten geben, der die 9 Bände der *Fend*-Untersuchung zur Gesamtschule NW (*Landesinstitut* 1979) gelesen hat – man las die von den Assistenten angestrichenen Stellen, die zur heftigen, wenig ergiebigen, rastlos andauernden Plenardebatte um die Gesamtschule verwendbar sind, wobei dann jede Seite einige Bröcklein fand.

„Die Forderung nach einer planenden Abfolge von Reformschritten überschätzt das Ausmaß der Planbarkeit so offener Entwicklungsprozesse und unterschätzt die Wirksamkeit jeweils neu auftauchender Problemkonstellationen . . . die politische Realisierung eines systematisch geplanten Experimentalprogramms . . . (hat sich) weitgehend als unmöglich erwiesen" (*Raschert* 1974, 205).

### *5.1.3 Individuelle Wahl, Sozialerfahrung, Differenzierung*

Nun ist diese Überschätzung kein spezifisches Problem: der Legitimationsversuch mit Wissenschaft ist beliebtes Spiel in allen Feldern der Politik, jeweils nach Bedarf eingesetzt, für politische Entscheidung fast stets nur als Alibi relevant. Im Programmentwurf für die Gesamtschulen ist jedoch noch eine spezifische Überschätzung zu finden, die den Schulen in ihrer praktischen Arbeit große Schwierigkeiten bereitet hat: die Überschätzung der Wahlfähigkeit des Kindes und der Möglichkeit schulischer Beeinflussung seines Verhaltens.
Das *Lernen in der Gesamtschule* sollte *individualisiert* werden:

„ . . . die Gesamtschule (kann) eine größere Vielzahl von Fähigkeiten und Interessen berücksichtigen und auf eine größere Mannigfaltigkeit gesellschaftlicher Ansprüche eingehen als dies im bisherigen Schulsystem möglich ist. Durch die Individualisierungsmöglichkeiten, die dem Schüler nach der Aufhebung starrer Schulzweige mit einem differenzierten Kursangebot angeboten werden, sind Lernanreize gegeben, die der verbreiteten Schulpassivität entgegenwirken können" (*Deutscher Bildungsrat* 1969, 23).

Nachdem ein fester, gesellschaftlich konsentierter Bildungskanon, wie ihn *Hegel* sich vorstellte, nicht mehr sinnvoll formuliert werden kann, ist die *Ermöglichung unterschiedlicher inhaltlicher Akzente des Lernens* zweifellos sinnvoll – in der Reform der Oberstufe hat sich das Gymnasium dem Öffnungstrend angeschlossen. Im Gesamtschulprogramm war lediglich die Entschlossenheit der Formulierungen problematisch, die Hoffnungen erweckte, welche keine Schule erfüllen kann. Denn abgesehen von der auch in großen Schulen schon durch Organisationszwänge stark eingeschränkten Möglichkeit schulischen Wahlangebots stellt es eine geradezu kolossale Anforderung an das Kind und den Jugendlichen dar, seine Lernstoffe selbst zu wählen. Und wenn der *Deutsche Bildungsrat* annahm: „Einem pädagogischen Schulberatungsdienst ist es möglich, den Schüler über seine Fähigkeiten und Entwicklungsmöglichkeiten aufzuklären und ihn zu den angemessenen Wahlentscheidungen hinzuführen" (1969, 24), so muß dies unumwunden als Irrtum bezeichnet werden – es wären geradezu divinatorische prognostische Fähigkeiten von Schulpsychologen und Lehrern gefordert, wenn sie dies leisten sollten.

Die *Programmatik der Gesamtschule* ist gekennzeichnet durch ungetrübtes Vertrauen in die Kraft menschlicher Vernunft, individueller Einsicht. Sehr viel Neuauflage aufklärerischen Optimismus fließt ein. Und sehr stark wirkt *Rousseau*scher Glaube an unverdorbene Menschen, wenn man sie nur nach eigenem Gesetz wachsen läßt. Dies geht besonders aus den Bemerkungen zur sozialen Erfahrung, zum sozialen Lernen hervor, die in allen Programmschriften (*Bechert* 1971, *Frommberger/Rolff/Spies* 1969, v. *Hentig* 1968, *Klafki/Rang/Röhrs* 1970, *Mastmann/Flössner/Teschner* 1968, *Sander/Rolff/Winkler* 1967, *Siepmann/Muth/Spies* 1971) zu finden sind. Es ist an den Einfluß der Frankfurter Schule zu erinnern, an Konstrukte wie den „herrschaftsfreien Diskurs" (*Habermas*). „Spiegelt ein hierarchisch aufgebautes Schulsystem die Schichtenstruktur der Gesellschaft, so wirkt es zugunsten einer Erhaltung der sozialen Ungleichheiten" (*Deutscher Bildungsrat* 1969, 29): die *Herbeiführung sozialer Gleichheit, sozialer Integration wurde als Ziel der Schulen proklamiert.*

Man blieb in dieser Hinsicht allerdings einigermaßen unpräzise: was heißt hier „soziale Gleichheit"? Meint das Anerkennung und Achtung unterschiedlicher gesellschaftlicher Funktionen? Oder meint es gleichen Lohn für alle? Bedeutet „Chancengleichheit" Förderung von Benachteiligten (also z. B. BAFög) oder Zurücksetzung von Bevorzugten („Chancengleichheit ist nur durch Ungleichheit zugunsten der benachteiligten Schüler zu erreichen": *Niehl* 1975, 22), meint es Versuch der Erhöhung der Arbeiterkinder-Quote beim Abitur oder Festsetzung von gleichen Quoten für Sozialschichten?

Die ungenauen Sätze der Programme konnten revolutionär ausgelegt werden („Der Übergang zum Sozialismus ist eine historische Notwendigkeit", *Evers* in *Rolff* 1974, 17) oder bescheiden reformerisch. Unter Gesamtschulprogrammatikern fanden sich Personen, die an entschiedene Umwandlung des gesamten Gesellschaftssystems dachten, wozu sie Schule als Instrument nutzen wollten, und zugleich solche, für die Gesamtschule lediglich ein schonenderes, behutsameres Lenkungs- und Verteilungssystem zu sein schien als die dreigeteilte Schule – diese

Reformer dachten dann meist an ein *streaming-System* nach dem Muster englischer Gesamtschulen: also Einstufung der Schüler nicht in lauter nach Neigung und Leistung gewählte Kurse (*setting-System*), sondern Einordnung nach der Zeit in der Erprobungs- oder Orientierungsstufe in feste, relativ leistungshomogene Klassen, freilich gelockert durch Wahlkurse.
Solche unterschiedlichen Zielvorstellungen stehen hinter den verschiedenen *Differenzierungssystemen,* die in der Probephase entworfen wurden. Während bei der Vagheit der Zielideen sich beinahe beliebig Auffassungen zur inhaltlichen Reform des Curriculums mit den Gesamtschulplänen verbinden konnten, waren die Differenzierungsformen der einzige Programmzug, der konkret operationalisiert wurde. Die heutige Existenz vieler Gesamtschulen in der Bundesrepublik beweist, daß der Entwurf von Differenzierungsformen zusammen mit dem sozialpolitischen Engagement der Gründer ausreichten, um eine neue Schulform entstehen zu lassen. Die Gesamtschule ist wie die übrigen Schulformen ein „Problemlösungsversuch der Gesellschaft" (vgl. S. 63 ff.), der auf eine von vielen Bürgern empfundene Problemlage antwortet. Da das Problem unterschiedlich gesehen wurde, verbinden sich auch mit dem Lösungsversuch differente Zielvorstellungen. Dies hat jedoch nicht verhindert, daß die Gesamtschulen tatsächlich in großer Zahl entstanden (vgl. Anmerkung 8).
Das dreigliedrige Schulsystem, besonders das Gymnasium, hat der Einführung der Gesamtschulen heftigen Widerstand entgegengesetzt. „Gymnasiallehrer und Gymnasialeltern konstituieren . . . die stärksten Widerstandsgruppen gegen die Gesamtschule" (*Fend* in *Landesinstititut* Bd. IV, 1979, XIV). Dabei konnte sich aber das Gymnasium nicht mehr überzeugend auf eine geschlossene, von ihm tradierte Bildungsgestalt berufen. Betrachtet man Aussagen über die „Bildungsprofile" von Gymnasium, Realschule und Hauptschule, wird man vergebens nach prägnanten Differenz-Kriterien suchen. So erscheint der zitierte Versuch in Schleswig-Holstein (vgl. S. 58 ff.), den „allgemeinen Bildungsauftrag" der Schulformen durch die Attribute „grundlegende", „gehobene", „anspruchsvolle" Allgemeinbildung voneinander abzusetzen, dem Verfasser dieses Kapitels eher als hilflos denn als überzeugend, und auch die systemförmige Ordnung dieser Schulen zueinander kann bezweifelt werden, wie dargestellt (vgl. S. 66). So entstand im Streit um die Gesamtschulen vielfach der Eindruck, daß besonders das Gymnasium mehr seine Stellen und die Gewohnheiten seiner Besucher verteidige als eine Bildungsvorstellung (dazu eingehender *Westphalen* 1979). Diese positionelle Schwäche hat die Gründung der Gesamtschulen erleichtert. Das dreigliedrige System reagierte darauf mit Umgestaltung seiner Organisationsformen, wobei Anregungen aus den Gesamtschulen aufgenommen bzw. eigene Bemühungen verstärkt wurden: Einführung von Beobachtungs- bzw. Orientierungsstufe, Differenzierung schon in Klasse 9 und 10, Grund- und Leistungskurse der Oberstufe, neue Fächer, Erneuerung der Richtlinien, Projektwochen, verstärkte Übergänge aus Haupt- und Realschule in die Oberstufe etc.

## 5.2 Der Verwirklichungsprozeß

### *5.2.1 Differenz und Gemeinsamkeit der Ansätze*

Um 1970 liegt die stürmische Phase der ersten Gesamtschulgründungen in der Bundesrepublik. Die Gründungen haben keine einheitliche Form. Die wichtigsten Unterschiede sind durch verschiedene Ansichten darüber begründet, in welchem Ausmaß *Integration,* also gemeinsamer Unterricht leistungsinhomogener Gruppen, möglich ist. Wer diesen gemeinsamen Unterricht nur beschränkt als sinnvoll und effektiv ansieht, neigt zu additiven oder kooperativen Gesamtschulen, also Systemen, die in sich Dreiteilungen oder mindestens Zweiteilungen wiederholen, allerdings mit gegenüber dem dreigliedrigen Schulsystem erleichterter Möglichkeit des Umstiegs zwischen den Schulzweigen. Wer den gemeinsamen Unterricht leistungsinhomogener Gruppen mindestens bis zum 10. Schuljahr als politisch wünschenswert und pädagogisch möglich, sogar als für alle Beteiligten anregend ansieht, neigt zu integrierten Formen. Dabei können dann noch Differenzen darin bestehen, ob in allen oder nur in einigen Fächern die Schüler gemeinsam unterrichtet werden. *Klafki* versuchte 1968 eine *Definition des „Begriffskerns" der integrierten Schule:*

> „Als integrierte Gesamtschulen werden solche Schulsysteme bezeichnet, in denen mindestens die Klassen 7 bis 10 der drei bisher selbständigen Formen des sogenannten ‚allgemeinbildenden Schulwesens' – Volksschule bzw. Hauptschule, Real- bzw. Mittelschule und Gymnasium bzw. Höhere Schule – in einem Unterrichtssystem zusammengeführt werden, das sich in gemeinsamen Unterricht in einigen Fächern – sogenannten Kernunterricht – und in differenzierten Unterricht in anderen Fächern – sogenannten Kursunterricht, und zwar in den drei Grundformen des Fachleistungs- oder Niveau-(Eignungs-)Kurses, des Wahlpflichtfach- und des Wahlunterrichts – gliedert" (1968, 525).

Diese Begriffsbestimmung zeigt den formalen Rahmen, in dem die Integrierten Gesamtschulen in der Gründungsphase experimentieren konnten. Die Kultusminister hatten sich in ihrer „Vereinbarung zur Durchführung von Schulversuchen mit Gesamtschulen" (1969) auf ein Experimentalprogramm entsprechend der *Bildungsrat*-Empfehlung geeinigt, wobei alle besonderen Versuche und Akzentuierungen lediglich angemeldet werden mußten: in dieser ersten Phase erschienen auch kühne Versuche als zulässig.

Die *Gründungswelle* hatte in den Bundesländern unterschiedlichen Verlauf: z. B. in Berlin wurde eine Gesamtschule (Britz-Buckow-Rudow) modellhaft durchgeformt und wirkte als Muster und Mutterschule auf die übrigen Gesamtschulen dort ein, mit seinem Leistungs-Bewertungs-System FEGA (vgl. Grundlagentext 5.2) auch auf andere Länder; Hessen setzte mit zahlreichen Versuchen besonders auf kooperative Formen („schulformbezogene Gesamtschule"); Bayern beteiligte sich nur gebremst am Experimental-Programm etc. Eine Übersicht über den Vorgang in den Ländern findet der Leser in BLK 1982; vgl. dazu auch Grundlagentext 5.4.

*5.2.2 Ein Verlaufsbeispiel: Nordrhein-Westfalen*

Es ist hier nicht möglich, der Entwicklung in allen Ländern und den zahllosen Einzel-Experimenten im Unterricht und im Schulleben nachzugehen. In unserem Zusammenhang der „Schule als Institution" ist vor allem von Interesse, wie sich aus einer Probierphase, die mit heftiger Kritik an bestehenden Institutionen beginnt, in der man nach durchaus neuen Formen sucht, ein „Antisystem" gründen will, wieder institutionelle Festigkeit bildet, wieder eine „Regelschule" entsteht – eine Regelschule, deren Unterschiede vom alten System viel geringer ausfallen als die Freunde des Neuen wünschten, als seine Gegner befürchteten.

Dieser Prozeß sei beispielhaft und sehr knapp dargestellt an der Entwicklung in Nordrhein-Westfalen. Die ersten Gesamtschul-Initiativen entstanden dort 1967 in Form lokaler Vorbereitungsgruppen. Solche Kreise (Dortmund, Gelsenkirchen, Oberhausen, Kamen, Fröndenberg, Kierspe, Münster) entstanden auf Anregung der Schulträger (also der Kommune bzw. in Münster des Bischofs) und werkelten zunächst unverbunden vor sich hin. Die mehr schulkonservative Haltung der Vorsitzenden der Initiativkreise (in Dortmund, Gelsenkirchen, Kierspe, Münster, Oberhausen) oder ihre eher schulrevolutionäre Position (Fröndenberg, Kamen) bestimmten weitgehend das Ausmaß dessen, was man versuchen wollte: während Fröndenberg Experimente mit Großgruppenunterricht und innerer Differenzierung unternahm, setzte z.B. Gelsenkirchen Kern-Kurs-Unterricht an, der sich mindestens in der dort zugleich begonnenen Oberstufe nicht wesentlich von der reformierten gymnasialen Oberstufe unterschied. Jede Initiativ-Gruppe fertigte eigene Raumpläne für das projektierte Gebäude, eigene Bildungspläne für die Schule – das Ministerium nahm im Anfang nur zur Kenntnis und genehmigte die Entwürfe, warnte höchstens, wenn eine Absicht den Beamten zu utopisch schien. Es wurde durch diese Zulassung viel Energie und Arbeitseifer „an der Basis" freigesetzt – aber natürlich entstand keine einheitliche Schulform, sondern sieben Schulen mit je völlig eigener Physiognomie.

Es zeigte sich bald, daß einige der Schulen sich mit ihrem Versuchsprogramm übernahmen. Die Fröndenberger Experimente führten zu heftigen lokalen Auseinandersetzungen; der Kamener Plan, den gesamten Schuljahrgang gleichsam als eine Klasse zu sehen, schien so utopisch, daß hier das Ministerium blockierte, der ein Jahr später vorgelegte Bochumer Plan, auch alle Sonderschul-bedürftigen Kinder voll zu integrieren, wurde ebenfalls ministeriell verhindert. Der freigesetzte Arbeitseifer der Lehrer produzierte immer neue Pläne – vieles davon pädagogisch einleuchtend, anderes überanstrengt, weil zu sehr aus bloßer Negation gegenüber Bisherigem stammend (so wollten viele Lehrer kein Schulbuch mehr benutzen, verwendeten nur Selbst Abgezogenes), einiges politisch so anstößig und wissenschaftlich miserabel, daß heftige öffentliche Kritik aufkam (vgl. Anmerkung 9). Nun griff die Behörde regulierend ein: 1970 mit „Richtlinien für die Zusammensetzung und Arbeitsweise der Ausschüsse zur Planung von Gesamtschulen in Nordrhein-Westfalen", ab 1972 mit einander schnell folgenden Erlassen: zur Differenzierung im Sekundarbereich I, zur Leistungsbewertung, den Zeugnissen, der Schulaufsicht, zu Lehrerstellen und Klassenbildung, zu Lehrerausbildung etc. Juni 1973 gab das Ministerium erstmals eine Sammlung der Erlasse heraus: sie

präsentieren bereits ein vollständiges Regelwerk. Die freie Bewegung der Kräfte war in einer neuen Institution zu Ende gekommen.
Heftiger Streit zwischen dem Ministerium und den Schulen hatte die Entstehung des Regelwerks begleitet. Dennoch war es nicht die schlichte Macht-Überlegenheit der Behörde, welche die Regulierung durchsetzte, sondern bei vielen Kollegien wurde auch nach Regeln verlangt. Die Einsicht verbreitete sich, daß Schule Institution, d. h. Regel-geleitet, sein muß, daß sich ein Schulsystem auf Dauer nicht durch Spontan-Einfälle, ad-hoc-Beschlüsse, nicht nur aus eigenem Ingenium lebendig halten kann. Zum erlassenen Regelwerk kam hinzu, daß sich in den Schulen nach einigen Jahren feste Routinen bildeten – die nicht in formulierter Regel gefaßte Gewohnheit ist ja eine zweite Stütze jeder Institution.
Das sagt nichts gegen den Wert dieses pädagogischen Aufbruchs ab 1967. Denn Institutionen müssen von Zeit zu Zeit in Frage gestellt werden, damit sie sich gesellschaftlichen Bedürfnissen erneut anpassen können. Der Innovationsschub, den die Gesamtschulen auch im übrigen Schulwesen veranlaßten, ist eine solche Anpassungsbewegung. Daß die Reformer mehr verkünden als dann zu halten ist, daß der schubartig prozedierende Reformprozeß an seinem Ende wieder Institutionen hervorbringt, die den alten ähnlich sind, scheint zu den Regeln historischer Verläufe zu gehören.
Die Entwicklung seit Mitte der 70er Jahre hat das integrierte und das nichtintegrierte System noch näher aufeinander zubewegt. Differenzierungsformen sind inzwischen in allen Schulformen zu finden. Die Fortsetzung des Gesamtschul-Gedankens in der Oberstufe, wie er mit der Broschüre „Kollegstufe NW" (*Kultusminister* NW 1972) und mit der *Bildungsrat*-Empfehlung zur Sekundarstufe II (1974) propagiert wurde, also die Integration von Gymnasium, Fachoberschule und Berufsschule, ist in unbedeutenden Ansätzen stecken geblieben. Die Oberstufe der Gesamtschule ist mit der gymnasialen Oberstufe völlig identisch. Die KMK-Vereinbarung von 1982 sorgt dafür, daß praktisch keine Unterschiede übrig sind. Die Einstufung in Kursen ist danach keine rein pädagogische Maßnahme mehr; die Zugehörigkeit am Ende der Klasse 10 zu bestimmten Grund- und Erweiterungskursen präjudiziert die möglichen Abschlüsse. Offensichtlich schlagen diese Regelungen auf das gesamte System durch – der Sog der nach wie vor prestigereichsten Schule, des Gymnasiums, hat sich als übermächtig erwiesen. Allerdings hat sich auch das Gymnasium verwandelt – möglicherweise sind die Nebenwirkungen der Gesamtschul-Gründungen noch wichtiger als diese Schulen selbst. In Nordrhein-Westfalen ist die Gesamtschule durch Änderung des Schulverwaltungsgesetzes (1981) inzwischen zur Regelschule geworden, die Versuchsphase also beendet (vgl. Anmerkung 10). Als institutionelles Ergebnis des Prozesses finden wir somit in diesem Bundesland ein viergliedriges Schulsystem. Der Versuch der seit 1966 regierenden SPD, durch „latente Horizontalisierung" dieses Systems zu vereinheitlichen („kooperative Schule"), wurde durch Volksbegehren (1978) abgewiesen. Der schon im NW-Programm 1975 verkündete Regierungsplan, das gesamte Schulwesen des Landes im Sinn der Stufenschule neu zu ordnen, war damit gescheitert. Nur scheinhaft verwirklicht wurde von diesem Plan die Lehrerausbildung, die nach dem Lehrerausbildungsgesetz keine schulformbezogenen

Examen mehr zuläßt, sondern lediglich Abschlußprüfungen für die Sekundarstufen I und II. Da aber im Gymnasium der nur für Unterricht in Sekundarstufe II zugelassene Lehrer kaum einsetzbar ist, legen fast alle Bewerber Zusatzprüfungen für die Sekundarstufe I ab, womit das alte Gymnasiallehrer-Examen praktisch wiederhergestellt ist. Der Sekundarstufen I-Lehrer gelangt kaum ins Gymnasium, so daß lediglich die Differenz zwischen Realschul- und Hauptschullehrer verwischt wurde. In den Gesamtschulen allerdings können die Lehrer gemäß ihres Stufenexamens eingesetzt werden, allerdings auch dort nicht vollständig: die Oberstufen sind zu klein, als daß die Sekunderstufen II-Lehrer überall ausschließlich dort beschäftigt werden könnten. Immerhin finden sich die Sekundarstufen I-Lehrer ausschließlich in dieser Stufe: dies kann den Vorteil bieten, daß sich Lehrer in ihrem didaktischen Handeln dauerhaft auf Entwicklungsstufen einstellen. Problematisch ist dabei, daß sich leicht ein Zwei-Klassen-System der Lehrer ergibt: die höhere Besoldung der Sekundarstufen II-Lehrer befördert diese innere Gruppierung in den Schulen.

## 5.3 Das Ergebnis

### *5.3.1 Institutionelle Form der neuen Regelschule*

Mit Hilfe der Begriffe, die wir in den bisherigen Kapiteln dieses Buches entwikkelt haben, soll nun gefragt werden, was die neue Schulform Gesamtschule institutionell von den älteren Formen des jetzt viergliedrigen Systems unterscheidet.

*Die generelle Leitdifferenz alles erzieherischen Tuns,* das Geleiten aus Inkompetenz zur Kompetenz durch „Unterstützung und Gegenwirkung" (*Schleiermacher* 1806) bestimmt auch die Arbeit in den Gesamtschulen, wie es nicht anders sein kann. Aus der sozialpolitischen Emphase des Anfangs blieb, daß man lieber mit Unterstützung, persönlicher Förderung, mit Hilfe wirkt als mit Gegenwirkung, Verbot, Auslese. Regelstütze in Nordrhein-Westfalen dafür ist der Wegfall der Versetzung zwischen den Klassen 5 und 9, dort ist Wiederholung einer Klasse nur als Ausnahme zugelassen, sofern Schule und Erziehungsberechtigte dies einvernehmlich für sinnvoll halten. Wichtige Regelstütze in allen Bundesländern ist die weitgehende Unmöglichkeit des Abschiebens von Schülern in eine „niedrigere" Schulform (denn es ist nur die schwierige Überweisung an Sonderschulen möglich, kein Abschieben zur Hauptschule), die Einrichtung von Stützkursen etc. Das bedeutet eine wichtige Klimaveränderung in der Schule, führt zu einem weniger Angst-besetzten Lernen: wissenschaftliche Untersuchungen belegen dies eindeutig (vgl. z. B. *Diederich* in *Landesinstitut* 1979, Bd. 1). „Die Gesamtschüler weisen in der 6. und 9. Schulstufe weniger Angst auf als der Durchschnitt der Schüler des herkömmlichen Schulsystems" (*Fend* in *Landesinstitut* Bd. 4, 1979, XII). Auch die von der Bund-Länder-Kommission für Bildungsplanung und Forschungsförderung (BLK) eingesetzte „Projektgruppe Gesamtschule" bestätigt prinzipiell diesen Befund: „Aufgrund bisher vorliegender Vergleichsuntersuchungen kann die Aussage – ‚im Sinne statistisch nachgewiesener Durchschnittsunterschiede zeigen Schüler an Gesamtschulen tendenziell weniger Schulangst als Schüler im traditionellen Schulwesen' – als relativ gesichertes Ergebnis gelten" (BLK 1982, 621). Diese Aussage wird dort allerdings erheblich eingeschränkt:

„Allerdings darf die Feststellung aufgrund der Geringfügigkeit der Unterschiede bei der Mehrzahl der untersuchten Schülergruppen auch nicht überbewertet werden. Geht man nämlich von den Kriterien praktischer Bedeutsamkeit aus, dann sind in 8 von 13 Teiluntersuchungen (Jahrgangsstufen und Gesamtpopulationen) keine praktisch bedeutsamen Unterschiede zwischen den Schülergruppen beider Schulsysteme gegeben. In fünf Teiluntersuchungen ergaben sich Unterschiede von praktischer Bedeutsamkeit zugunsten der Schüler von Gesamtschulen. Das bedeutet andererseits auch, daß – von Ausnahmen abgesehen – die Gesamtschulen mit den Schulen des gegliederten Schulwesens hinsichtlich der unterschiedlichen Grade der Ausprägung von Schulangst in der Mehrzahl ihrer Schüler übereinstimmen und sich hierin nur zu einem geringen Anteil unterscheiden" (BLK 1982, 621).

Auch die wissenschaftlichen Untersuchungen belegen, daß generelle Aussagen über Schulklima und Schulstil einer ganzen Schulform nur mit großen Einschränkungen möglich sind. *Fend* (1982, 500) wundert sich in seiner Zusammenfassung der Gesamtschul-Untersuchungen über „die großen Unterschiede zwischen den einzelnen Schulen, die wir gerade hier angetroffen haben. Sie haben dazu geführt, daß wir lange Zeit zögerten, von *dem* Gesamtschulsystem zu sprechen und meinten, jede Schule als eigenes System betrachten zu müssen".
Der im Anfang in den Kreisen der Lehrer, die in Gesamtschulen arbeiten wollten, und in den Gruppen der Befürworter der Gesamtschule überhaupt einwirkende Rousseauismus konnte die Arbeit in diesen Schulen nicht völlig bestimmen. Dies mag daran liegen, daß solch optimistisches Zutrauen in gute Natur, die in eigener Steuerung sich am besten entwickelt, stets eher Hoffnung als Realität ist – doch soll diese philosophische Frage hier nicht vertieft werden. In unserem Zusammenhang ist entscheidend, daß auch die Gesamtschulen sich den generellen Zwecksetzungen der Schule unterwerfen mußten: der Zieldreiheit von *Sozialisation – Qualifikation – Allokation.* Am Ende der Schullaufbahn steht hier wie überall sonst die Übergabe einer Berechtigung. Der auf die Schule angewendete Gleichheits-Grundsatz der Verfassung bedingt, daß gleichwertige Berechtigungen nicht durchaus wesensverschieden sein können.
Von der Notwendigkeit der Allokation, des Zuteilens von Berechtigung, wurde erzwungen, daß auch in Gesamtschulen *jeder schulisch vorgetragene Lehrstoff sich sofort in Prüfungsstoff verwandelt.* Das kann man dann so kinderfreundlich wie nur möglich durchführen, das ändert nichts an diesem Prinzip. Die Öffentlichkeit – Eltern, Presse – achtet auch darauf, daß das Gelehrte und Geprüfte nicht völlig anders ist als in sonstigen Schulen – man kann nicht Mathematik und Englisch ausfallen lassen etc. Hier zeigen sich enge Grenzen für die zulassungsmögliche Selbststeuerung, autonome Entwicklung der Schüler: auch in den Gesamtschulen bleibt mindestens ihre intellektuelle und gedächtnismäßige Entwicklung kontrolliert, überprüft, bewertet, auch der Gesamtschüler muß sich in akzeptierte Formen sozialen Verhaltens fügen, genau wie an anderen Schulen muß er sonst mit Sanktionen rechnen. Und die Institution muß in ihrem Lehrangebot im Rahmen des in Schulen Üblichen bleiben.

Diese massiven Zwänge bedingten, daß die Programme zur völligen Innovation des Unterrichts fast restlos in guter Absicht stecken blieben. Dennoch gelangen den Gesamtschulen in den *Randzonen der Unterrichtsarbeit* wichtige Veränderungen. Die Möglichkeit dazu fand sich besonders in den als Ganztagsschulen eingerichteten integrierten Systemen. Man beobachtet dort eine große Zahl von sportlichen, künstlerischen, handwerklichen, wissenschaftspropädeutischen Arbeitsgemeinschaften, findet Projekt-Durchführungen verschiedenster Art, berufsvorbereitende Praktika etc. Zwar ist solches auch in den anderen Schulformen zu sehen – dennoch wird man sagen dürfen, daß insgesamt die Innovationsbereitschaft in den Gesamtschulen stärker ist als in den übrigen Formen, die Zahl nützlicher oder mindestens gut gemeinter Versuche daher höher, die Inhalte des „Schullebens" reicher.

Dies bleibt als Resultat des Wunsches der Gesamtschulgründer, eine autonome Selbstgestaltung des Schullebens zu ermöglichen, jener damals vom *Bildungsrat* in seiner Empfehlung zur „Verstärkten Selbständigkeit der Schule und Partizipation der Lehrer, Schüler und Eltern" (1973) massiv gestützte Wunsch. Die Vorstellung allerdings, daß man Schulen sich entwickeln lassen könne wie autonome Körperschaften, ähnlich wie Universitäten nur der Rechts- und Finanzaufsicht unterstehend, war deutscher Rechtstradition fremd und verwirklichte sich, wie dargestellt, nur in den Monaten der ersten Schulgründungen. Dann wurden die Schulen zurückgeholt in die hierarchische, weisungsgebundene, administrierte Ordnung des Bildungssystems mit Fachaufsicht etc. Aber aus diesem kurzen Moment fast völliger Freiheit blieb die freilich im Lauf der Jahre schwächer werdende Neigung, nicht nur in Richtlinien zu starren und denen entlang zu funktionieren, sondern selbst etwas zu entwerfen und zu gestalten – ein Impuls, der erfreulich stark auch auf die anderen Schulformen wirkte.

Zusammenfassend kann man in bezug auf die institutionelle Gestalt der integrierten Schule sagen: das Sich-Einrichten in unbegrenzter *Versalität,* das anfänglich erhofft wurde, war für die Schulen nicht aushaltbar und wurde von Gesellschaft und Administration nicht zugelassen. Die für die Institution notwendige *Stabilität* entwickelte sich oder wurde gesetzt. Bei diesem Prozeß blieb aber der für die Schule und für die Individuen, Lehrer und Schüler, zugelassene Bewegungsraum größer als er vor der Gründungswelle in allen Schulen war. Dieses Vergrößern des Spielraums für Versalität haben die Gesamtschulen nicht nur für sich, sondern für das ganze Schulsystem gewonnen – wir halten dies für das wichtigste Ergebnis ihrer Arbeit.

### *5.3.2 Lösungsversuche der Hauptprobleme*

Wie löst nun diese zur Regelinstitution gewordene „vierte Säule" die im Kapitel 4 dargestellten „Hauptprobleme"? Das *Analogieprinzip* schließt die Gesamtschulen ein: eine markant differente eigene Zielsetzung ist nicht erkennbar, eine hierarchische Struktur ebenfalls gegeben etc. Das *Differenzprinzip* wirkt innerhalb des Gesamtschul-Systems: in den kooperativen Formen so, daß nach (allgemein zweijähriger) Beobachtungs-(Orientierungs-)Stufe sich die Schülerpopulation in „streams" teilt, in integrierten Formen so, daß Einstufung in niveauverschiedene

Kurse (setting) erfolgt. In den unterschiedlichen Abschlüssen wird die Bedeutung des Differenzprinzips auch für die Gesamtschule faßbar. Jedoch ist ebenso deutlich, daß dieses Prinzip in den Gesamtschulen erheblich schwächer einwirkt als im dreigliedrigen System: alle Einstufungen sind leichter korrigierbar, die Irrtumsfolgen von Einschätzungen und Prognosen lassen sich besser aufheben als bei Überweisung in eine andere Schulform. Man kommt an Selektionszwängen nicht vorbei, kann sie aber schonender umsetzen – Freunde einer radikal verwirklichten Einheitsschule (etwa im Sinn der „elastischen Einheitsschule" Paul *Oestreichs* 1921) könnten von getarnter Selektion reden.

Die *Prinzipien der relativen Homogenität und Heterogenität* sind ebenfalls innerhalb der Gesamtschule wirksam: Kurseinstufungen, Zuweisung in Schulzweige sorgen für Gruppierung nach Schulleistungsfähigkeit. Diese Gruppierung kann im setting-System fachspezifisch erfolgen – ein erheblicher Vorzug gegenüber der fachunspezifischen Einstufung in den übrigen Schularten. In Wahlpflicht- und Wahlfächern kommt noch Übereinstimmung von Neigungen hinzu, jedenfalls in günstigen Fällen wirklicher Wahl aus Neigung, nicht aus Zensur-taktischen Überlegungen. Man kann daher in Gruppen der Gesamtschulen Homogenität oftmals besser verwirklichen als in anderen Schularten: das ist wichtiges Motiv für eher leistungsorientiert denkende Gesamtschulfreunde, die besonders aus diesem Grund die integrierte Schule für das effektivste Instrument meritokratischer Gesellschaft halten.

Heterogenität ist in Gesamtschulen bei unselektierter Eingangs-Population ebenfalls stärker vorhanden als in den anderen Schulformen. Der Durchlauf des Schülers gestaltet sich so, daß er von außerordentlich heterogenen allmählich in immer stärker homogene Gruppen kommt. Es mag dahingestellt bleiben, ob das den sozialen Absichten der Gründer entspricht – das Erlebnis von Trennung im Lauf der Schulzeit kann für die Gesamtschüler ebenso nachhaltig, vielleicht sogar stärker fühlbar sein als bei der Verteilung von Kindern auf Schulformen im 10. Lebensjahr. Doch kann kaum bezweifelt werden, daß dieser Weg den Erfordernissen arbeitsteiliger Gesellschaft entspricht.

*Das Prinzip der pädagogisch-didaktischen Spezifität* ist für den Verfasser dieses Abschnitts höchstens Postulat, kaum Realität. Im Gegensatz zum Mitautor bezweifle ich die de facto-Existenz schulartspezifischer Didaktik und Methodik. Da mag es Differenzen im Maß der Anschaulichkeit, im Anspruchsniveau, im Durchführungstempo geben, doch scheint mir der Begriff der „schulartspezifischen Didaktik" dafür zu hoch gegriffen. Soweit aber in den Schularten „latente didaktisch-methodische Muster" existieren, werden diese in Gesamtschulen abgeschliffen, einander angeglichen: selbst in den additiven Schulen verhindert der dauernde Einfluß der Lehrergruppen aufeinander, daß solche Muster sich entwickeln oder ungebrochen fortexistieren. Von einer Gesamtschul-spezifischen Didaktik kann keine Rede sein. Wie in den übrigen Schulen wirken alle greifbaren Didaktiken ein: das entscheidet sich nach Trends (z.B. Einwirkung der Lernziel-Modelle, des Seminar-Trends zur Bevorzugung der Berliner Schule), entscheidet sich fachspezifisch (z. B. Einwirkung *Wagenscheins* vorwiegend auf Naturwissenschaftler, Kybernetischer Didaktik auf Mathematiker), entscheidet sich nach persönlichem Geschmack und vielfach zufälliger Kenntnis. Will man eine generelle Besonderheit greifen, so wäre das Bemühen um Eingehen auf Leistungsmöglichkeit und Verständniskraft der Schüler zu nennen: die unselektierte, nicht abschiebbare Population der Eingangsklassen veranlaßt dazu die Lehrer stärker als die in Gymnasium und Realschule. Insofern geht in die Gesamtschule etwas ein von der pädagogischen Bemühung, wie man sie in guten Hauptschulen findet – ich nenne dies nicht schulformbezogene Didaktik, es ist eher eine Weise des pädagogischen Bezugs, wie *Nohl* dies genannt hätte – aber es ist ein wertvolles Erbe.

Es sind Akzentuierungen, die die vierte Säule von den alten drei differieren. Nicht mehr, aber auch nicht weniger. Eine beschreibbare, unterscheidbare neue Institution ist entstanden, die nun in der Tat „konkurriert", gleichzeitig läuft. Eine Institution, die wie die anderen zur Selbsterhaltung neigt, sich in allmählicher Adjustierung veränderter Umwelt anpaßt etc. Man wird nicht hoffen können (wird nicht befürchten müssen), daß die Gesamtschule die übrigen Schulformen schnell in sich aufschlingt (vgl. dazu aber Anmerkung 11). Aber sie wurde zu einem Faktum, das gänzlich unabhängig von politischen Machtverteilungen Dauer und Bestand gewann. Einem skeptischen Angehörigen der Gründergeneration wird man darüber eine leise Befriedigung gönnen.

## Kapitel 6: Ausdifferenzierung vor Ort: Schulleben und Schulklima

„In der Schule soll auf die Kinder eine kulturell und sittlich geprägte Umwelt einwirken. Dies geschieht im Unterricht mit seinen fachlichen Inhalten, aber auch durch an der Schule eingeführte Gewohnheiten und Regelungen, durch die Einrichtung der Klassenzimmer, Fachräume, des Pausenhofs usf. Die bewußt oder unbewußt gefundenen Formen liegen zwischen verschiedenen Polen, die ich kurz an Beispielen beschreiben möchte:

*Technokratisch-zweckmäßige Lösung:* Nüchterne, gut pflegbare Ausstattung: glatte Wände mit dem Verbot, etwas daran zu befestigen: Abschaffung des Grüßens, weil lästig, störend; Abschaffung des Betens, weil Zeitersparnis; Schulbusplan und -kosten als entscheidende Einflußgröße auf Stundenplan; Vermeidung von Klassenfesten, Feiern, Partys, Klassenfahrten; keine Ausnahmen; geringe Wahlmöglichkeiten bei Wahlfächern; Trennung nach Knaben- und Mädchenklassen, weil einfachere Stundenplanlösungen; Vernachlässigung von Minderheiten (= Störfaktoren).

*Lösung des laissez-faire:* Verwahrloste Klassenzimmer, Toiletten, Aufenthaltsräume der Schüler; Raufen, Schlagen, Toben, Schimpfwörter, Wandschmierereien, Diebstahl, Zerstörungen an der Tagesordnung; Gebalge am Pausenstand; Süßigkeiten am Pausenstand; Schülerfeste ohne Gestaltungswillen („Durchtanzen", „einen Draufhauen"); ständig Ausnahmen; fehlende Regelungen und Vereinbarungen zum Verhalten in der Schule; Verzicht auf Strafe, Wiedergutmachung, Versöhnung.

*Einengende Lösung:* Laufen im Pausenhof verboten; strenge Ruhe in den Gängen; keine Möglichkeit für Fahrschüler, Wartezeiten in einem Raum ungezwungen zu verbringen, kein Einfluß der Schüler auf Gestaltung der Schule, der Klassenzimmer, von Schülerfahrten; Grußzwang; minimale Wahlmöglichkeiten bei Wahlfächern, eintöniges Angebot am Pausenstand: keine Ausnahmen, Regelungen auch jeder Kleinigkeit (meist per Durchsage), harte Strafen.

*Lösung der Selbstdarstellung:* Viele Veranstaltungen, begleitet von Mitteilungen in der Tagespresse („In A-Dorf Übergabe eines Tageslichtprojektors"); laufend Teilnahme an Wettbewerben mit ersten Preisen (die sich bekanntlich für eine Elite bei entsprechendem Aufwand sicher produzieren lassen); schmucke Innenausstattung mit dem Gebot, Berühren verboten; Orientierung nicht an den Bedürfnissen des Unterrichts und der Schüler, sondern Außensteuerung (Wünsche der Gemeinde, Anpassung an pädagogische, politische Modeerscheinungen. . .); Ausnahmen je nach Einfluß, der hinter einem Schüler steht.

Die Gestaltung des Schullebens muß sich zwischen diesen Extremen bewegen. Zweckmäßigkeit, Großzügigkeit, Strenge, auch mal an die Öffentlichkeit treten sind zur rechten Zeit sinnvoll, für sich genommen sind sie ungeeignet als Gestaltungsprinzipien in dem Bereich Schule.
Die an jeder Schule gefundene Position soll *beständig* eingehalten werden. Die Schüler müssen erfahren, daß bestimmte Grundsätze an der Schule feste Geltung besitzen und hier keine Abstriche möglich sind" (*Czinczoll* 1979, 475 f.).

## 6.1 Schulleben: Was ist das?

Der abgedruckte Text stammt unmittelbar aus der Praxis; er ist von einem Schulleiter geschrieben, der pädagogischen Idealismus mit viel Realismus verbindet, wenn es um die Beschreibung des tatsächlich vorfindlichen Schullebens geht. Wir wollen auf seine Beispiele und Lösungstypen im Laufe dieses Kapitels zurückkommen, zunächst aber aus der erziehungswissenschaftlichen Literatur Grundinformationen auswählen, die das Phänomen Schulleben verdeutlichen.

### *6.1.1 Begriffsbestimmung*

„Schulleben ist das komplexe Erfahrungs und Betätigungsfeld aller an der Schule beteiligten Personen, wie es sich aus den persönlichen Einstellungen und Erwartungen sowie den vollzogenen Interaktionen im Bereich der Schule ergibt. Kennzeichnend für die Komplexität des Schullebens ist, daß es auch bei gleichen äußeren Voraussetzungen von jedem einzelnen individuell erlebt wird und daß es sowohl den Schulalltag, als auch besondere Ereignisse im Bereich der Schule umfaßt" (*Schröder* 1985, 265).

Die vorstehende Definition ist *beschreibender* Natur. Sie faßt den Begriff sehr weit, indem auch der Schulalltag, d. h. der Unterricht, mit inbegriffen wird. In dem komplexen Interaktionsfeld des Schullebens verknüpfen sich individuelles und intersubjektives Erlebnisvolumen von Schülern und Lehrern mit einem Geflecht von Regeln und pädagogisch-organisatorischen Maßnahmen der Institution (vgl. Kap. 1, S. 17 ff). Man versetze sich in die Rolle des Schülers, der in je einer der vier von *Czinczoll* beschriebenen Gestaltungsformen „lebt" – da wird deutlich, welch unterschiedliche Erfahrungen mit der Schule seine Erlebniswelt in Kindheit und Jugend prägen.

Weil es sich bei der Schule um eine zweckgerichtete Institution handelt, ist es nicht erstaunlich, wenn auch das Schulleben *Programmcharakter* erhält. Den Übergang von der Beschreibung zur Erziehungsabsicht macht *Schorb* klar (o. J. 202), wenn er Schulleben definiert als „das den engeren Unterricht einschließende Miteinander von Lehrern und Schülern, Schulklassen und Schulgemeinde, dessen bedachte Gestaltung durch seine bildenden und erzieherischen Möglichkeiten Aufgabe der Schule wird".

Welche Absichten werden in der „bedachten Gestaltung" des Schullebens sichtbar? Historisch gesehen, bezeichnete man als Schulleben „alle pädagogischen Maßnahmen, die nicht unmittelbar den Unterricht betrafen oder aus ihm hervorgingen" (*Böhm* 1982, 471). Schulleben erhielt somit eine „Komplementärfunktion" (*Pöppel* 1973, 48) zur reinen Lernschule, oder es repräsentiert sogar ein „Gegenprogramm zu einem Verständnis von Schule, das lediglich in der Verstandesbildung seine Aufgabe sieht" (*Steindorf* 1976, 189). Große Pädagogen schlugen aber auch harmonisierende Konzepte vor: *Pestalozzi* die „Wohnstubenerziehung" (vgl. Grundlagentext 6.1), *Fröbel* die „Einigung" des Familien- und Schullebens, *Petersen* das „Wohnstubenleben" in der Schule etc. (zur Geschichte vgl. u. a. *Dietrich* 1980, 2 ff., *Struck* 1980, 5 ff., *Lassahn* 1981, 343 ff.).

In unserer Zeit wird Schulleben gern unter dem Stichwort „soziales Lernen" verhandelt, etwa in der Deutung von *Struck* (1980, 4):

„Wenn die Schule zum ‚Erfahrungsraum' . . . wird, wenn Schule auch außerhalb ihrer Gebäude stattfindet und wenn Schule zu einer sozialpädagogischen Institution . . . wird, dann ereignet sich in ihr Schulleben."

Der seit dem Altertum bekannte Gegensatz von Schule und Leben (Senecas Kritik: Non vitae, sed scholae discimus) soll in dem Konzept „Schule als Erfahrungsraum" v. *Hentigs* aufgehoben werden, etwa wenn in seiner Bielefelder Laborschule die Curricula der Unterrichtsfächer in „Erfahrungsbereiche" aufgelöst werden. v. *Hentig* präzisiert seine Anschauungen (1972, 113 f.):

„ ‚Schule als Erfahrungsraum' darf gerade nicht dazu führen, daß nur an den *Schul*ereignissen gelernt wird: daß Konflikte, Freundschaften, Streiche, Verwaltungsakte, das Gebäude, der Hund oder die soziale Stellung des Hausmeisters, die Pausen(un)ordnung und die Pädagogik selbst zum pädagogischen Pensum werden . . . ‚Schule als Erfahrungsraum' sollte vielmehr heißen: die Schule so anlegen und das Lernen so treiben, daß genug spontane Ereignisse in ihnen vorkommen, in denen den Kindern Freuden, Gefahren, Aufgaben, Beziehungen, Fragen, Erklärungen begegnen, von denen her sie wiederum ihre Lehrer, ihre Bücher, ihre Mitschüler brauchen oder sich selbst im Weitermachen neu orientieren. Die Lehrer müssen wissen, daß diese Hier-und-Jetzt-Erfahrungen so wichtig, nein, wichtiger sind als das, was sie als die Lebensprobleme der Schüler antizipieren."

### *6.1.2 Beschreibungsversuche*

Verschiedene Wissenschaftler haben versucht, das Schulleben systematisch aufzugliedern und durch Auflistung möglicher Aktivitäten zu veranschaulichen. Wir geben hierfür zwei Beispiele, die der Breite und Komplexität der Institution Schule und ihres „Lebens" gerecht werden.

*Keck* und *Sandfuchs* (1979, 22 f.) heben fünf *Aspekte* des Schullebens hervor:

„– Schulleben bricht den formalisierten Umgang der Schule mit den Lernenden und den Lerngegenständen zugunsten von mehr Lebensnähe auf (Erkundungsstrategien).
– Schulleben bezieht Freizeit in die Unterrichtsgestaltung mit ein.
– Schulleben ermöglicht Selbstaktivitäten des Schülers durch Öffnen der Raumgegebenheiten (Schülerbibliothek, Medien- und Spielothek, Spiel-, Sport- und Freizeitflächen, Schaukästen, Gestaltung der Wände durch die Schüler).
– Schulleben ermöglicht den häufigen Gang aus der Schule heraus in Form von Praktika, Erkundungen, Ausflügen, Fahrten und Lehrspaziergängen.
– Schulleben verknüpft die Schule mit anderen Lernorten wie Elternhaus, Schullandheim, Betrieb, Theater, Museum, Bücherei und Kommunikatonszentren."

*Ipfling* (1979, 16) unterscheidet vier *Inhaltsbereiche* des Schullebens:

„ Schulleben durch Ausstattung:
– Wohnliche und ästhetische Gestaltung des Schulhauses und der Zimmer (auch unter Beteiligung der Schüler)
– Tier- und Pflanzenhaltung
– Schülerbücherei
– Aufenthalts- und Spielbereiche
– Funktionsräume und Freiflächen

Schulleben durch methodische und inhaltliche Maßnahmen:
- Projekt- und Vorhabenunterricht
- Freizeitangebote (Hobby-Gruppen, Spiel-Gruppen)
- freie Arbeitsgemeinschaften
- Öffnung der Schule für sog. schulfremde Personen (Experten, Handwerker, mithelfende Eltern)

Schulleben durch Ordnungsformen:
- gemeinsam erstellte, verbindliche Hausordnung
- gewisse Gewohnheiten (z. B. Grüßen)
- Pausenordnung, Ordnung beim Kommen und Gehen, Schülerlotsen
- Arbeitshygiene, Tagesablauf
- Gebet, Andacht
- Schulzeitung
- Schülermitverwaltung, -verantwortung, Ämter
- Tutorien, Helfersysteme, Patenschaften
- Erweiterung zur Schulgemeinde, Schulverein

Schulleben durch Veranstaltungen/Aktionen:
- Öffentliche Veranstaltungen wie Ausstellungen, Konzerte, Theaterspiel, Bazar
- Fahrten, Schulreisen, Exkursionen, Schulwanderungen und -ausflüge, Erkundungen, Museumsbesuche
- Schullandheimaufenthalte, Zeltlager, Wochenendseminare, Schüleraustausch
- Feste, Feiern, Spiel, Sport, Musisches".

### *6.1.3 Beispiel aus dem Schulleben: Pausengestaltung*

Es ist nicht beabsichtigt, in diesem Buch praktische Hinweise zur Gestaltung des Schullebens zu vermitteln; dafür steht genügend Literatur zur Verfügung (u. a. *Lassahn* 1969, *Barsig/Berkmüller/Sauter* 1979, *Keck/Sandfuchs* 1979, KEG 1979, *Schmaderer* 1979, *Weber* 1979, *Struck* 1980). Wohl aber soll an einem Beispiel, der „pädagogischen Unterrichtspause" (*Struck*), deutlich gemacht werden, in welchen Schritten die erziehungswissenschaftliche Literatur zur Verbesserung des Schullebens beizutragen hofft.
Der erste Schritt ist eine kritische Diagnose dessen, was in solcher Pause gemeinhin geschieht (*Glöckel* 1979, 76):

„Der Pädagoge kann mit der Art und Weise, wie Schulpausen hierzulande üblicherweise verlaufen, nicht zufrieden sein: Kurz nach dem Klingelzeichen erhebt sich ein ohrenbetäubender Lärm im Schulhaus. Es ist, wie wenn das Ventil an einem überhitzten Dampfkessel geöffnet würde. Rudelweise rennen die Kinder die Treppen hinunter, drücken sich durch die Türe ins Freie, toben auf dem Hof umher, stoßen und raufen, entladen ihre aufgestauten Aggressionen, verursachen ein erschreckendes Maß an Unfällen (. . .).
Wieder andere wollen nicht in die Pause gehen, drücken sich in Schulzimmern und Toiletten herum, sind nur mit Mühe und Ärger in den Schulhof zu bringen, stehen dort gelangweilt oder verschreckt in den Ecken, haben offensichtlich kaum Freude an dieser Art von Pausen. Wenn das Klingelzeichen wieder ertönt, setzt der Sturm in die andere Richtung ein. Die Kinder rasen zur Treppe, verteilen sich an den Türen, werden von den dort aufgestellten Lehrern oder Schülerordnern mit barschen Worten oder Püffen zurückgehalten, lärmen die Treppe hinauf, erfüllen das Schulzimmer mit Unruhe, die nur langsam einer konzentrierten Arbeitshaltung weicht."

Der zweite Schritt ist ein Vorschlag zur Verbesserung der äußeren Bedingungen (*Glöckel* 1979, 79):

„Schon in der Anlage sollte der Schulhof gegliedert sein:
- Zonen der Bewegung über eine größere Fläche bieten Raum für Lauf- und Fangspiele. Aufgemalte Markierungen für kleinere Feldspiele (Völkerball, Kleinvölkerball, Korb-, Basketball u.a.) können u. U. auch während der Sportstunden benützt werden, sofern der Lärm die Klassen nicht stört.
- Zonen der kleinräumigen Bewegung sind vorteilhafterweise in eigenen Buchten abgesondert und geschützt. Hier ist Platz für Gummitwist, Seilspringen, Rollenspiele, Tanzen usw. Markierungen für Hüpfspiele, Kreis- und Reigenspiele, Schusserlöcher, Malwände, eine Bretterwand mit ausgeschnittener Kasperlbühne, eine Ballwand für die Geschicklichkeitsübungen besonders der Mädchen, Basketballringe ergänzen das Angebot. Etwas mehr Raum fordern Klettergerüste, -wände oder -netze, Kletterberge aus verschieden hohen Baumstämmen, ein Sechs- oder Achteckreck mit verschieden hohen Stangen, waagrecht befestigte Baumstämme zum Balancieren, breite, besser an einem Erdhang als an einem Gerüst befestigte Rutschen, eine fensterlose Hauswand mit aufgemalten Zielscheiben für das Werfen mit Tennisbällen und das gefahrlose Schneeball-Zielwerfen im Winter.
- Nischen der Ruhe sind mit Sitzgelegenheiten, die nach Regen rasch wieder trocknen, z. B. Holzdielen mit Löchern, halben Holzfässern, Bündeln von alten Autoreifen o. ä. ausgestattet. Sie sollten teilweise im Schatten von Bäumen oder Gebäuden stehen, damit sie auch bei heißem Wetter gerne aufgesucht werden. An einer Informationswand oder ‚Litfaßsäule‘ können Aushänge und Plakate studiert werden, die für die Kinder von Belang sind.

  Ein Teil der Gesamtfläche sollte überdacht sein, damit sie auch bei schlechtem Wetter genützt werden kann; funktionierende Trinkwasserbrunnen, eine ausreichende Zahl von Abfallkörben sollte eine Selbstverständlichkeit sein.“

Der dritte Schritt schließlich enthält eine programmatische Perspektive, zwar nicht undurchführbar, aber eher die pädagogische Ausnahme (*Struck* 1980, 88 ff.):

„Die wohl wichtigste Dimension einer pädagogischen Unterrichtspause ist allerdings die *Person des Lehrers* selbst. Der Lehrer, der sich nach Vollendung seines Unterrichtsauftrags mit dem Läuten in die Burg des Lehrerzimmers vor der Konfrontation mit den Schülern flüchtet, entzieht sich eines entscheidenden Teils seiner erzieherischen Aufgabe. Der Lehrer muß sich, soweit es seine Kräfte erlauben, in die Pause miteinbringen. Er muß bereit sein, sich den Fragen seiner Schüler zu stellen, muß ihnen das Gefühl geben, für sie Zeit zu haben, ihnen zuhören zu können, und er muß sich ihren Erlebnissen und Nöten widmen können. Er sollte sich daraufhin trainieren, derartige Dialoge nicht als Belastung, sondern als Entspannung zu empfinden, wenn er die nur außerhalb des Unterrichts mögliche emotionale Nähe zum Schüler als beglückende Steigerung des funktionalen Bezugs im Unterricht zu verspüren vermag. Pausengespräche gestatten einen sehr innigen Grad des von Martin *Buber* (1961) beschriebenen erzieherischen Ich-Du-Verhältnisses; sie ermöglichen Bindungen zwischen Lehrern und Schülern und eine größere erzieherische Effektivität als Unterrichtsgespräche, weil der Lehrer dem Schüler über sie direkter das Gefühl des Verstandenwerdens und des Ernstgenommenwerdens vermitteln kann. In der Pause vermag der Lehrer sich leichter als ganzer Mensch zu zeigen; er ist in ihr entspannter als in der Rolle des erziehenden Stundengebers.“

Die drei Texte illustrieren anschaulich, was *Institutionalisierung* bedeutet. Das in der Pause sich abspielende Schulleben, ursprünglich spontan und wildwüchsig, wird der Programmatik der Institution unterworfen, Regellosigkeit in Regelhaftigkeit transformiert. Der Ort natürlicher Wildheit wird zum „Hort der Kultur", wie es im Kap. 1 hieß. Traditionelle Spielformen als Kunstprodukte unserer Kultur, die allgegenwärtigen Informationsvermittler und nicht zuletzt der beflissen sich anbietende Pädagoge sorgen dafür, daß das Pausengeschehen von Grund auf zivilisiert wird – ein Gleichnis unserer menschlichen Kultur schlechthin. Man möchte meinen, *Kant* habe ein ähnliches Bild vor Augen gehabt, als er schrieb (Ausg. 1968, 13):

„Es ist niemand, der nicht in seiner Jugend verwahrlost wäre und es im reiferen Alter nicht selbst einsehen sollte, worin, es sei in der Disziplin oder in der Kultur (so kann man die Unterweisung nennen) er vernachlässigt worden. Derjenige, der nicht kultiviert ist, ist roh, wer nicht diszipliniert ist, ist wild. Verabsäumung der Disziplin ist ein größeres Übel, als Verabsäumung der Kultur, denn diese kann noch weiterhin nachgeholt werden. . . Es ist entzückend, sich vorzustellen, daß die menschliche Natur immer besser durch Erziehung werde entwickelt werden. . ."

### *6.1.4 Deutungsversuche des Schullebens*

Wir haben bisher versucht, das Phänomen Schulleben begrifflich aufzuhellen und am Beispiel der Pausengestaltung zu zeigen, wie die fundamentalen Absichten der Institution sich nicht nur des Unterrichts, sondern auch des Schullebens bemächtigen. Versuchen wir nun, das Schulleben noch unter anderen Aspekten zu verstehen, indem wir verschiedene wissenschaftstheoretische Ansätze zu Hilfe nehmen.

Im Rahmen der *Systemtheorie* ist das Schulleben einer Schule zunächst als ein Versuch zu deuten, sich von anderen Systemen (= Einzelschulen) durch einen besonderen Sinnentwurf abzugrenzen. Das System Schule bietet seinen Mitgliedern (Schülern, Lehrern und auch Eltern) Orientierungsmuster, die zur Habitualisierung und Identifizierung beitragen (vgl. die vier Lösungsversuche nach *Czinczoll* S. 99). Die Tendenz zur unveränderlichen Beibehaltung (Invarianz) dieser Formen ist stark, so daß die im System „lebenden" Menschen darin ihre Festigkeit finden.

Solche systemtheoretischen Erklärungen werden durch die *Institutionenlehre Gehlens* (1904–1976) verdeutlicht und bekräftigt (1956; 1986, 23):

„Anthropologisch ist das Thema der Bildung von Gewohnheiten von großer Bedeutung, schon weil alle Institutionen als System verteilter Gewohnheiten gelebt werden. Gewohnheiten gibt es auf jeder Höhenlage, natürlich auch im Geistigen und Moralischen, sie sind also nicht ‚unbewußt', oder nicht notwendig unbewußt, ihre Pointe ist vielmehr die Entlastung vom Aufwand improvisierter Motivbildung.

Diese Entlastung geschieht nun in sehr wichtigen Fällen so, daß die Motivbildung an umschriebenen Bestandstücken der Außenwelt festgemacht wird, so daß das Verhalten von der Stabilität der Außenwelt her seine Dauergarantie bezieht. Objektive Gegenstände als ‚Symbole' können daher auch sehr hochgetriebenen und komplexen Entscheidungslagen eine Außenstütze gewähren."

Das Zitat zeigt, wie nahe die Gedanken *Gehlens* dem *symbolischen Interaktionismus* stehen. Die im Schulleben verankerten Verhaltensmuster werden dort als Rituale verstanden, als typische Szenen, die einen symbolischen Gehalt ausdrükken. Beispielsweise schreibt *Wellendorf* (1979, 105):

„Ein schulisches Ritual, in dem der Aspekt der Leistung häufig eine wichtige Rolle spielt, sind Sportfeste (besonders für höhere Klassen). Sie sind eine öffentliche Darstellung 1. institutioneller Solidarität, 2. der verläßlichen Leistungsorientiertheit im Medium des Sports und 3. der ‚Natürlichkeit' der schulischen Leistungsforderungen."

Betrachten wir das Schulleben unter dem Aspekt des *Funktionalismus,* so zeigt sich eine starke Tendenz zur Integration, zur Stiftung von Loyalität gegenüber der Institution. Als Beispiel möge die unten abgedruckte Hausordnung einer Hauptschule dienen. Demgegenüber tritt der Aspekt der Allokation/Selektion weitgehend zurück, denn Schulleben ist in der Regel ein zensurenfreier Raum. Auch werden eher extrafunktionale Qualifikationen erworben als spezifische Schulleistungen erbracht.

Den bisher erwähnten sozialwissenschaftlichen Theorien, die zur Erklärung des Phänomens Schulleben herangezogen werden können, steht die *pädagogisch-erziehungswissenschaftliche Deutung* gegenüber. Sie läßt sich in drei Punkten darstellen:

- Schulleben bringt „pädagogische Atmosphäre" (*Bollnow* 1964) hervor, schafft einen Raum, in dem Erziehung und Bildung gedeihen sollen. Unser Beispiel intentionaler Pausengestaltung veranschaulicht, mit welchen Mitteln die Atmosphäre pädagogisiert wird.
- Schulleben beruht auf dem „pädagogischen Bezug" (*Nohl* 1933 u. ö.) zwischen Erziehenden und Erzogenen und auf der Interaktion der Schüler untereinander. Das Pausenbeispiel demonstriert, wie hier soziales Lernen unter der regelnden Anleitung von Erwachsenen geschieht.
- Schulleben ist auch als absichtlich herbeigeführte Gelegenheit zu betrachten, Kindern kulturelle Leistung nahezubringen. Feste und Feiern ermöglichen und veranlassen kulturelles Lernen (*Biller* 1980, 96 ff.), dasselbe kann bei Schulausflügen und Klassenfahrten geschehen. Schulleben tritt dabei als gleichwertige Bildungsmöglichkeit neben den Schulunterricht.

*Hausordnung unserer Hauptschule*

Wir wollen Unfälle vermeiden

1. Wir rennen nicht auf den Gängen, auf den Treppen, auf dem Schulhof.
2. Wir raufen nicht.
3. Wir gehen auf den Treppen immer rechts.
4. Wir setzen uns nicht auf die Fensterbänke.
5. Wir wollen unsere Mitschüler nicht gefährden (z. B. durch Fußstellen, Stoßen).
6. Wir ziehen nie einem sich setzenden Schüler den Stuhl weg.
7. Wir lassen alle Schlag-, Schuß- und Stichwaffen zu Hause.
8. Wir fahren nie auf dem Schulhof mit dem Fahrrad.
9. Wir machen aus dem Schulhof keine Schleifbahn.
10. Wir werfen nicht mit Steinen und Schneebällen auf dem Schulhof.

Wir wollen einen geordneten Unterricht
1. Wir bleiben beim Stundenwechsel im Klassenzimmer oder begeben uns leise und zügig in den Fachraum.
2. Wir verhalten uns während des Unterrichts auf den Gängen ruhig.
3. Wir halten uns nach dem Eintreffen in der Schule oder nach der Pause nur im Klassenzimmer auf.
4. Während der Wartestunden sind wir im Aufenthaltsraum.
5. Nach dem Unterricht verlassen wir Schulhaus und Schulhof rasch.

Wir wollen eine saubere Schule
1. Abfälle werfen wir in den Papierkorb (im Gang, im Hof, im Zimmer).
2. Wir achten darauf, daß unser Unterrichtsraum sauber verlassen wird.
3. In den Toiletten wollen wir besonders auf Sauberkeit achten.
4. Wir betreten die Unterrichtsräume nur mit Hausschuhen.

Wir wollen eine schöne Außenanlage
Wir halten den Rasen schön sauber und betreten ihn nicht.

Laß andere nicht für Dich aufräumen! Tu es selbst! Hilf Schülern, die die Ordnung noch nicht kennen! Vor allem: Nimm Rücksicht auf andere!
(*Landherr* 1979, 56).

## 6.2 Schulklima: die Visitenkarte der Einzelschule

Das Spektrum möglicher Formen des Schullebens, das *Czinczoll* (S. 99) entworfen hat, entspricht ohne Zweifel Lösungen, die in der Realität unseres Schulwesens annähernd so vorkommen. Die Einzelschule kann somit einen Eigencharakter entwickeln, kann als Individualität betrachtet werden. Das Großsystem Schulwesen läßt seinen Subsystemen Raum zur Ausdifferenzierung, die Schulverwaltung gestattet eine begrenzte Selbständigkeit der Einzelschulen (vgl. Kap. 2). Im folgenden Abschnitt sollen Ursachen und Folgen solcher Individualität unter dem Stichwort „Schulklima“ verhandelt werden.
Vorweg eine begriffliche Unterscheidung: Das *Schulleben* umfaßt primär die sozialen *Interaktionen* und extracurricularen Aktivitäten innerhalb einer Einzelschule, das *Schulklima* mehr die situativen und emotionalen *Bedingungen,* die an dieser herrschen. Beide sind natürlich aufs engste miteinander verknüpft:

„Unter Schulklima verstehen wir also das, was Schüler und Lehrer schaffen, wenn sie die für sich allein toten gesetzlichen und institutionellen Regelungen von ‚Schule halten‘ zu *lebendigen* Interaktionsformen des Lehrens und Lernens gestalten. In diesem Prozeß der *Verlebendigung* institutioneller Regelungen entstehen soziale Abläufe in der Schule und in der Klasse, deren Merkmale uns hier beschäftigen werden. Unter Schul- bzw. Klassenklima fassen wir somit nicht alle Merkmale der schulischen *Umwelt* zusammen, sondern wir erfassen primär solche, die sich aus unterschiedlichen Formen ergeben, wie das ‚Sozialisationsgeschäft‘ in der Schule gestaltet wird. Dazu konzentrieren wir uns auf Merkmale der sozialen Interaktion in Schule und Klasse, darauf, welche subkulturellen Erwartungen im Vordergrund stehen (z. B. Leistung, Disziplin oder Bildung), welche Beziehungsformen entstehen (z. B. feindselige oder vertrauensvolle) und in welcher Weise die kulturellen Erwartungen durchgesetzt werden (z. B. autoritär oder liberal). Wir betrachten somit unter der Perspektive des Schulklimas Erscheinungsformen des sozialen *Lebens* in der Schule und in der Klasse" (*Fend* 1977, 15 f., Hervorhebungen durch uns, vgl. auch Grundlagentext 6.3).

### *6.2.1 Verschiedenheit der Einzelschulen*

Jedermann weiß, daß die Schulen ein und derselben Schulart innerhalb einer Stadt einen unterschiedlichen Ruf genießen, ein „individuelles Klima" haben. Mehr noch als diese subjektive, wenngleich offenkundige Erfahrung sprechen die Untersuchungsergebnisse wissenschaftlicher Erhebungen eine klare Sprache.
*Fend* stellte in seinen in der Bundesrepublik durchgeführten Untersuchungen eine „große Variation im Klima von Schule zu Schule, von Stadt zu Land, von Schulform zu Schulform und von Schulsystem zu Schulsystem" fest (1977, 216).
Die international bekannte *Rutter*-Studie über Londoner Sekundarschulen kam zu folgendem Ergebnis (1980, 69):

„Andererseits scheint jedoch auch jede einzelne Schule als Institution ihren eigenen Stil, ihr eigenes pädagogisches Konzept, ihre eigene Zielvorstellung und ein ganz bestimmtes Ethos zu entwickeln. Unser Anliegen war daher, Unterschiede zwischen Schulen zu untersuchen. Die Ergebnisse zeigen, daß solche Unterschiede nicht nur in der Tat bestehen, sondern daß sie sich auch in vielfältiger Weise auf die Situation der Schüler auswirken."

Im Auswertungsbericht der Projektgruppe Gesamtschule der BLK wird im Konsens der aus unterschiedlichen bildungspolitischen Lagern stammenden Berichterstatter eingeräumt (BLK 1982, 643):

„Weder das Schulsystem noch Teile desselben, wie z. B. Größe (Schülerzahl, Schulbau) sind pädagogisch absolute Größen. Es kommt aber in der Praxis des Schulalltags immer wieder darauf an, in welcher Form vorgegebene Bedingungen für pädagogisches Handeln sinnvoll genutzt werden und wie schulisches Geschehen durch ihre wichtigsten Träger gestaltet wird. . . So ist es auch im Bereich Einstellungen, Verhalten und Schulklima ein wichtiges Ergebnis, daß die ermittelten Einstellungsunterschiede eher auf die einzelne Schule und des für sie typischen pädagogischen Klimas zurückzuführen sind als auf die Wirkung des Faktors Schulsystem, dessen statistisch ermittelter Anteil an der Gesamtvarianz der Einstellungsdimensionen in der Mehrzahl der Fälle relativ gering ist."

Unser Fazit ist also gut abgesichert: Nicht nur die Alltagserfahrung, auch eine Reihe empirischer Untersuchungen im In- und Ausland beweisen, daß sich Schulen durch ihr Schulklima mehr unterscheiden als durch das sie umspannende Schulsystem. Wodurch solche Unterschiede zustande kommen, soll im folgenden Abschnitt untersucht werden.

### *6.2.2 Welche Faktoren bewirken ein unterschiedliches Schulklima?*

Zunächst muß gefragt werden, ob es äußere Bedingungen einer Schule gibt, die das Schulklima fördern oder behindern können. Solche Bedingungen waren z. B. die erschwerten Verhältnisse bei der Wiedereröffnung der Schulen in der unmittelbaren Nachkriegszeit (Raummangel, Schichtunterricht, Heizstoffmangel,

Fehlen von Schulbüchern usw.). Doch stimmen die empirischen Erhebungen darin überein, daß sich „das Schulklima als erstaunlich unabhängig von allen diesen materiellen Bedingungen einer Schule erweist" (*Fend* 1977, 217): Weder die Größe der Klasse noch die Prozentverteilung von Jungen und Mädchen noch die soziale Zusammensetzung der Schüler noch die Qualität der Räumlichkeiten noch die vorhandenen Unterrichtsmittel u. a. haben nach der *Fend*-Untersuchung einen nennenswerten Einfluß auf das Schulklima ausgeübt.

Zum gleichen Ergebnis kommt die *Rutter*-Studie (1980, 210):

> „Die schulspezifischen Ergebnisunterschiede waren nicht auf strukturelle Bedingungen – Gesamt-Schülerzahl, Alter der Gebäude, räumliche Kapazität usw. – zurückzuführen. Die Frage der Trägerschaft spielte zudem ebensowenig eine Rolle wie die weitreichenden Unterschiede im organisatorischen Bereich. Schulen mit wenig verheißungsvollen, eher unansehnlichen Räumlichkeiten konnten durchaus – auch unter verschiedenen administrativen Voraussetzungen – gute Ergebnisse erzielen."

Daß auch der Faktor Schulsystem eine untergeordnete Rolle spielt, belegt der eben angeführte Bericht der Bund-Länder-Kommission (vgl. Anmerkung 12).

Gehen wir von den äußeren Bedingungen auf die innere Gestaltung des Schulklimas über. Sie ist ganz offensichtlich von den Personen abhängig, die den Charakter einer Einzelschule prägen, und verdichtet sich schließlich in einem der sozialwissenschaftlichen Forschung nur schwer zugänglichen Konstrukt, das man umgangssprachlich den „Geist" einer Schule nennt (vgl. unsere Bemerkungen zum „Klassengeist" Kap. 3, S. 47 f.). Er wird von verschiedenen Faktoren mitbestimmt:

### Die Rolle des Schulleiters

> „Der Schulleiter trägt die Verantwortung für die pädagogische Arbeit und die Verwaltung der Schule entsprechend den Rechts- und Verwaltungsvorschriften. Er vertritt die Schule nach außen. In Erfüllung seiner Aufgaben ist der Schulleiter gegenüber den Lehrkräften . . . weisungsberechtigt" (§ 72,2 des Schulgesetzes Schleswig-Holstein).

Die gesetzlichen Bestimmungen der Länder weisen dem Schulleiter eine zentrale Position innerhalb der „pädagogischen Arbeit" zu (*Flössner* 1980). Von ihm hängt die pädagogische Linie der einzelnen Schule ab. Wenn eine der vier Lösungen, die der Schulleiter *Czinczoll* erörtert hat (S. 99), *überwiegend* praktiziert wird, so ist dafür der „Chef" verantwortlich.

### Die Wertmuster des Lehrerkollegiums

„Wie wichtig ist das, was Lehrer denken, was sie hoch bewerten und niedrig einschätzen, für das Klima an einer Schule?" Auf diese seine Frage antwortet *Fend* (1977, 162 u. 179) aufgrund seiner Untersuchungsergebnisse: „Unser Gesamteindruck ist der einer beeindruckend großen Bedeutung der Meinungsmuster und Wertorientierungen der Lehrer für die Gestaltung des Schulklimas."

Wiederum bestätigt die *Rutter*-Studie (1980, 220) diese Ergebnisse:

„Betrachtet man die Schule insgesamt, so geht es (abgesehen von Versammlungen und ähnlichen Veranstaltungen), anders als im Unterricht, weniger um die Art und Weise des ‚Umgangs' mit einer Gruppe von Kindern, die zu einem bestimmten Zweck für eine begrenzte Zeit in einem bestimmten Raum zusammenkommen, sondern vielmehr darum, welche Wertorientierungen und Normen als allgemeinverbindlich definiert sind, inwieweit diese Wertorientierungen und Normen durchgängig Bestand haben und inwieweit sie von den Schülern akzeptiert werden."

Darüber hinaus ist aber das konkrete Verhalten der Lehrer von Bedeutung (*Rutter* u.a. 222):

„Das Verhalten der Lehrer wirkt innerhalb einer Schule gewissermaßen als normatives Modell. . . ‚Positive' Modelle wurden z. B. dort angeboten, wo man sich um die Pflege und Instandhaltung der Schulgebäude bemühte, und wo die Lehrer ihren Schülern jederzeit zu einem Gespräch über persönliche Anliegen zur Verfügung standen. Unter diesen Bedingungen entsteht das Bewußtsein, daß die Schule Achtung verdient und demzufolge auch äußerlich in gutem Zustand gehalten werden sollte, und daß die Lehrer Zeit aufbringen, weil sie die Sorgen ihrer Schüler ernstnehmen."

Eingangsvoraussetzungen bei den Schülern

Man möchte annehmen, daß das, was die Schüler in die Schule einbringen – nämlich ihre Leistungsfähigkeit und -bereitschaft, ihre Vorbildung, ihre Schichtzugehörigkeit, ihr angelerntes Sozialverhalten u. ä. – die Ausgestaltung des Schulklimas und Schullebens nachhaltig beeinflussen müssen. „Überraschenderweise" hat dies jedoch die *Rutter*-Studie nicht erweisen können: „Der Einfluß der Zugangszusammensetzung (war) weder für das Verhalten der Schüler in der Schule noch für den Ablauf des Schulalltags . . . von Bedeutung" (1980, 191).
Damit ist nicht gesagt, daß die faktische Zusammensetzung der Schülerschaft, ihre soziale Gruppierung, der Einfluß ihrer Meinungsführer das Schulleben nicht mitgestalten. Aber die empirischen Ergebnisse gestatten doch, von der ausschlaggebenden Wirkung des Lehrerkollegiums unter seinem Leiter zu sprechen. Beide zusammen sind ja der stabile, jahrgangsübergreifende Faktor einer einzelnen Schule, ein Faktor, der den „Schulgeist" von Schülerjahrgang zu Schülerjahrgang bestimmen kann und möchte.

Das Konzept des „Schulethos"

*Rutter* und seine Mitarbeiter haben diesen Geist der Schule „Schulethos" genannt. Sie fassen ihre Ergebnisse so zusammen (1980, 226): „Die ‚Atmosphäre' einer Schule hängt zum großen Teil davon ab, inwieweit diese Schule ein zusammenhängendes Ganzes darstellt, inwieweit, m.a.W., im Hinblick auf bestimmte Ziele und Methoden ein Konsens besteht, der vom ganzen Kollegium getragen wird."
Die Studie fragt abschließend (*Rutter* u.a. 1980, 239).

„Aber wie kommt es zur Entstehung eines bestimmten ‚Schulklimas', wie stabilisiert sich dieses ‚Ethos', wodurch verändert es sich? Welche Umstände führten dazu, daß sich zwölf Schulen (sc. in England), die ähnliche Ziele verfolgten und Kinder aus einem relativ homogenen Einzugsgebiet unterrichteten, in der Praxis soweit auseinanderentwickeln konnten? Ein Teil der Erklärung hängt zweifellos mit der Tradition dieser Schulen und mit äußeren Bedingungen zusammen, die durch die Schulen selbst nicht zu beeinflussen waren. Aber auch die jeweilige ‚Philosophie' und der Arbeitsstil der Schulen spielten eine wichtige Rolle. Mitentscheidend ist offensichtlich auch der Einfluß des Schulleiters."

### *6.2.3 Identifikation mit der Schule*

Unter Identifikation mit der Institution Schule verstehen wir ein durch positives Schulklima entscheidend mitgeprägtes Schülerverhalten, das sich vornehmlich in Stolz auf die Schule, Engagement für unterrichtliche und außerunterrichtliche Aktivitäten und durch Partizipation an schulischen Gremien ausdrückt. Schulen sind wie alle sozialen Systeme und Institutionen auf die Loyalität, mehr noch die aktive und emotionale Unterstützung durch ihre Klientel – Schüler und Eltern – angewiesen, sofern sie nicht in Legitimationskrisen geraten wollen.

Wir sind der Meinung, daß eine emotionale Verbundenheit der Schüler mit ihrer Schule im ausländischen, besonders im angelsächsischen Schulwesen häufiger und intensiver hergestellt wird als in der Bundesrepublik (vgl. *Westphalen* 1985, 429 f.). Sicher sind dort die Voraussetzungen anders als bei uns; der in der jeweiligen Gesellschaft vorherrschende kulturelle Geist läßt sich nicht voll vergleichen. Die wesentlichsten Unterschiede dürften sein:

- Englische und amerikanische Schulen sind selbständiger, werden vom Staat, wenn überhaupt, am lockeren Zügel gehalten.
- Die Schüler sind zeitlich länger, meist auch am Nachmittag, in der Schule, die damit zu einer echten Lebensstätte wird.
- Die Schule ist weit stärker in das gemeindliche Leben eingebettet als hierzulande, gewissermaßen als kleines Kulturzentrum und als sozialer Treffpunkt.
- Die Schulen blicken auf eine lange Tradition des Wettbewerbs untereinander zurück; um dabei bestehen zu können, müssen sie sich um „excellence" bemühen.
- Man hat im Ausland ein ungebrochenes Verhältnis zur Leistung, freut sich über jedes hervorragende Ergebnis, sei es bei den Prüfungen oder im Sport oder anderswo.

Nach unserer Ansicht ergibt sich der entscheidende Unterschied aus den beiden letztgenannten Punkten. Identifikation wird vor allem durch den Stolz auf gemeinsam erbrachte Leistungen erzeugt. *Höhne* hat in seinem Buch „Jugend und Leistung" (1978) gezeigt, wie das agonale Prinzip des Wettbewerbs in besonderem Maße dem jugendlichen Alter entspricht. Leistung freilich muß dann jugendgemäß und pädagogisch verstanden werden, als Freude am rechten Können. Stolz auf das endlich Vollbrachte, auch als legitime Genugtuung darüber, einmal besser gewesen zu sein als andere.

Unser Fazit lautet somit, daß es unseren Schulen nicht schadet, zueinander in Konkurrenz zu treten, miteinander um den besseren Schulgeist, das angenehmere Schulklima, das intensivere Schulleben zu wetteifern. Natürlich geht es nicht um ein übersteigertes „Wir-Gefühl“, das sich blindlings als überlegene, als Eliteschule versteht; hiervon sind unsere Schulen, von Ausnahmen abgesehen, meilenweit entfernt. In aller Bescheidenheit ist vielmehr eine soziale Verbundenheit und Aktivität anzustreben, die Schulverdrossenheit abbaut und durch überzeugte Bejahung der Schulgemeinschaft ersetzt.

## 6.3 Wieviel Schulleben verträgt die Schule?

Ein Realschullehrer (*Rossa* 1985, 206 f.) schreibt:

„Hetze und Atemlosigkeit bestimmen weitgehend unsere Schularbeit, der Stoffwust ist unter diesen Umständen schier nicht zu bewältigen. Alle ‚Ablenkungen‘ müssen daher wegfallen, es bleibt nur noch die Arbeit unter großem Zeitdruck; zur gründlichen Einführung eines neuen Stoffes haben wir oft zu wenig Zeit, zur Anwendung und Übung ebenfalls – für ‚unterrichtsfremde‘ Dinge (die aber sehr wohl mit Schule etwas zu tun haben) fehlen erst recht Gelegenheit und Muße.
So droht Schule humorlos und freudlos zu werden. Stoffpläne, Prüfungsanforderungen und die Zahl der laut Verwaltungsgericht und Schulordnung zu erbringenden Leistungsnachweise diktieren den Arbeitsstil; Gelassenheit, Ruhe und Freude kommen zu kurz. Schulfeste und Schulfeiern haben eigentlich in dieser Hektik keinen Platz, sie verschlingen Zeit und Kraft, ohne etwas für abprüfbare Leistungen zu erbringen.“

Das ist die Stimme des Praktikers, durchaus repräsentativ für Lehrer aller Schulformen. Der Erziehungswissenschaftlicher *Lassahn* bringt die Sache auf den Punkt (1981, 350 f.):

„Auch in den gegenwärtigen Publikationen bleibt Schulleben nichts weiter als dringende Forderung. Die Schulwirklichkeit wird durch andere Faktoren normiert. Im Mittelpunkt steht immer noch der Unterricht, dieser ist in Stunden eingeteilt. Es gibt keine Unterrichtsstunden für Schulleben. Wird es an einer Schule entfaltet, müssen die Lehrer die Zeit vom Stundenplan abzweigen oder aber die Veranstaltungen in die unterrichtsfreie Zeit verlegen, was von Lehrern, Schülern und Eltern zusätzliches Engagement erfordert. . . Gegenwärtig praktizierte Formen (sc. des Schullebens) finden sich deshalb beschränkt auf die Landerziehungsheime, einige Privatschulen, freie Waldorfschulen und solche staatlichen Schulen, die die Vorrechte des Versuchsstatus besitzen (einige Gesamtschulen). In allen anderen Schulen, und das ist die übergroße Mehrheit, bleibt ein Schulleben Forderung, oder, wo es vorkommt, ist es Ergebnis eines zusätzlichen Kraft- und Zeitaufwandes einiger weniger engagierter Lehrer und Eltern.“

Die Aussage der beiden Stimmen ist bestürzend: Schulleben als Schimäre, als theoretisches, aber in der Praxis unerfüllbares Postulat? Der Praktiker verweist auf Stoffülle und Zeitnot, auf Prüfungsdruck und Verrechtlichung der Schule; der Theoretiker sieht im vorherrschenden Selbstverständnis der Schule als einer Unterrichtsanstalt den Verhinderungsgrund eines erziehlichen Schullebens. Zur Lösung dieses Dilemmas sind wir auf die Theorie der Schule zurückverwiesen.

### *6.3.1 Grundfrage: Wozu ist die Schule da?*

Die schultheoretische Grundfrage lautet: Was ist der eigentliche Schulzweck? Ist die Schule eine Sozialisationsagentur im Interesse der Gesellschaft, welch letztere die jungen Menschen zu integrieren, zu qualifizieren und zu selektieren wünscht, um sich selbst zu reproduzieren, d. h. ihren gedeihlichen Fortbestand zu sichern? Eine Institution, die im wesentlichen auf Allokation abzielt? Oder ist sie eine Bildungsstätte sui generis, die dem Individuum so viele Lern- und Erfahrungsmöglichkeiten wie nur denkbar bereitzustellen hat? (Vgl. dazu auch die Darstellung der Problemgenese in Kap. 1.)

Bei näherem Hinsehen teilt sich die Meinung darüber in zwei Lager, die teils dem Sozialisationsprinzip, teils dem Bildungskonzept anhängen. Die einen vertreten eine Leitidee von Schule, die auf Erfolg, Leistung und Effizienz ausgeht und jeglichen ‚Firlefanz' als Ablenkung vom Hauptziel des Lernens ablehnt; die anderen streiten für eine Schule, die – als kind- und jugendgerechter Lebensraum – den Schülern „Spaß", Zufriedenheit und individuelle Bildung ermöglicht. Wohl wissend, daß es sich hier um eine vereinfachende Polarisierung handelt, wollen wir beide Konzepte noch etwas ausführen, denn letzten Endes hängt es von ihnen ab, in welchem Ausmaß ein Schulleiter mit seinem Kollegium die Ausgestaltung des Schullebens für sinnvoll hält.

#### Schule sozialisiert für gesellschaftliche Leistung

Die Argumente für das Sozialisationskonzept stammen aus gesellschaftspolitischen Gedankengängen und sozialwissenschaftlichen Theorien, die dem Leser dieses Buches größtenteils schon bekannt sind. Wir fassen sie kurz zusammen: Die zentralen Begriffe des „harten" Konzepts von Schule sind Lernen, Leistung, Unterricht und Erfolgskontrolle („Leistungsmessung"). Das Hauptargument ist schlüssig: Gerade dafür steht dem Heranwachsenden keine andere Institution zur Verfügung als die Schule; ihr Hauptzweck und ihre eigentliche Kompetenz ist eben die Verwirklichung dieser pädagogischen Aufgabe.

Der traditionelle Kronzeuge des Konzepts ist *Hegel* (vgl. Grundlagentext 1.1). Für ihn ist der eigentliche Schulzweck darin zu sehen, daß die Schule dem jungen Menschen in einer Übergangsphase (noch ohne persönliche Verantwortung des Schülers) zeigt, was Leistung in unserer Gesellschaft bedeutet: die Erfüllung einer sachlichen Aufgabe ohne Ansehen der Person.

*Hegels* Gedanken fanden in J. *Schulze,* dem langjährigen Leiter des preußischen höheren Schulwesens, einen eifrigen Verfechter. Nicht zuletzt durch seine Amtsführung konnte sich die leistungsorientierte Schule im Sinne *Hegels* im Verlauf des 19. Jahrhunderts in Deutschland durchsetzen (*Furck* 1961 u. ö.; *Menze* 1986).

Aber auch in jüngster Zeit wird die Konzentration der Schule auf Unterricht eindringlich vertreten, vor allem von H. *Giesecke* (1986, 113):

„. . . nur in der Schule können sich systematische, ‚sinnvolle' Vorstellungen über die wesentlichen Dimensionen der gesellschaftlichen und kulturellen Existenz – über Politik, Wirtschaft, Kultur, Natur – aufbauen. Die Aufgabe der Schule wäre also, durch ‚wechselseitige Erschließung' (*Klafki*) Kind und Welt in einen produktiven Austausch zu verwickeln. . . Das kann nur die Schule leisten, und zwar durch das ihr eigentümliche Verfahren des systematischen, planmäßigen *Unterrichts*. Nur ein solcher Unterricht legitimiert eine Institution wie die Schule. . . Insofern ist die immer wieder erhobene Forderung nach einer besseren Verbindung der Schule mit dem Leben problematisch, soweit sie mehr meint als eine didaktische Strategie. Zum Wesen des Unterrichts gehört, daß Menschen sich zu diesem Zweck in eine bestimmte Sozialsituation begeben, die so im sonstigen gesellschaftlichen Leben nicht anzutreffen ist."

Eine starke Betonung der Leistung und des Unterrichts führt zu einer Auffassung, die die Schule in die Nähe der Arbeitsstätte in der Berufwelt rückt: Die Institution „Schule" ist dann weitgehend mit der Institution „Betrieb" identisch, der Schüler übt den Beruf des Lerners aus. Schon *Comenius* (1592–1670) verglich die Schule mit einem Fertigungsbetrieb, und „Schülersein als Beruf" ist der Titel eines Buches von J. *Muth* (1966), vgl. R. *Krüger* (1978). J. *Berndt* (1982, 12) stellt fest, „daß Erwachsenenarbeit und schulisches Lernen zahlreiche strukturelle Ähnlichkeiten aufweisen:

- In beiden Fällen sind die zu vollziehenden Tätigkeiten vorgegeben oder sogar detailliert vorgeschrieben; sie werden unter enger räumlicher und zeitlicher Bindung ausgeübt.
- In beiden Fällen werden Anforderungen an die Ergebnisse dieser Tätigkeiten gestellt; Nichterfüllung dieser Anforderungen ist mit Sanktionen bedroht; überdurchschnittliche Leistungen werden belohnt.
- Berufliche und schulische Arbeit beanspruchen den Menschen, lösen physische und psychische Reaktionen, akute und langfristige Veränderungen aus.
- Individuelle Leistungsvoraussetzungen spielen für beruflichen wie schulischen Erfolg eine dominierende Rolle.
- Beruf und Schule nehmen Erwachsene und Schüler in vergleichbarem Maß zeitlich in Anspruch.
- Die Umgebungsbedingungen, unter denen sich berufliche Arbeit oder schulisches Lernen vollziehen, wirken in durchaus vergleichbarer Weise auf Erwachsene und Schüler, auf den Arbeits- und Unterrichtsablauf, auf Arbeits- und Lernergebnisse ein.
- Beruflicher und schulischer Erfolg sind von ähnlicher Bedeutung für Selbstgefühl und Wohlbefinden, soziales Ansehen und materiellen Lebensstandard."

### Schule als kindgemäße Lebens- und Bildungsgemeinschaft

Das Gegenmodell einer Schule, der es weniger auf gesellschaftliche Leistungsanforderungen denn auf eine humane, kind- bzw. jugendgerechte Bildungsstätte ankommt, ist vor allem in der Reformpädagogik (*Gaudig, Petersen;* vgl. auch Grundlagentext 6.1) als Antithese zur Unterrichtsschule *Herbarts* und zur Leistungsschule *Hegels* entwickelt worden.

Nach dem Zweiten Weltkrieg stellte als erster A.S. *Neill* mit seinem Modell der antiautoritären Erziehung, verwirklicht im englischen Internat Summerhill, die Leistungs- und Unterrichtsschule radikal in Frage (1969, 42):

„Eltern sehen nur schwer ein, wie unwichtig der Lernunterricht in der Schule ist. Wie Erwachsene lernen auch Kinder, was sie lernen wollen. Prüfungen, Zensuren und Preise behindern nur die Persönlichkeitsentwicklung. Nur Pedanten behaupten, Bücherwissen sei Bildung."

Nicht unbeeinflußt von solchen Ideen versuchten auch eine Reihe deutscher Gesamtschulen in ihrer Anfangsphase, das leistungsbetonte, kognitive Lernen zugunsten des sozialen Lernens zurückzuschrauben. Freilich gingen sie nicht so weit wie *Brühweiler*, der eine „Mußeschule" forderte, an der dann auch ein entspanntes Schulleben gedeihen könne. Er begründete dies u. a. mit folgendem Argument (1971, 152):

„Hinzu kommt nun noch, daß unsere Erziehung und im besonderen die Schulen die Umstellung vom Homo faber auf den Menschen der Freizeitkultur erst noch zu bewerkstelligen haben. Denn unsere Schulen sind noch einseitig auf das künftige Erwerbsleben ausgerichtet, während es doch schon Aristoteles einleuchtete, ‚daß man auch für den würdigen Genuß der Muße erzogen werden und manches lernen muß'. . . . Die einseitige und engstirnige Leistungsschule hat sich bereits unmöglich gemacht, nicht nur weil sie den Menschen vernachlässigt, sondern auch weil sie für eine *menschliche* Zukunft nichts abgibt. Erziehung aus Muße, in Muße und zur Muße wird von umfassender Bedeutung."

In der Praxis der Schule als Institution stehen sich glücklicherweise die Gegensätze nicht so unversöhnlich gegenüber wie unsere idealtypischen Konzepte. Kein Schulleiter wird heute wagen, eine reine Lernschule durchzusetzen, keine Elternschaft würde eine dem Spielen und dem Feste-feiern hingegebene Schule tolerieren, sofern dies auf Kosten der Leistungsfähigkeit der Kinder ginge.
Doch vermögen die oft verschmitzten, oft verklemmten Methoden der praktischen Kompromißfindung den Beobachter vielfach nicht zu überzeugen. Da werden Schulfeste und Schulfeiern als „hilfreiche Auflockerung" (*Rossa* 1985, 207) empfunden und entpuppen sich als raffiniertes Mittel, als „didaktische Strategie" (*Giesecke*), durch Verbrämung der leistungsorientierten Grundkonzeption die Schüler wieder ein Stück weit fortzulocken in die Richtung, wo es *eigentlich* hingeht, nämlich zur Lern- und Leistungsanstalt.
Häufig wird Schulleben von den Lehrern als „zusätzliche Belastung" empfunden, wie H.-K. *Beckmann* (1985, 203) feststellt. Eine Belastung, deren Notwendigkeit man wohl einsieht („Schule sollte doch hie und da auch gerne besucht werden", *Rossa* a.a.O.), die aber nur von einem Teil des Kollegiums gern, vom anderen mit Zähneknirschen ertragen wird.

### *6.3.2 Homo faber – homo ludens*

Wenn Schulleben als didaktischer Trick, als lästiges Additum zum eigentlichen Schulzweck des Unterrichts oder gar als Instrument geschickter Public-Relation-Policy verstanden wird, so sind das Signale einer Verkrustung der Institution. Wir sind der Meinung, daß man das offenkundig vorhandene Spannungsverhältnis zwischen Schulleben und Instruktion positiver betrachten kann.
*Schulleben und Unterricht, Bildungskonzept und Sozialisationsprinzip* – wie immer man solche Antinomien ausdrücken mag, es handelt sich um polare Bestimmungen ein und derselben Institution. Sie sind in der Tat *komplementär*

aufzufassen: im Sinne des Aufeinander-angewiesen-seins. Wird der eine Pol unterbewertet, so entwickelt sich die Schule einseitig, wird zum Objekt des Hasses oder Spotts.
Halten wir die Pole gegeneinander. Für den Schulunterricht ist kennzeichnend der systematische Lehrgang, dessen Ziel die „Ordnung der Vorstellungswelt" vor allem (nicht nur!) mit Hilfe der Wissenschaften ist. Diesen Schulzweck hat Th. *Wilhelm* (1982, 45; vgl. dens. 1967/69) klar herausgearbeitet:

„Nur die Wissenschaften – das ist unsere These – können helfen bei dem verzweifelten Bemühen der Pädagogik, die Lernquanten zu ökonomisieren, die disparaten Gedächtnisbrocken in einen konstruktiven Zusammenhang zu rücken, die Frage nach dem Wissensnotwendigen überzeugend zu beantworten und in das Chaos der uns überwältigenden Informationsmassen Ordnung zu bringen."

Was der Schüler leisten muß, um die symbolischen Systeme, die unsere Welt zusammenfassen, zu bewältigen, läßt sich mit O. *Willmann* „Bildungsarbeit" nennen (1923, 15):

„Bildung ist *Ergebnis von Arbeit,* und zwar ebenso von der Arbeit des Subjektes selbst als von der Mitarbeit anderer; zum Bildungserwerbe gehört freitätiges Ergreifen eines geistigen Inhaltes – in diesem Sinne sprechen wir vom Bildungsstreben, vom Schöpfen der Bildung, Quellen derselben usw. – und gehören zugleich mehr oder weniger organisierte Veranstaltungen, deren Inbegriff das Bildungswesen ist."

Mit dem hier ausformulierten realistischen Bildungsbegriff, dessen Gefährdung im Kap. 1 beschrieben wurde, betreten wir die Brücke, die Unterricht mit Schulleben verbindet, die Pole verknüpft. Bildung heißt ja mit den Worten von W. v. *Humboldt,* daß der Mensch versucht, „soviel Welt als möglich zu ergreifen, und so eng, als er nur kann, mit sich zu verbinden" (1793/94; 1980, 235). Das ist weiter gefaßt als *Willmanns* Formel vom „freitätigen Ergreifen des geistigen Inhaltes". Die alleinige Vermittlung einer wissenschaftlich geordneten Kulturtradition, wie sie im Lehrplan verschrieben wird, reicht nicht aus, um „Welt" zu ergreifen. Das Curriculum des Lehrgangs muß ergänzt werden durch das Curriculum lebendig-aktueller Erfahrung. Hierzu leistet der Erlebnisraum des „Schullebens" einen nicht unbeträchtlichen Beitrag. Unterricht *und* Schulleben sind somit gleichermaßen in den „Konstituierungsprozeß der Person" (*Bittlinger* 1978) einzubinden. Wenn dabei die Bildungs*arbeit* mit dem *spielerischen* Erwerb von Bildung im weniger gestrengen Schulleben verknüpft wird, so spricht die Schule nicht nur den ‚homo faber' (den angestrengt Arbeitenden) an, sondern auch den ‚homo ludens' (den sich im Spiel Verwirklichenden).

### *6.3.3 Die Einzelschule auf der Suche nach Identität*

Die Balance zwischen Instruktionsschule und Schulleben zu halten, das ist eine fundamentale Aufgabe der Schule als Institution, mit einer langen, oft wenig erfreulichen Geschichte. Letztlich handelt es sich um die Suche nach Identität in sich rasch wandelnden historischen und sozialen Bezügen, um die Suche nach einer originalen Ausprägung dessen, was den „Geist", das „Klima" der Einzelschule ausmacht. „Nur durch sinnvermittelte Selektion können Systeme sich eine Welt konstituieren und in diesem Sinne ‚Subjekt' sein" (*Luhmann*). Schulleiter und Kollegium bestimmen das ihnen verantwortbar erscheinende Mischungsverhältnis zwischen Instruktion und Schulleben und beeinflussen hierdurch zu einem nicht geringen Teil die Welterfahrung ihrer Schüler.

In den jeweiligen Proportionen von Schulleben und Unterricht entfalten sich die kontingenten Möglichkeiten der Einzelschule. Gemeinhin pflegt das Übergewicht der lehrgangsmäßigen, systematischen Instruktion erdrückend zu sein. Alternative Konzepte, realisiert in den sog. Alternativschulen, zeichnen sich zumeist dadurch aus, daß sie die Lernschule zugunsten einer „Lebensschule" in vielfältiger Weise reduzieren. Welche Chancen und Konsequenzen solche Versuche haben, wird uns im folgenden Kapitel beschäftigen.

# Kapitel 7: Alternativen: Die andere Schule

## 7.1 Notwendigkeit alternativer Schulen?

„Wie lange glaubst du wohl, daß das auf dir so schwer lastende Bildungsgebaren in der Schule unserer Gegenwart noch dauern werde? Ich will dir meinen Glauben darüber nicht vorenthalten: seine Zeit ist vorüber, seine Tage sind gezählt. Der erste, der es wagen wird, auf diesem Gebiete ganz ehrlich zu sein, wird den Widerhall seiner Ehrlichkeit aus tausend mutigen Seelen zu hören bekommen. Denn im Grunde ist unter den edler begabten und wärmer fühlenden Menschen der Gegenwart ein stillschweigendes Einverständnis: jeder von ihnen weiß, was er von den Bildungszuständen der Schule zu leiden hatte, jeder möchte seine Nachkommen mindestens von dem gleichen Druck erlösen. . . Daß aber trotzdem es nirgends zur vollen Ehrlichkeit kommt, hat seine traurige Ursache in der pädagogischen Geistesarmut unserer Zeit; es fehlt gerade hier an wirklich erfinderischen Begabungen, es fehlen hier die wahrhaft praktischen Menschen, . . . welche gute und neue Einfälle haben und . . . wissen, daß die rechte Genialität und die rechte Praxis sich notwendig im gleichen Individuum begegnen müssen: während den nächternen Praktikern es gerade an Einfällen und deshalb wieder an der rechten Praxis fehlt".

*Nietzsche* sagte dies, vor über 100 Jahren, am 6. Februar 1872 in seinem zweiten Baseler Vortrag über die „Zukunft unserer Bildungsanstalten". Aber seine Worte sprechen immer noch aus, was viele Menschen von unserem staatlichen, institutionalisierten Schulsystem halten, dieses System, das allerdings ebenso viele Verteidiger findet.
Die wichtigsten Argumente heutiger Kritik und heutiger Verteidigung des Schulsystems lassen sich mit wenigen Sätzen einander gegenüberstellen

*Kritik:* Die Geschichte des deutschen Bildungswesens kennt drei schwere Enttäuschungen: Die Ideale *Humboldts,* der Reformpädagogik und der Bildungsreformphase sind entweder nicht eingelöst worden oder haben „mißratenen Fortschritt" gebracht. Der Charakter des Systems ist offenbar nicht prinzipiell veränderbar, ist unverbesserlich.

*Verteidigung:* Die Schule hat sich in ihrer Didaktik und Methodik und im Klima zum besseren verändert. Man vergleiche den Unterrichtsablauf, die Sozialformen und den Erziehungsstil der Lehrer einst und jetzt. Die Schule hat sich didaktisch geöffnet und humanisiert.

*Kritik:* Die Institution befindet sich in einer tiefen Legitimationskrise: Verlust des Informationsmonopols, Fragwürdigkeit des Kanons, Verdrängung des Bildungsbegriffes durch den Funktionalismus, Verzweckung des Lernens ohne entsprechende Gratifikation, daher ohne gebührende Akzeptanz.

*Verteidigung:* Krisengerede! Zu keiner Zeit hat Deutschland relativ zur Gesamtbevölkerung mehr Gebildete produziert. Die Verschiebung nach oben geschah auch qualitativ. Die kulturelle Nachfrage in der Bevölkerung steigt – nicht zuletzt dank unseres Schulsystems. Bildung hat Fortschritte gemacht!

*Kritik:* Wenn wenigstens der Durchbruch zum integrierten Schulsystem nach dem Vorbild fast der ganzen Welt gelungen wäre! Auch wenn nicht alle Träume in Erfüllung gingen: mehr Chancengleichheit und weniger Angst – das schafft die Gesamtschule allemal.

*Verteidigung:* Die Bedeutung der integrierten Schule soll nicht geleugnet werden. Aber Chancengleichheit und Angstfreiheit sind – absolut gesetzt – ebenso legitimationsbedürftig wie die Voranstellung von Leistungsfähigkeit und Bildung. Im übrigen lohnt der geringfügige Fortschritt nicht die Umwandlung des gesamten Systems.

*Kritik:* Die Ausweitung der Verschulung paßt nicht in unsere Epoche. Sie verhindert freie Entfaltung der Persönlichkeit und erzieht zu unselbständigen Menschen in unerträglich verlängerter Jugendlichkeit.

*Verteidigung:* Die höhere Lebenserwartung und die kaum durchschaubare Komplexität der Welt erlauben keine „Entschulung", im Gegenteil: sie erzwingen eine längere Ausbildung. Wo sonst könnte die Ordnung der Vorstellungswelt solider grundgelegt werden?

*Kritik:* Was die Schule wirklich sein könnte, zeigen die Alternativschulen. Dort verändert sich die Institution, sie sprengt die lähmende Verfestigung.

*Verteidigung:* Ein stabiler Rahmen ist heute nötiger denn je. In einer Zeit der rapiden Veränderung, Komplexität, Pluralität, Labilität, Wertunsicherheit brauchen wir keine Experimente, sondern Riten, Orientierungsmuster, feste Regeln.

## 7.2 Ziele und Gruppierung der Alternativen

Die Kritiker nun suchen nach den „wahrhaft praktischen Menschen, welche gute und neue Einfälle haben", die Alternativen zu den bestehenden Institutionen konstruieren. „Alternativschulen verstehen sich als eine praktische und konkrete Kritik, als ein Versuch, hier und jetzt bessere schulische Lernbedingungen herzustellen" (*Groddeck/Schultze* 1983, 330). Solche Alternativschulsen sind bereits in reicher Zahl entstanden. Was heißt „Alternative"?
Das anders Mögliche: dies wird durch den Begriff „Alternative" bezeichnet. „Ich habe eine Alternative": ich kann wählen zwischen zwei Handlungsmöglichkeiten. In der Alternativschule ist irgendetwas anders als im institutionalisierten Schulsystem. Die Existenz von Alternativschulen gibt die Chance, zwischen der üblichen Staatsschule und einer „anderen" Schule zu wählen.
*Aber was ist denn eigentlich „anders" an Alternativschulen?* Dafür gibt es kein einheitliches Bestimmungsmerkmal, das für alle „anderen" Schulen zuträfe. Gemeinsam ist ihnen lediglich, daß sie, von einer bestimmten Perspektive, einer Zielvorstellung, einem Bildprogramm ausgehend, eine Variation gewohnten Schulbetriebs versuchen. Diese Variation kann einzelne Dimensionen des schulischen Prozesses betreffen: z. B. das „Schulleben" im vorn erklärten Sinn (man sucht es zu intensivieren, zu „demokratisieren"), die Unterrichtsinhalte (z. B.

Akzentuierung praktischen Lernens), die Lehrmittel (z. B. Medieneinsatz). Es kann sich darum handeln, daß man die Effektivität des Lernens für bestimmte Gruppen steigern will (Versuche zu besonderer Förderung Hochbegabter oder zu zusätzlicher Förderung leistungsschwacher Kinder). Alternative Schulen können ihr Anders-sein in einer Religion oder Weltanschauung suchen (Katholische Internate z. B.), ansonsten wenig Änderung zeigen gegenüber dem üblichen Schulbetrieb. Und schließlich finden wir alternative Schulen, die in *allen* Dimensionen schulischer Prozesse Andersartigkeit ausprägen möchten (z. B. die Waldorf-Schulen).

Die sogenannten Alternativ-Schulen präsentieren ein recht verwirrendes Bild. *Dalin* (1986, 28) beschreibt die Entwicklung:

„Im Kielwasser der Schulkritiker der 60er und 70er Jahre entstand eine Reihe alternativer Schulen, sowohl außerhalb als auch innerhalb des öffentlichen Schulsystems. Nordamerika bekam mehrere hundert solcher Schulen mit höchst verschiedenen Ideologien. Minoritätsgruppen schufen sich ihre eigenen Schulen. Reformpädagogen gründeten Versuchsschulen. Von der Lernmittelindustrie unterstützt, entstand alles mögliche von datengesteuerten, ans heimische Telephon angeschlossenen Systemen bis zu ‚Schulen an der Ecke', wo die Schüler Kurse an kleinen, spezialisierten Schulen belegen können, die sich im normalen Ladenmilieu etabliert haben. . . Auch Europa erhielt eine Reihe alternativer Schulen. Hier verlief die Entwicklung indessen viel langsamer, vermutlich wegen der zentralisierten Kontrolle der Schulen. Bezeichnenderweise entstanden die radikalsten Alternativen in den Ländern mit dem am wenigsten zentralisierten System, wie z. B. Großbritannien und Dänemark. Die *Tvind*-Schulen in Dänemark können als Exponenten der alternativen Schulen in Europa gelten. Das norwegische ‚Versuchsgymnasium' in Oslo ist ein anderes Beispiel, eine Schule, die für das Bemühen um Demokratisierung in der weiterführenden Schule . . . große Bedeutung bekam."

Wir versuchen, das verwirrende Bild der Alternativschulen zu ordnen. Diese Schulen lassen sich mit der Frage gruppieren, worum es ihnen im wesentlichen geht: welches Ziel erstreben sie. Der *Ziel-Entwurf,* die ideative Orientierung scheint uns das Merkmal zu sein, von dem her die jeweilige institutionelle Fixierung am ehesten zu erklären ist.

Das Ziel einer alternativen Schule gibt dem Handeln ihrer Mitglieder Richtung und Orientierung. Es ist Leitidee, programmbestimmend, hat daher bei neuen Schulen zugleich den Zweck zu werben. Nur wenn diese Werbung erfolgreich ist, wenn sich die Orientierung als verwirklichungsfähig erweist, fruchtbringend erscheint, verfestigt sich ein Versuch institutionell: „Institutionalisierung im eigentlichen Sinn findet dann statt, wenn diese aus der Externalisierung der Akteure entstandene Habitualisierung und Typisierung ihren eigenen Ursprung überdenkt und an Dritte, die jene gemeinsamen Gewohnheiten internalisieren, . . . weitergereicht wird, damit Historizität gewinnt und die Qualität der Objektivität erreicht" – so faßt ein neueres handlungstheoretisches Werk derartige Vorgange zusammen (*Krüger/Lersch* 1982, 56).

Bei unserem *Gruppierungsversuch* benutzen wir in sehr freier Weise die Untersuchung von *House* (1981). *House* ging es um Innovationsprozesse in der Schule – sein Beitrag erschien im Sammelwerk „Improving Schools" (*Lehming/Kane* 1981).

Schulerneuerung, so führte er aus, läßt sich mit drei Perspektiven steuern, beschreiben, werten: mit technologischer, politischer, kultureller Perspektive. Der technologische Blick ist produktorientiert, will Schule effektiver machen, sucht dafür transferierbare Mittel, z. B. Lehrmittel oder Lehrmethoden. Die politische Perspektive interessiert sich für Macht- und Ressourcen-Verteilung, untersucht Interessenkonflikte und Konsequenzen von Innovationen. Die kulturelle Perspektive betrachtet die Norm-Orientierungen, die eine Organisation bestimmen, die Wertkonflikte, welche eine Gesellschaft in Gruppen zerteilen.

In freier Anwendung dieses Gedankengangs (auf den auch *Dalin* 1986, 29 ff. rekurriert) läßt sich über die Ziele alternativer Schulen sagen: *Es geht ihnen um Produktveränderung, um Prozeßveränderung, um die Formung anschauungshomogener Gruppen.* In den meisten Alternativschulen steht eines dieser Ziele im Zentrum der Mühe, wobei eines oder beide andere als Konsequenz erwartet oder unterstützend eingesetzt werden. Die Konstruktion alternativer Schulen erfolgt mit Hilfe von Theorien, die eine bestimmte Hypothese behaupten und zugleich eine Annahme, einen Zustand kritisieren.

## 7.3 Produktorientierte Alternativen

An Beispielen läßt sich dies verdeutlichen. Unsere Beispiele implizieren bei den meisten Schulen, die wir nennen, kein Urteil, und sie haben keineswegs den Ehrgeiz, alle alternativen Schulformen aufzulisten – es geht lediglich um die Institutions-formierenden Prinzipien.

Eine produktorientierte Schule ist das Jugenddorf Christophorus Schule in Braunschweig. Fundierende Theorie ist die Hypothese genetischer Fixierung von Hochbegabung und die pädagogische Annahme, daß diese durch besondere schulische Maßnahmen gefördert werden kann und soll. Die Hypothese schließt zugleich Kritik an der Ansicht ein, daß Begabung allein durch „begaben" (*Roth* 1968) entsteht, also lediglich Resultante sozialer Umstände und Beeinflussung ist, übernimmt aber aus dieser Ansicht die Überzeugung, daß durch pädagogisches Handeln Begabung entwickelt, gesteigert werden kann, daß sie unentwikkelt bleibt, sich verliert, wenn die gemäße pädagogische Behandlung nicht erfolgt. So entsteht eine Schule, der es um ein Produkt geht: herausragende Schüler, welche in die Leistungselite der Gesellschaft gelangen (vgl. *Eichholz/Gardyan* 1984).

In produktorientierten Schulen geht es um Steigerungen, Kompensationen, Spezialisierungen durch gezieltes pädagogisches Handeln. In diesem Sinn sind z. B. unsere Sonderschulen alternativ. Die gründende Theorie einer Blinden-, Gehörlosenschule besteht in der Annahme, daß ein ausfallendes Sinnesorgan durch andere kompensiert werden könne – daraus folgen die pädagogischen Maßnahmen zur Schulung und Entwicklung intakter Organe – das erstrebte Ergebnis ist der trotz Sinnesausfalls lebens- und berufsfähige Mensch. Bei Schulen solcher Art wird vorausgesetzt, daß es eine durch bestimmte Merkmale gezeichnete Schülergruppe gibt, die man durch spezielles pädagogisches Handeln besser fördern kann

als durch Integration in „Normal"-Schulen. Dies ist freilich nicht einmal bei den Sonderschulen unumstritten (die Beschulung von Kindern mit unterschiedlichen Behinderungen im allgemeinbildenden Schulsystem ist in der „Reformphase" von verschiedenen Seiten gefordert worden), ist erst recht kontrovers bei den „Hochbegabten" (vgl. *Spies* 1984).
Eine zweite Gruppe von Schulen, die produktorientiert „alternativ" sind, finden wir in Systemen, bei denen ein bestimmtes Fach, bestimmte Fertigkeiten Hauptziel schulischer Bemühung sind – z. B. das „Sportgymnasium", das in Meisenheim versucht wurde, oder die früheren „Musischen Gymnasien". Auch hier wird ein bestimmter Begabungstyp vorausgesetzt, und zwar ein spezieller gerichteter als an „Hochbegabten"-Schulen, der mit besonderen bzw. zusätzlichen pädagogischen Maßnahmen zur höchstmöglichen Entfaltung geleitet werden soll.
Der Vorzug solcher produktorientierter Alternativen ist die Deutlichkeit der ideativen Orientierung. Das pädagogische Handeln richtet sich ausschließlich oder primär auf Schüler, die durch ein bestimmtes erkennbares Merkmal von den anderen Kindern und Jugendlichen unterschieden sind, und sucht für sie geeignete Mittel. Die Regeln und Routinen dieser Institutionen zentrieren sich um diesen Zweck – Lehrerausbildung, Gebäudekonstruktion, Einrichtung sichern dafür Vorbereitung und Möglichkeit. Diese Präzision ihrer Orientierung kann den Systemen große Festigkeit geben, ist freilich zugleich Grund dafür, daß die Arbeitsweisen dieser Schulen nur in geringem Maß übertragbar sind – es sind Alternativen nur für bestimmte Kinder und Jugendliche, und jedenfalls im Fall der Sonderschulen außerordentlich nützliche Alternativen.

## 7.4 Prozeßorientierte Alternativen

Der zweiten Gruppe von Alternativ-Schulen geht es vor allem um Veränderung schulischer Prozesse. Ein bekanntes Beispiel dafür ist *Neills* Schule Summerhill. Die für die Konstruktion dieser Schule maßgebende Theorie ist schon bei *Rousseau* nachzulesen und hat die needs- und readiness-Theoreme amerikanischer Lernpsychologie aufgenommen: der heranwachsende Mensch greift von sich her auf die Lernstoffe zu, deren er bedarf und die ihm bekömmlich sind. Aus dieser Annahme folgert eine Schule, die Erziehung ohne Zwang durchführen will – die Schule stellt ein Angebot bereit, das der Schüler weitestgehend nach eigener Entwicklungsnotwendigkeit und Einsicht akzeptiert oder ablehnt.
Während produktorientierte Schulen in der Regel von Fachleuten gegründet werden, gilt von prozeßorientierten Schulen vielfach, was *Groddeck/Schultze* (1983, 320) über die Entstehung von Alternativschulen sagen: daß sie oft „von pädagogischen Außenseitern . . . initiiert und von Bürgerinitiativen, Fördervereinen und ähnlichen Privatinitiativen getragen" werden. „Sie haben den spezifischen Charakter eines nichtprofessionellen Engagements, das . . . mit den vorhandenen Mitteln für eine konkrete soziale Situation eine pädagogische Lösung sucht". Freilich finden solche Schulen auch in der Pädagogik Muster und wissenschaftlichen Vorlauf – hier ist besonders an die „Reformpädagogik" zu denken, die in

der Reichsschulkonferenz 1920 den Reichtum ihrer Ideen ausbreitet und große Zahlen teils schnell wieder verschwindender (z. B. die „Lebensgemeinschaftsschulen") oder sich auf lange Dauer etablierender Gründungen hinterläßt (wie z. B. die Landerziehungsheime, die *Montessori*- und P. *Petersen*-Schulen). Und schließlich haben auch Bundesländer (häufig mit finanzieller Unterstützung durch das Bundesministerium für Bildung und Wissenschaft) prozeßorientierte Versuchsschulen ins Leben gerufen.
Leitideen solcher Schulen sind: Emanzipation (im Sinn der Befreiung von als unnötig und kontraproduktiv erachtetem Zwang, Druck, dadurch ausgelöster Schulangst) und Bezug auf individuelle Bedürfnisse. Das Modell kindlicher und jugendlicher Selbstregulierung, wie es in *Neills* Schule Summerhill verwirklicht wurde, wirkt auf diese Gründungen stark ein, und sehr oft begegnet man Momenten der „Erziehung als Praxis der Freiheit" (*Freire* 1977). Ein schon älteres Beispiel (ab 1972) bietet die Glocksee-Schule in Hannover, eine Ganztagsschule mit Jahrgangsklassen ohne Leistungsdifferenzierung, Zensuren, Selektion in den Jahrgangsgruppen 1–6, die Schule als Erfahrungsraum konzipiert, in den außerschulisches Erleben einbezogen wird und worin weitgehende kindliche Selbststeuerung der Lernvorgänge, Lernen nach Bedürfnis, pädagogische Maxime ist. Diese Prinzipien finden wir auch in den „Freien Schulen" (Bochum, Essen, Hamburg, Berlin). Während die Glocksee-Schule eine staatlich eingerichtete Angebots-Versuchs-Schule ist, entstanden die übrigen „freien" Schulen meist aus Bürgerinitiativen in Stadtteilen. In Bochum z. B. fanden sich Eltern und Lehrer zur Gründung einer alternativen Hauptschule zusammen, in der den Schülern die Teilnahme am Unterricht partiell freigestellt ist. (Die winzig kleine Schule erhielt 1986 nach fünfjährigem Rechtsstreit mit dem Kultusministerium eine Genehmigung als Gesamtschule der Sekundarstufe I). Hier wie in den übrigen Schulen tritt das gefächerte Unterrichtsangebot zurück gegenüber Projektpädagogik und praktischem Lernen mit Werkarbeit. Allenthalben in diesen „freien" Schulen ist tiefes Mißtrauen gegenüber der Erfolgsaussicht von in üblicher Weise institutionalisierten Erziehungsprozessen handlungsbestimmend: man sucht gleichsam nach Schulen ohne Schule, *Illichs* „Deschooling Society", „Schule ins Museum" wirkt ein (vgl. Grundlagentext 7.1).
Offensichtlich liegt in dieser zentralen Bemühung prozeßorientierter Alternativschulen auch ihr zentrales Problem. „Emanzipation" als ideative Orientierung ist ein negativer Begriff: er deutet an, was man *nicht* will, er kritisiert gewohnte Regel, Ordnung, Form. Diese Leitidee sagt wenig über die neue Form, die man gewinnen will. Dies bedingt den experimentierenden Charakter solcher Gründungen – man möchte die andere Form im Prozeß finden, und man beginnt mit negativen Regeln (kein Teilnahmezwang, keine Zensuren, keine Selektion, keine verschlossene Tür zum Stadtteil etc.). Der Bezug schulischer Tätigkeit auf individuelle Bedürfnisse, wenn er radikal gedacht wird und zentrale Leitidee einer Gründung ist, erschwert die Formierung einer Institution erheblich. Institutionen, so führten wir aus, werden durch Regelhaftigkeit bestimmt. Wenn man alle Tätigkeit auf jeweilige subjektive Bedürfnisse abstellt, sind Regeln kaum zu fixieren. Die Regel trifft stets nur einen Durchschnitt von Erwartungen und Bedürf-

nissen, dem sich bloß individuelle Wünsche unterzuordnen haben. Will man exakt die „needs“ eines jeden Einzelkindes treffen, braucht man ein Hauslehrer-System oder Tutoren für jedes Kind – und selbst dann wäre es noch fraglich, ob dieses genaue Abzielen gelänge, weil die Bedürfnisse erkannt (und nicht von Lehrern in das Kind hineinprojiziert) werden müssen. Die Leitideen der prozeßorientierten Alternativschulen bleiben daher prinzipiell „Idee“ im Sinne *Kants:* regulative Prinzipien, unlösbare Aufgaben, auch wenn man sie als notwendig erachtet.

Aber selbst problematische „Ideen“ können viel Energie mobilisieren. Man beobachtet in diesen freien Schulen Anfangsphasen mit außergewöhnlich hohem Engagement der Beteiligten. Diese Begeisterung trägt allerdings nicht durch Jahrzehnte. Sofern Elterngruppen beteiligt sind, erlischt deren Einsatz mit dem Verlassen der Schule durch ihre Kinder, und auch bei den Lehrern sind nach einigen Jahren Ermüdungserscheinungen die Regel. Es ist ein ähnlicher Verlauf wie bei den frühen Gesamtschulen zu erkennen. Eine Institution stabilisiert sich aus solchen Impulsen meist erst dann, wenn staatliche Anerkennung (als Ersatz- oder Ergänzungsschule) erfolgt. Um diese zu erlangen, muß der experimentierende Charakter des Versuchs oft erheblich zurückgenommen werden – die „freie“ Schule wird den Üblichkeiten des staatlichen Systems genähert. Aber man darf dennoch die hohe Bedeutung solcher Gründungen nicht verkennen – die Normen und Prinzipien staatlichen Schulwesens werden hier praktisch in Frage gestellt, neue Lösungen gesucht – damit wird auch das mit Gesetzen und Gewohnheiten schwer gepanzerte öffentliche Schulwesen in Auseinandersetzung gezwungen, man erschwert ihm die Versteinerung (vgl. auch *Goldschmidt/Roeder* 1979; ferner die Grundlagentexte 7.2 und 7.3).

## 7.5 Weltanschaulich orientierte Alternativen

Der dritten Gruppe alternativer Schulen geht es um Bildung anschauungs-homogener Gruppen, in irgendeiner Weise um den „neuen Menschen“. Bei diesen Schulen finden wir umfassende Theorien, „Weltanschauungen“, als Fundamente: z. B. *Steiners* Anthroposophie, oder Katholische Religion und Theologie, oder Neomarxismus. Das ist eine sehr variantenreiche Gruppe, zu der man viele Schulversuche von den Roten Kinderläden über die Waldorf-Schulen bis zu Katholischen Klosterschulen rechnen kann.

Gründungen dieser Art haben nur dann Erfolgsaussicht, wenn sie von stabilen, organisierten Gruppen getragen werden – sonst verschwinden sie schnell wieder, wie die „Roten Kinderläden“. Eine so stabile Gruppe bilden die Anthroposophen. Man könnte ihre Organisations- und Verknüpfungsformen fast mit denen einer wohletablierten Kirche vergleichen. Die geistige Zentrale in Dornach wahrt die Lehre. Institutionen unterschiedlicher Art folgen den Anregungen *Steiners:* eigene Krankenhäuser, Arzneimittelfabriken, das Eurhythmicum, die eigene private Universität, eigene Bio-Landwirtschaft, um nur ganz weniges zu nennen. *Steiners* Erkenntnismethode, die Ergebnisse seiner „Geisteswissenschaft“, seine

Anregungen zur Lebensführung binden die Gemeinde fest zusammen. Die Begriffe *Steiners* („physischer Leib, Ätherleib, Astralleib" etc.) geben den Anthroposophen gleichsam eine eigene Sprache. *Steiners* Entwicklungslehre und seine in Schriften und Vorträgen ausgeformte Pädagogik sind Grundlage des praktischen Handelns in den Waldorf-Schulen.

Man kann diese Pädagogik (die von der übrigen deutschen Erziehungswissenschaft erst in den letzten Jahren beachtet wird, vgl. *Schneider* 1982, *Prange* 1985) nicht in wenigen Sätzen darstellen (Selbstdarstellung ihrer Theorie und Praxis besonders in *Leber* 1983 a). In unserem Zusammenhang der „Schule als Institution" ist nur anzudeuten, daß in der anthroposophischen Bewegung die Voraussetzungen zum Schaffen alternativer Institutionen von großer Festigkeit gegeben sind: ein beinah alle Bereiche menschlicher Tätigkeit und menschlichen Seins umfassendes Gedankenwerk, sogar mit quasi-religiösen Momenten: die Wiedergeburtslehre, der Weg von der ersten Geburt (des „physischen Leibs") zum Ich, die Möglichkeit des Eindringens in die „Geheimwissenschaft", des Hineinschauens „in die geistige Wirklichkeit selbst" (*Steiner* 1904, 112), eine Gemeinde mit von üblicher Lebensführung unterscheidbaren Handlungsgewohnheiten. In den Waldorf-Schulen erkennen wir Institutionen, die in fast jeder Hinsicht das Prädikat „alternativ" verdienen:

- Zwölfklassige Einheitsschulen mit strengem Bezug auf Entwicklungsstufen des Kindes;
- selbstverwaltete Schulen mit kollegialen Entscheidungsprozessen;
- andersartige Stundenpläne (Epochenunterricht, starke Betonung des Klassenlehrerprinzips, praktisch-handwerkliche Momente, Eurhythmie, Akzentuierung musischen Schaffens);
- keine Notenzeugnisse, keine Nicht-Versetzung (dafür charakterisierende Berichte) usw.

Die pluralistische Verfassung unserer Demokratie ermöglicht, daß im Rahmen ihres Grundgesetzes pädagogische Formen gesucht werden, die weit vom Üblichen abweichen. Dafür sind die Waldorf-Schulen ein Beispiel. Auch sie wollen ihre Schüler von Unselbständigkeit, „Inkompetenz", zu Mündigkeit, „Kompetenz", führen – aber ihr Bildungsbegriff akzentuiert „Qualifikation" anders: als ganzheitliche Ausbildung, als „Lernen mit Kopf und Hand" (*Fauser/Fintelmann/Flitner* 1983), als Beginn eines Weges sogar über das jeweilige Leben hinaus. Obwohl *Steiner* und die heutigen Waldorf-Schulen betonen, daß Missionsarbeit ihnen fern liege, sozialisieren sie in eine Gemeinde hinein und nehmen hin, daß anderen Gruppen der Gesellschaft ihre Allokation, die von ihnen erteilten Zeugnisse und Berechtigungen, wenig gelten. Die überpersönliche Regelhaftigkeit ihres Rahmens wird aus den Werken ihres Klassikers hergeleitet, in diesem Rahmen entfaltet sich die einzelne Schule autonom mit Entscheidungsprozessen, an denen alle Schulmitglieder teilhaben. Der Entwicklung des Individuums, in dem sie die metaphysische Würde einer wiedergeborenen Seele erkennen, wird hohe Aufmerksamkeit gegeben, aber sein Werden in den Phasen und Regeln gesehen, die *Steiner* beschrieb. Durch dieses Zusammen von Stabilität, welche in der

Ausrichtung auf ein offenbarendes Werk gegeben ist, und Versalität, die in der Autonomie der Einzelschule gegründet ist, entstehen Institutionen, welche fest und flexibel zugleich sind. Sie sind den öffentlichen Schulen analog nur insofern, als sie äußere Regelungen (Zeit der Einschulung, Ferienzeit etc.) übernehmen, sonst aber ganz vom Differenzprinzip beherrscht. Ihre Homogenität besteht in der Ausrichtung ihrer Population auf eine bestimmte Lehre, in der Gliederung ihrer Schülerschaft nach Entwicklungsstufen. Die Anerkennung des Wertes jeder Individualität, sogar des „Seelen-Pflege-Bedürftigen", läßt Heterogenität zu. Und in diesen Schulen, wenn irgendwo, läßt sich von „didaktischer Spezifität" reden.

Die erste und zweite genannte Gruppe von Alternativschulen sind sozusagen partiell alternativ. Sie verändern lediglich einige Momente des staatlichen Systems. Erst die dritte Gruppe, für die wir die Waldorf-Schulen als Beispiel wählten, verwirklicht entschieden und in jeder Hinsicht das „anders Mögliche". Man benötigt dazu offensichtlich ein durchgezeichnetes Menschenbild. Wir hätten als Beispiel auch die Jesuitenschule wählen können, die James *Joyce* in „A Portrait of the Artist as a Young Man" beschrieb, eine in freilich sehr differenter Weise alternative Schule. Auch dabei hätte sich ergeben, daß zur Konstruktion durchgeformter Alternativen mehr notwendig ist als Mißmut über einzelne Charakteristika staatlichen Schulwesens, z. B. über zu weitgehende Bevormundung und Lenkung von Schülern.

## 7.6 Bedeutung von Alternativschulen für das Schulsystem

Alternative Pädagogik ist „Ärgernis und Vorbild" (*Leber* 1983 b, 640). Denn *Nietzsche* überschätzte wohl die Wandlungsbereitschaft der Menschen, wenn er glaubte, daß das „schwer lastende Bildungsgebaren in der Schule unserer Gegenwart" nur noch gezählte Tage habe – alles ist Ärgernis, was Routinen in Frage stellt. Aber andererseits zwingt die praktisch verwirklichte Alternative, viel stärker als das nur geschriebene kritische Buch, zum Befragen des Gewohnten. Der Impuls zum praktischen Lernen, der z.B. von der Hibernia-Schule ausging (*Rist/Schneider* 1977), ist kaum zu überschätzen. Was in genormter Institution sich verfestigte, neigt immer zur Versteinerung – das verwirklichte Bild des anders Möglichen bewegt und belebt. Die Geschichte der Privatschulen und die weitgehend mit ihnen verbundene „Reformpädagogik" belegen, wieviel das öffentliche System solchen Anstößen verdankt.

Alternative Schulen entlasten die öffentlichen Systeme, geben Möglichkeit zur Produktivierung von sonst negativ bleibender Kritik. Je stärker das staatliche System in Legitimationskrisen gerät, um so mehr wächst der Zustrom zu alternativen Schulen: der Zulauf zu allen genannten Sorten „anderer" Erziehungsarbeit in den letzten Jahren belegt dies eindeutig. Die Metamorphosen von Großsystemen beginnen gleichsam vom Rand her. In vielen Versuchen formt sich allmählich ein Bildprogramm, dessen Züge langsam die Physiognomie des gewohnten Systems verändern.

## Anmerkungen

1) Kapitel 1, S. 13 ff.: Die im Abschn. 1.1.2 zum Ausdruck kommende kulturpessimistische Grundeinstellung läßt sich nicht zuletzt mit Hilfe der neueren bildungspolitischen Entwicklung begründen (vgl. *Spies* 1976 b, 1978, 1982/85; *Westphalen* 1979, 1983 a). Im Gegensatz zum Verfasser des vorliegenden Kapitels, W.E. *Spies,* sieht der Mitverfasser allerdings Anzeichen einer Neubesinnung auf einen tragfähigen Bildungsbegriff (dokumentiert z. B. in Heft 4 des Jg. 32/1986 der Zeitschrift für Pädagogik sowie in der wieder aufgenommenen Allgemeinbildungsdebatte, vertreten z. B. durch das von *Tenorth* 1986 herausgegebene Buch) und damit Signale der Hoffnung, die auch in Zusammenhang mit der stärker werdenden zeitkritischen Strömung im Sinne eines neuen Humanismus stehen dürften. In diesem Rahmen sind auch Bemühungen zu nennen, die Unverzichtbarkeit und den Rang der Geisteswissenschaften in unserer Epoche darzustellen (vgl. u. a. *Marquard* 1987).

2) Kapitel 1, S. 16: Die begriffliche Benennung der Grundfunktion der Schule erfolgt in den Schriften zur Schultheorie nicht ganz einheitlich. Lediglich der Sozialisationsbegriff hat sich allgemein durchgesetzt. *Feldmann* (1972) und *Holstein* und viele andere setzen neben den Begriff der Sozialisation („die Eingliederung des heranwachsenden Menschen in das soziale System") noch den der Enkulturation („die Vorbereitung des einzelnen auf die Teilnahme am kulturellen Leben in der Gesellschaft" < *Holstein* 1985, 98 f. > ). Neben den Qualifikationsbegriff wird häufig der der Selektion gesetzt (was allerdings lediglich die negative Dimension der Allokation meint: hinaussortiert wird, wem keine Berechtigung zuerkannt wird). Autoren, die mehr die Schulfunktion der Entwicklung der Person als die der Einverleibung des Individuums in die Gesellschaft betonen, reden außer von Qualifikation noch von Personalisation (z. B. *Wurzbacher* 1963, *Derbolav* 1983) – der Begriff wird hier nicht übernommen, weil uns scheint, daß er weder die institutionell-politische Funktion der Schule noch ihre faktische Möglichkeit richtig bezeichnet, allenfalls einen „idealistischen" Impuls nennt. Einige Autoren versuchen, die Schulfunktion mit komplementären bzw. antinomischen Begriffspaaren zu fassen: Partizipation und Antizipation (eine sehr optimistische Benennung), Erhaltung und Überwindung, Eingliederung und Persönlichkeitsförderung. Vgl. *Adl-Amini* 1976 und 1985, *Oblinger* 1975, *Fend* 1980, *Ballauf* 1982.

3) Kapitel 1, S. 16: Es sei hier darauf hingewiesen, daß der „Institutions"-Begriff in der Literatur nicht einheitlich verwandt wird. In soziologischen Werken findet sich (z. B. *Etzioni* 1961/1973, *Mead,* G.H. 1968) häufig eine Begriffstrennung zwischen „Institution" und „Organisation". Unter Institution wird dann zumeist eine gesellschaftlich anerkannte Lösung einer dauernden Problemlage verstanden (z. B. die Ehe), unter Organisation ein von zweckrationalen Imperativen bestimmtes Verlaufsschema (z. B. die Post). Institutionen konstituieren sich und dauern, sofern sie als *sinn*haft erlebt werden, Organisationen folgen *Zweck*setzungen. Diese Dichotomie ist von einem Teil der erziehungswissenschaftlichen Literatur übernommen worden, insbesondere in handlungstheoretischen Beiträgen (z. B. *Krüger/ Lersch* 1982).

Diese Begriffsbestimmung erscheint uns nicht als zwingend – auch dann nicht, wenn man Max *Webers* „Sinn"-Definition (1960/1966, 6) übernimmt: „Sinn ist hier entweder a) der tatsächlich von einem Handelnden oder durchschnittlich . . . in einer . . . Masse von Fällen von den Handelnden oder b) in einem begrifflich konstruierten *reinen* Typus von dem oder den als Typus *gedachten* Handelnden subjektiv *gemeinte* Sinn". Daran läßt sich anschließen, wenn man, wie wir in unserem Text, Sinn als *Attribut von Prozessen* versteht. Man versucht, Prozesse so zu regeln (zu institutionalisieren und damit: in geregelte organisatorische Abläufe zu bringen), daß die Benutzer der Institution, die von ihr Betroffenen, den Regelungen zustimmen, sie als „sinnhaft" erleben. Der Zweck der Institution und die Mechanismen, ihn zu verwirklichen, sollen insgesamt als sinnhaft erscheinen. So denkt *Hegel* sein Gymnasium. Nun können allerdings faktischer Zweck und behaupteter Sinn auseinandertreten (die Allokationsschule, die als „Sinn" weiterhin „Bildung" behauptet): dann treten Legitimationskrisen ein, wie sie in Abschnitt 3 dieses Kapitels beschrieben sind. Sowohl bei Einrichtung der Institution (stets ein allmählicher historischer Vorgang, kaum einmalige Setzung nach Entschluß) wie bei ihren Krisen wird Organisation bedacht. Organisation ist Prozeßregulation der Institution, ist Moment ihrer Regel. Wir verwenden also „Institution" als den umfassenden Begriff, „Organisation" dazu als Unterbegriff. Die Institution wird als sinnerfüllt erlebt, wenn ihre Leitidee, ihre obersten Normen konsentiert sind, von ihren Benutzern getragen werden, und wenn diese Orientierung an einer Idee mit den faktischen Zwecken, den organisatorischen Prozeduren, mit dem Regelwerk und der Routine der Institution übereinstimmen. Das Sinn-Attribut wird den Vorgängen nicht mehr zugeteilt, wenn die Leitidee keine faszinierende Kraft mehr hat und (oder) die organisatorischen Verläufe der Institution nicht bestimmt.

4) Kapitel 1, S. 23: Vgl. dazu die Antworten auf *Spies:* „Wissenschaftspropädeutik: Warnung und Widerruf" (1982): in vornehmer Form *Blankertz* (1982), mit diffamierendem Mißverständnis *Klemm/Rolff/Tillmann* (1985, 41 f.), wo unterstellt wird, der Hinweis auf verdrängte Sinnlichkeit bedeute, daß versucht werde, in Volks- und Elitebildung zu trennen.

5) Kapitel 1, S. 24: Einen Literaturüberblick gibt *Hintz,* D.: „Die pädagogische Schulkritik der Gegenwart", in *Heitger* 1984. Aus der reichlichen Literatur vgl. besonders *Flitner* (1977), *Hentig* (1971), *Heydorn* (1976), *Illich* (1972 b), *Leschinsky* (1981), *Spies* (1985).

6) Kapitel 1, S. 25: Die in diesem Abschnitt vorgetragenen Äußerungen zur Legitimationskrise der Schule werden von beiden Verfassern zwar im Grundsatz geteilt, im einzelnen aber unterschiedlich akzentuiert. Für den Mitverfasser, K. *Westphalen,* gibt es eine strukturelle und eine aktuelle Ursache der Schulkrise. Die strukturelle besteht in der Ursituation der Schule, daß nämlich in ihr zwanghaft fremdbestimmtes Lernen geschehen muß, welches Erwachsene der nachwachsenden Generation mit einem Wechsel auf unbestimmbare Zukunft abverlangen. Die aktuelle Ursache besteht in einer generellen Legitimationskrise, die so gut wie alle Institutionen unserer Epoche betroffen hat – nicht zuletzt als eine Spätfolge der Aufklärung, insofern sich das mündig werdende Individuum seines kritischen Verstandes gegenüber den Einrichtungen der Gesellschaft bedient. Die strukturelle, immer schon latent vorhandene Ursache wird in unserer Zeit vor allem durch den fortdauernden Einfluß der Studentenbewegung der endsechziger Jahre, die auf die zweite Ursache zurückgeführt werden kann, verstärkt ins Bewußtsein gehoben. Als Beispiele vgl. *Beisenherz* u.a. 1982, *Zinnecker* 1982.

7) Kapitel 3, S. 50: Die Problematik der Jahrgangsklasse wird im Anschluß an die klassische Untersuchung von *Ingenkamp* (1969) immer noch diskutiert

(vgl. *Keim* 1977, 16 ff., *Hausser* 1980, 126 ff.), nachdem schon Peter *Petersen* in seinem Kleinen Jenaplan (1927) als Alternative die Bildung jahrgangsübergreifender „Stammgruppen" vorgeschlagen hatte (vgl. Grundlagentext 3.3). In der Auseinandersetzung wird freilich die relative Homogenität nicht genügend beachtet: Das Altersspektrum ist groß genug, um Einförmigkeit zu vermeiden und andererseits ein Auseinanderklaffen zu verhindern.

8) Kapitel 5, S. 90: *Baumert/Raschert* (1983, 230 f.) unterscheiden vier Argumentationsfiguren für die Gesamtschule:
- das pädagogisch-psychologische Argument (unzureichende prognostische Validität der Übergangsverfahren, begrenzte Korrigierbarkeit negativer Übergangsentscheidung, geringe Individualisierungsmöglichkeit in den Schulprogrammen)
- das bildungsökonomische Argument (Kritik zu strenger Auslese, Abiturientendefizit, Begabungsreserve)
- das bildungstheoretische Argument (geschlossener Kanon nicht konsensfähig; Wissenschaftsorientierung der Schule gefordert)
- das sozialpolitische Argument (Verminderung sozialer Disparität der Bildungsbeteiligung).

9) Kapitel 5, S. 92: Dies trifft insbesondere zu für die Richtlinien für Gesellschaftskunde. Diese waren weitgehend vom Hessischen Entwurf abgeschrieben, dabei noch vergröbert worden. In einer Gruppe der wissenschaftlichen Begleitung an der Pädagogischen Hochschule Dortmund wurden dazu neomarxistische Unterrichtsmaterialien gefertigt. *Jeismann* und *Kosthorst* schrieben zu diesen Machwerken eine vernichtende Kritik (in: Geschichte in Wiss. und Unterricht 5, 1973, 261), deren Argumente in der FAZ wiederholt wurden. Der Ministerpräsident von NW gab daraufhin Weisung, die Sachen aus dem Verkehr zu ziehen, woraufhin der Kultusminister die Verwendung verbot. Ein schwacher später Versuch zur Rechtfertigung der Richtlinien in *Rath* (1975).

10) Kapitel 5, S. 93: In Berlin wurde die Gesamtschule durch Änderung des Schulgesetzes bereits 1971 zur Regelschule. Bremen folgte 1975 mit der Entscheidung, das gesamte Schulsystem der Hansestadt schrittweise in ein integriertes System zu überführen. In Hessen wurde 1969 die kooperative Schule zur Regelschule erklärt. Niedersachen verankerte integrierte und kooperative Form 1975 gesetzlich, Hamburg und Nordrhein-Westfalen die integrierte Form 1979 und 1981 neben den übrigen Schulformen. In Baden-Württemberg, Bayern, Rheinland-Pfalz und Schleswig-Holstein blieben die Gesamtschulen vereinzelt und randständig.

11) Kapitel 5, S. 98: Die Auffassung, es handle sich bei der Gesamtschule um so etwas wie eine vierte Säule im Rahmen eines konkurrierenden Schulwesens, wird vom Mitverfasser, K. *Westphalen,* nicht in vollem Umfang geteilt. Das Bild der Säulenschule wurde im Kap. 4, S. 72 zugunsten einer dynamischeren Vorstellung abgelehnt: in der Tat kann Konkurrenz ja auch mit der Verdrängung des Mitbewerbers enden. Dieses Ziel scheint die Gesamtschulbewegung keineswegs aufgegeben zu haben, wenn es z. B. im bildungspolitischen Grundsatzpapier der SPD „Bildung in Freiheit, Gleichheit und Solidarität" heißt: „Deshalb bleibt die Forderung nach einer in allen Stufen gemeinsamen Schule für alle Kinder – der Gesamtschule – bestehen. Das Ziel, das bestehende vertikal gegliederte Schulsystem durch ein integriertes, in Stufen gegliedertes zu ersetzen, muß sich verknüpfen mit einer Reform der Inhalte. . ." (1986, 41).

12) Kapitel 6, S. 108: Ein viel diskutiertes und hinlänglich erforschtes Beispiel ist die angeblich nachteilige Auswirkung großer Schulen auf das Verhalten der Schüler und die dortige Erziehungssituation. Schon der von *Döring* herausgegebene Band „Große Schulen oder kleine Schulen?" warnte vor einer „unzulässig verkürzten Betrachtungsweise" (1977, 11). Aufschlußreich ist darin vor allem der Aufsatz von *Fatke,* der auf die „ökologisch-psychologischen Aspekte von Schulumwelten" (a.a.O., 69 ff.) aufmerksam macht; unter ihnen muß man die eigentlich entscheidenden Faktoren suchen. Eine neuere Untersuchung aus Bayern bestätigt den wissenschaftlichen Kenntnisstand, indem gerade bei den beiden untersuchten „sehr großen Schulen" (über 1750 Schüler) eine besondere Großzügigkeit im Umgang miteinander sowie ein reichhaltiges kulturelles Angebot beobachtet wurde: „Es stellt sich dann auch heraus, daß die Größe der Schule als eigenständiges Kriterium für pädagogische Maßnahmen gilt; diese werden offensichtlich nicht ergriffen, um etwas von den Vorteilen kleiner Schulen mühsam und zwanghaft zu retten, sondern um Schule als Lebensraum von Schülern zu gestalten. Dabei wird dem Eigenengagement der Schüler breiter Raum gelassen... Den großzügigen Charakter unterstützt zusätzlich ein breit gefächertes außerunterrichtliches Angebot. Dabei scheint nicht die Vielfalt das Ausschlaggebende zu sein, sondern die weitgehende Zweckfreiheit des Angebots" (*Schießl* 1981, 177).

# 2. Teil:
# Grundlagentexte

# Zu Kapitel 1: Die Institution: Funktion und Krise

## 1.1 Hegel: Über Erziehung und Unterricht

Georg Wilhelm Friedrich *Hegel* (1770–1831), deutscher Philosoph. Als Direktor des Gymnasiums in Nürnberg hielt er 1809 bis 1815 Reden, in denen er seine pädagogischen Prinzipien verdeutlicht. Wir bringen einen Abschnitt aus der Rede vom 2. Sept. 1811.

Quelle: *Thaulow,* G.: *Hegel's* Ansichten über Erziehung und Unterricht, Bd. 3, Kiel 1854, neu hg. von *Heydorn,* H.J. und *Koneffke,* G., Glashütten im Taunus 1974, S. 217 ff.

Die Schule bleibt aber nicht bei diesen allgemeinen Wirkungen stehen; sie ist auch ein besonderer sittlicher Zustand, in welchem der Mensch verweilt, und worin er durch Gewöhnung an wirkliche Verhältnisse praktisch gebildet wird. Sie ist eine Sphäre, die ihren eigenen Stoff und Gegenstand, ihr eigenes Recht und Gesetz, ihre Strafen und Belohnungen hat, und zwar eine Sphäre, welche eine wesentliche Stufe in der Ausbildung des ganzen sittlichen Charakters ausmacht. Die Schule steht ziemlich zwischen der Familie und der wirklichen Welt und macht das verbindende Mittelglied des Übergangs von jener in diese aus. Diese wichtige Seite ist näher zu betrachten.

Das Leben in der Familie nämlich, das dem Leben in der Schule vorangeht, ist ein persönliches Verhältnis, ein Verhältnis der Empfindung, der Liebe, des natürlichen Glaubens und Zutrauens, es ist nicht das Band einer Sache, sondern das natürliche Band des Bluts; das Kind gilt hier darum, weil es das Kind ist; es erfährt ohne Verdienst die Liebe seiner Eltern, sowie es ihren Zorn, ohne ein Recht dagegen zu haben, zu ertragen hat. – Dagegen in der Welt gilt der Mensch durch das, was er leistet: er hat den Werth nur insofern er ihn verdient. Es wird wenig aus Liebe und um der Liebe willen; hier gilt die Sache, nicht die Empfindung und die besondere Person. Die Welt macht ein von dem Subjectiven unabhängiges Gemeinwesen aus; der Mensch gilt darin nach den Geschicklichkeiten und der Brauchbarkeit für eine ihrer Sphären, je mehr er sich der Besonderheit abgethan, und zum Sinne eines allgemeinen Seyns und Handelns gebildet hat.

Die Schule nun ist die Mittelsphäre, welche den Menschen aus dem Familienkreise in die Welt herüber führt, aus dem Naturverhältnisse der Empfindung und Neigung in das Element der Sache. In der Schule nemlich fängt die Thätigkeit des Kindes an, wesentlich und durchaus eine ernsthafte Bedeutung zu erhalten, dass sie nicht mehr der Willkür und dem Zufall, der Lust und Neigung des Augenblicks anheimgestellt ist; es lernt sein Thun nach einem Zwecke und nach Regeln bestimmen; es hört auf, um seiner unmittelbaren Person willen, und beginnt nach dem zu gelten, was es leistet, und sich ein Verdienst zu erwerben. In der Familie hat das Kind im Sinne des persönlichen Gehorsams und der Liebe Recht zu thun; in der Schule hat es im Sinne der Pflicht und eines Gesetzes sich zu betragen, und um einer allgemeinen, bloss formellen Ordnung willen dies zu thun und Anderes zu unterlassen, was sonst dem Einzelnen wohl gestattet werden könnte. In der Gemeinschaft mit Vielen unterrichtet lernt es sich nach Anderen richten, Zutrauen zu anderen ihm zunächst fremden Menschen und Zutrauen zu sich selbst in Beziehung auf sie, erwerben, und macht darin den Anfang der Bildung und Ausübung socialer Tugenden.

Es tritt hiermit nunmehr für den Menschen die zweifache Existenz ein, in welche sein Leben überhaupt zerfällt, und zwischen deren in Zukunft härteren Extremen er es zusammen zu halten hat. Die erste Totalität seines Lebensverhältnisses verschwindet; er gehört jetzt zwei abgesonderten Kreisen an, deren jeder nur Eine Seite seiner Existenz in Anspruch nimmt. Ausser dem, was die Schule an ihn fordert, hat er eine von ihrem Gehorsam freie Seite, die theils nach den häuslichen Verhältnissen, theils aber auch seiner eigenen Willkür und Bestimmung überlassen ist, sowie er damit zugleich eine durch das blosse Familienleben nicht mehr bestimmte Seite und eine Art von eigenem Daseyn und besonderer Pflichten erhält.

## 1.2 Adl-Amini: Prozeß der Institutionalisierung

*Adl-Amini,* B., Dozent für Erziehungswissenschaft in Kiel. In seiner Zusammenfassung der Institutions-Theorien stützt er sich besonders auf Arnold *Gehlen* (1904–1976).

Quelle: *Adl-Amini, B.:* Institutionalisierung und Didaktik – Aspekte einer Theorie der Grundschule, in *Aregger, K./Hubler, P./Landwehr, N.* (Hg.): Bedingungen didaktischen Handelns, Kiel 1980, 13 ff.

Institutionalisierungsprozesse finden in jeder Gesellschaft statt und sind notwendige Bedingungen für die Entwicklung und Differenzierung, Gestaltung und Veränderung der Gesellschaft. Selbst jene Grundbedürfnisse des Menschen, die unmittelbare existentielle Bedeutung für das Leben haben, weisen Institutionalisierungszüge auf. Denn der Mensch hat im Gegensatz zum Tier weder eine artspezifische Umwelt noch verfügt er über einen ausgeprägten Instinktapparat. So ist er gezwungen, sich seine Umwelt aufzubauen, in der er seine Bedürfnisse befriedigen, leben und sich entfalten kann. Da der Mensch seine Bedürfnisse im voraus weiß, in Sorge also um seine Existenz von morgen lebt, ist er bestrebt, bei der Lösung struktureller Probleme (z. B. Beschaffung von Nahrung, Kleidung, Wohnung, Befriedigung sexueller Bedürfnisse, Bekämpfung von Krankheiten usw.) dauerhafte Lösungsmöglichkeiten zu finden. Er muß also nicht irgendwelche Notlösungen für jetzt und heute finden, sondern solche, die auf Dauer gestellt werden, damit er unter Einsparung von Kraft und Energie die einmal als vernünftig befundene Erfüllungsmöglichkeit sozusagen automatisch fortschreibt. Die Extrapolation seiner Antriebe in die Zukunft, jene existentiale Kategorie, die *Heidegger* mit „Sorge" beschrieben hat, macht Planung, Regelung, dauerhafte und schematische Problemlösung notwendig. Denn ohne die planende Vorbereitung „wird dieses morgen nichts enthalten, wovon er leben könnte" (*Gehlen* 1978). Dauer und Stetigkeit in der Befriedigung von Bedürfnissen und Antrieben ersetzen gewissermaßen, was dem Menschen fehlt: Instinktapparat.

Institutionalisierungsprozesse, einmal in Gang gesetzt, entwickeln einen bemerkenswerten Verlauf. Als Produktionen menschlichen Kampfes im Überlebensprozeß greifen sie nun selbst aktiv in den Prozeß der menschlichen Vergesellschaftung ein und steuern den sozialen Wandel. Im folgenden soll dieser Prozeß durch die Erläuterung der Begriffe „Habitualisierung", „Objektivierung", „Stabilisierung" und „Verselbständigung" beschrieben werden.

1. Habitualisierung

Habitualisierung ist der Prozeß, der zu gewohnheitsmäßigem Handeln führt, welches sich aufgrund seiner alltäglichen Wiederholung zu einem Handlungsmuster verfestigt (*Gehlen* 1977). Tiere reagieren in Gefahr instinktiv und richtig. Der Mensch entlastet sich von täglichen Anstrengungen durch Gewöhnung und Habitualisierung. Das hängt mit der Ökonomie der Habitualisierung zusammen. Wenn wir das Schlüsselbund nicht immer wieder suchen wollen, so denken wir uns einen bestimmten Platz aus, wohin es nach einer gewissen Gewöhnungszeit automatisch gehängt wird. Wir sparen Zeit und Konzentration bei der Suche und können immer wieder automatisch nach ihm greifen. Jede routinemäßige Handlung wirkt also entlastend, und zwar insofern, als wir nicht jedes Mal neu überlegen, entscheiden und begründen müssen, weshalb wir etwas tun. Haben wir uns einmal auf ein bestimmtes Handlungsmuster eingelassen, so erübrigen sich in der Regel Vergleich und Erwägung von Alternativen. Der Mühe der Auswahl und Begründung unserer Handlungen entziehen wir uns, indem wir uns der Rationalität anvertrauen, die unserem habitualisierten Handeln eingehüllt zu sein scheint.

Wenn nun die individuelle Habitualisierung auf kollektiver Ebene (Familie, Stamm, Sippe, Gemeinschaft, Staat usw.) sich durch Typisierungen Geltung verschafft, dann etabliert sich eine Institution. Gewohnheiten und habitualisierte Handlungen werden durch rollenmäßige Stereotypisierungen verfestigt und in reziprokes Verhältnis zu anderen ebenfalls typisierten Verhaltensweisen gesetzt (*Berger/Luckmann* 1970). Erst nach solchen Typisierungen in der Rollenübernahme wird Interaktion im Sinne *Meads* (1934) möglich, weil die Antizipation der Reaktion des anderen in kalkulable Grenzen rückt. Wenn ich weiß, welchen Beruf, welche gesellschaftliche Position, welchen Familienstand usw. mein Interaktionspartner hat, habe ich größere Chancen, seine möglichen Reaktionen auf mein Handeln richtig zu antizipieren. Die Möglichkeit und Fähigkeit, im Interaktionsprozeß die Reaktionen des Interaktionspartners vorwegzunehmen und in das eigene Handeln einzubeziehen, steigert sich mit der Institutionalisierung als kollektiver Typisierung und Verfestigung von habitualisierten Handlungen.

Habitualisierung bedeutet aber auch konsequenterweise Vereinseitigung, Spezialisierung, Verkrustung von Verhalten, Ausschalten von Alternativen. Zugunsten einer irgendwann einnal als sinnvoll und zweckhaft empfundenen Handlung wird jede weitere Möglichkeit auf Dauer abgestellt oder jedenfalls nicht mehr thematisiert. Die Ökonomie der Entlastung, die dem Menschen Weltoffenheit ermöglicht und den ihm fehlenden Instinktapparat ersetzt, etabliert und verfestigt sich. Die einmal getroffene Selektion in der Reihe von Alternativen wird nicht mehr der hinterfragenden Kontrolle unterzogen. Solche Reflexion hemmt den Verlauf reibungsloser Funktionalität, weil sie Sand ins Getriebe von Habitualisierungsmechanismen streut. So wirkt Habitualisierung, obwohl ursprünglich Bedingung für Freisetzung kreativen und innovativen Energiepotentials, eher einengend, monoperspektivisch festlegend. Hier zeigt sich eine bemerkenswerte Ambivalenz der Instituionalisierungsprozesse. Betrachten wir den Unterricht als eine Form habitualisierten Handelns, das täglich nach bestimmten Handlungsschemata, rollenfixierten Interaktionen, Ritualen, mittels von teilweise Generationen überdauernden Materialien abläuft, so bedeutet dies sowohl Entlastung des Lehrers von täglichen Entscheidungen als auch jene Gefahr, die schon *Herbart* als „Schlendrian“ bezeichnete. Mit der Habitualisierung des Handelns in den Institutionen wird eine Voraussetzung für die Freisetzung innovativer Einfälle und kreativer Ideen geschaffen. Und zugleich wird in jeder Habitualisierung ein bestimmtes Verhaltensmuster verfestigt, objektiviert und potentiell gegen Innovationen resistent gemacht. Wir werden auf die schultheoretischen und grundschuldidaktischen Konsequenzen, die aus dieser Ambivalenz zu folgern sind, zurückkommen.

2. Objektivation

Habitualisierung als notwendige Selektion von Handlungsverläufen ist ein Prozeß, der tagtäglich und routinemäßig abläuft. Dieser Prozeß führt zu einem Produkt als Ergebnis und Verkörperung. Auf kollektiver Ebene, die uns im Zusammenhang mit Institutionalisierungsprozessen interessiert, entstehen kulturelle Objektivationen, Produkte also, die auf *„chronische Bedürfnisse"* (*Gehlen* 1977) rückführbar sind. Ein Werkzeug beispielsweise ist die Verkörperung solcher aufgrund von chronischen Bedürfnissen und Interessen in Gang gehaltenen habitualisierten Handlungen. Als Produkt bezieht es sich immer wieder auf dieselben eingewöhnten Arbeitsgänge und wiederkehrenden Sachumstände. Alle Institutionen entstehen aufgrund von Typisierungen von habitualisierten Handlungsschemata, die nach *Gehlen* anthropologisch bedingt sind und auf die Primärbedürfnisse zurückgehen. Handlungsschemata dieser Art gerinnen zu einem Produkt; dadurch werden sie auf Dauer gestellt und verfestigt. Keine Kultur wäre denkbar, ohne daß dauerhafte Handlungsprozesse in Formen gegossen werden und feste, starre und produkthafte Gestalt annehmen. So hat Bronislaw *Malinowski* eine allgemeine Theorie der Kultur entwickelt, die auf der Identifikation von Phänomenen beruht, welche konstitutive Funktion für jede Kultur in Anspruch nehmen. Seine Funktionsanalyse listet er in zwei Kategorien auf, dem Prinzip der Vereinigung und dem ihm entsprechenden Institutionentyp. Dem Prinzip Fortpflanzung korrespondiert der Institutionentyp Familie, dem Prinzip Territorium entspricht die Institution Gemeinde, Dorf, Stadt usw. (*Malinowski* 1975).

Interessant erscheint, ohne im einzelnen auf die Kulturtheorie von *Malinowski* einzugehen, der transkulturelle Charakter von Institutionenbildung, der auch bei *Malinowski* auf Primärbedürfnisse zurückgeht. Als Objektivationen von habitualisierten Handlungen haben sie konstitutive Funktion für die Herausbildung vieler weiterer Objektivationen, für „Institutionsballungen" qua Gesellschaft (*Berger/Luckmann* 1970). Ohne Institutionen also keine Kultur. „Kultur ist ihrem Wesen nach ein über Jahrhunderte gehendes Herausarbeiten von hohen Gedanken und Entscheidungen, aber auch ein Umgießen dieser Inhalte zu festen Formen, so daß sie jetzt, gleichgültig gegen die Kapazität der kleinen Seelen, weitergereicht werden können, um nicht nur die Zeit, sondern auch die Menschen zu überstehen" (*Gehlen* 1977). Und an anderer Stelle hat *Gehlen* (1961) nachdrücklich darauf aufmerksam gemacht, daß Ideen und Gedanken keine Stabilität und zeitüberdauernde Geltungschance hätten, wenn sie nicht durch Institutionen lebensfähig gehalten würden. Dies bedeutet, daß Ideen sich der Eigenmächtigkeit und dem Selbstwertsystem von Institutionen anzupassen haben, um lebensfähig zu sein. Innovationen also, die sich in die bestehenden Strukturen von Institutionen und Paradigmen nicht einfügen, sind somit der Gefahr ausgesetzt, nicht aktualisiert zu werden und bald in Vergessenheit zu geraten. Zwar vermag ein Ideenkomplex sich aus eigener Kraft auszubreiten, vor allem dann, wenn er den aktuellen Zeitbedürfnissen entgegenkommt, aber *Gehlen* meldet Zweifel an, ob er sich auch längerfristig aus eigenen Mitteln ohne institutionelle Unterstützung wird halten können.

Das Umgießen der Prozesse der habitualisierten Handlungsschemata in feste Formen objektiviert sie zu Produkten, die nunmehr in eigener Weise in den sie hervorbringenden Prozeß eingreifen. Der Begriff „Objektivation" charakterisiert jenes Gerinnen der sinnhaften Handlungsabläufe zu objektiven Gegebenheiten, deren Sinn für die nächste Generation, die am Objektivierungsprozeß nicht mitgewirkt hat, nur noch mittels Sinnrekonstruktion einsichtig sein kann (*Berger/Luckmann* 1970). Was die Väter und Großväter ausgemacht haben und was sich in Form einer Institution etabliert und verfestigt hat, erscheint für die nächste Generation nicht mehr unmittelbar sinnhaft. Die schlichte Gegebenheit einer Institution als kultureller Objektivation muß daher der jüngeren Generation grundsätzlich als etwas Fremdes entgegentreten. Es ist an den Institutionen äußerst bemerkenswert, daß sie mit ihrem Entstehen ihre instrumentelle Zweckmäßigkeit relativieren. Wenn also Institutionalisierungsprozesse, die ja ursprünglich mit chronischen Bedürfnissen zusammenhängen, sich in Form einer kulturellen Objektivation verfestigen, erfüllen sie nicht mehr ausschließlich diese Bedürfnisse. Sie entwickeln als Objektivationen eigene Geltungsansprüche und Wertmaßstäbe und verselbständigen sich. Die Notwendigkeit der Objektivation resultiert daraus, daß die Prozesse sich auf kollektiver Ebene habitualisieren. Um hier Entlastung zu erreichen, wird durch Objektivierung etwa in Form von Institutionen für reibungslosen und geregelten Ablauf Sorge getragen. Nun zeigt sich aber, daß die Objektivation den Bereich ihrer finalen Entstehung überschreitet, d. h. das Produkt der Institutionalisierung negiert partiell den Prozeß, aus dem sie notwendig hervorgegangen ist.

3. Stabilisierung

Um mit *Fichtes* Begriffspaar zusammenzufassen: Eine Institution ist eine Tat*sache,* die aufgrund von stereotypisierten Tat*handlungen* zustandegekommen ist. Ihre erste und wichtigste Funktion besteht in der weiteren (nunmehr formell und gesellschaftlich anerkannten) Fortschreibung der typisierten und aufeinander bezogenen Handlungsweisen des Menschen als zoon politikon. Geschichte überhaupt – wir erinnern uns an die historisch-materialistischen Einsichten von *Marx* und *Engels* (MEW 3) – ist nicht möglich, ohne daß bestimmte „Reproduktionsverhältnisse" stattfinden und die Reproduktion dieser „Reproduktionsverhältnisse" garantiert wäre. Letztere ist eine Potenzierung, die durch Einrichtung von Institutionen auf Dauer gestellt wird. Durch Institutionen werden habitualisierte Handlungsweisen zeitresistent gemacht. „Alle Stabilität", schreibt *Gehlen* im Einleitungskapitel seiner Institutionentheorie, „bis in das Herz der Antriebe hinein, jede Dauer und Kontinuität des Höheren im Menschen hängt letztlich von ihnen (Institutionen) ab" (1977). Familie, Gemeinschaft, Schule, Recht, Wirtschaft, Staat, Religion usw. sind Institutionen, die konservierende Funktion erfüllen. Ohne diese stabilisierende Kontinuität wäre Kultur nicht möglich. Institutionen verkörpern Dauer und Stabilität selbst dann, wenn sie im Inneren leerlaufen und kaum eigentlich funktionieren. Das hängt damit zusammen, daß sie neben ihrer tatsächlichen Existenz auch eine Art symbolische Funktion haben. Sie haben Hinweischarakter, indem sie das zu Erhaltende demonstrieren. In diesem Sinne hängen sie noch an der Nabelschnur ihres sie generierenden Prozesses, den sie fortlaufend stabilisieren.

Mit der Stabilisierungsfunktion von Institutionen geht aber notwendig eine andere Wirkung einher, nämlich soziale Kontrolle. Wenn ein bestimmter Bereich institutionalisiert ist, so bedeutet dies, daß er einer kontrollierten Stabilisierung dient. Abweichungen von der normativ festgelegten Basis habitualisierter Handlungsweisen wird mit entsprechenden Sanktionen belegt. Ein Verhalten, das den institutionalisierten Rahmen sprengt, wird als störend oder auffällig bezeichnet. Diese Kontrollfunktion von Institutionen beruht auf der Entwicklung von reziproker Typisierung von Verhaltensweisen. Ein Student, der Lehrer wird, sieht sich genötigt, bestimmte Handlungsmuster anzunehmen. Tut er dies nicht, so merkt er bald durch seine Interaktionspartner (Direktor, Kollegen und auch Schüler), daß ihm das reziprok erwartete Verhalten verwehrt wird. So kommt es häufig zu Beginn gerade des Lehrerberufes zu Identitätskonflikten.

Institutionen streben also Stabilisierung durch Anpassung an, denn „je mehr Verhaltensweisen institutionalisiert sind, desto mehr Verhalten wird voraussagbar und kontrollierbar" (*Berger/Luckmann* 1970). Dies kann man im Grunde als Extrapolation des habitualisierten Verhaltens auffassen. Auch auf individueller Ebene wird durch die Habitualisierung ein Verhalten in dem Sinne verfestigt, daß eine Selektion stattfindet. Weitere Alternativen werden dann ausgeschlossen, so daß wiederholte Grundsatzentscheidungen ausgespart werden können. Diese zum Überleben des Menschen funktionale Bedingung wird auf der institutionalen Ebene verdinglicht. Institutionell bedingte Sozialisation legt das Handeln in Form von Rollenerwartungen fest, so daß Freiheit nur innerhalb des institutionell erlaubten Rahmens gewährt wird. Das Interesse des Transzendentalsubjekts an der Erweiterung seiner Handlungskompetenz durch Habitualisierung schlägt nun einengend auf das empirische Subjekt zurück. Mit dem Gesellschaftsvertrag, den die Ahnen abgeschlossen haben, werden nunmehr Antriebspotential und Bedürfnisstruktur im gebrochenen Licht der Eigengesetzlichkeit von Institutionen orientiert und abgesättigt. Extrapoliert man diese Tendenz der Institutionen, durch Stabilisierung und Kontrolle den gesellschaftlichen Wandel in eigener Regie zu übernehmen, so wird einsichtig, daß dies bei aller Notwendigkeit und möglicherweise Unumgänglichkeit in einer technisch zivilisierten Gesellschaft die Demokratie auszuhöhlen und sie durch Expertokratie zu ersetzen höchst geeignet erscheint (*Schelsky* 1965).

4. Verselbständigung

„Institutionalisierung", so läßt sich in der Tat lapidar sagen, „bedeutet Umschlagen in Eigengesetzlichkeit" (*Jonas* 1966). Ursprünglich zwar durch zweckrationale Motive entstanden, verselbständigen sich Institutionen und erhalten „einen Selbstwert im Dasein" (*Gehlen* 1977). Das ist dann der Fall, wenn ihre objektive Gegebenheit vorausgesetzt wird. Diese Voraussetzung impliziert Relativierung, Verschiebung und letztlich das Verschwinden des ursprünglichen Motivs. Gegenstände, deren Existenz jenseits von ihrer ursprünglichen Existenznotwendigkeit und Prozeßgenese in den Bereich der Selbstverständlichkeit gerückt sind, haben ihren bloßen Daseinswert transzendiert.

Bedürfnisse, Antriebe, Interessen und deren dauerhafte Absättigung durch Institutionen gerinnen zu einem Ding, welches unbefragt Eigenwert besitzt, ohne daß in der Regel die es erzeugenden Bedürfniskonstellationen und Institutionalisierungsprozesse rekonstruiert oder aktualisiert würden. So zeigt die Institutionalisierung prinzipiell eine Tendenz zur Verdinglichung und Entfremdung. Fragt man eine Hausfrau, warum sie täglich so gründlich putzt, so wird sie vielleicht antworten, weil diese Arbeit täglich getan werden muß. Würde sie antworten, weil Hygiene sein muß, so würde sie der Funktion des Putzens aus gemeinschaftlichem Interesse Ausdruck verleihen, nicht aber ihr eigenes Motiv zur Sprache bringen. Das Putzen, ein Vorgang mit ganz anderen ursprünglichen Motiven, hat sich verselbständigt und ist nun selbstverständlich geworden. Wir sagen von etwas, es verstehe sich doch von selbst. Aber wie kann sich eine Sache von selbst verstehen? Offenbar liegt hier eine Verkürzung im Sprachgebrauch vor. Wenn ein verstehendes Subjekt eine Sache so oft verstanden hat, daß sie nun für es unbefragt, d. h. unhinterfragt verständlich ist, dann reden wir wohl von Selbstverständlichkeit, d. h. aber, daß das Subjekt dieses Objekt jederzeit, wenn es Anlaß dazu hätte, hinterfragen, es von neuem rekonstruieren und verstehen kann. Das Wort selbstverständlich zeigt also, in welchem Maße hermeneutische Prozesse auf Monoperspektiven reduziert und zu verkrusteten Gebilden gerinnen können. Sie erscheinen dann so, als seien sie immer nur in dieser einen Perspektive zu verstehen. Das Wort „selbstverständlich" ist der sprachliche Ausdruck für einen dingfest gemachten Vorgang.

Ein gutes Beispiel für das Umschlagen von Handlungsprozessen in Eigengesetzlichkeiten ist das Spiel. Die Spielregeln bilden ein System, das allen Spielteilnehmern obligatorische Verhaltensweisen auferlegt. Die Spielteilnehmer handeln so, daß sie die virtuellen Handlungen und Reaktionen ihres Gegenspielers antizipieren. Habitualisierte Handlungsweisen werden reziprok typisiert, so daß gegenseitig bestimmte Handlungsweisen verlangt werden können. So schlägt eine vereinbarte Spielregel um in einzuhaltende Selbstverständlichkeit (vgl. *Gehlen* 1963). Aus der Verselbständigungstendenz von Institutionen läßt sich nach *Gehlen* eine ganze Reihe von Konsequenzen ableiten. Eine wesentliche Konsequenz ist beispielsweise die Einsicht, daß durch Eigengesetzlichkeit die Trennung der ursprünglichen Motive von Zwecken der Handlung bewirkt wird. Verglichen mit den biologischen Theorien der Institution, die von der zweckrationalen Entstehung von Institutionen her argumentieren, bedeutet die Verselbständigung von Institutionen Generierung eigener Zwecke und damit Entstehung neuer Institutionen (Kumulation).

# Zu Kapitel 2: Das Großsystem: Normierung und Verwaltung

## 2.1 Deutscher Juristentag – Kommission Schulrecht: Entwurf für ein Landesschulgesetz

Die Schulrechtskommission des Deutschen Juristentags begann ihre Arbeit 1978. Ihr gehörten Juristen und Erziehungswissenschaftler an. 1981 legte sie einen „Entwurf für ein Landesschulgesetz" vor, einen Muster-Gesetz-Entwurf zur rechtlichen Beratung der Parlamente der deutschen Bundesländer, der Administrationen und der Gerichte. Aus dem Bericht der Kommission geben wir die Zusammenfassung der Ergebnisse und die §§ 1–6 ihres Entwurfs wieder.

Quelle: Deutscher Juristentag: Schule im Rechtsstaat, Band 1. Entwurf für ein Landesschulgesetz. Bericht der Kommission Schulrecht des Deutschen Juristentags, München 1981, 20 f., 64 ff.

### Zusammenfassung der wichtigsten Ergebnisse der Kommissionsarbeit

Im Mittelpunkt der Kommissionsarbeit stand die Frage, wie dem Rechtsstaatsprinzip, dem Demokratiegebot und den Grundrechten sowie insbesondere dem Parlaments- und Gesetzesvorbehalt bei der Setzung von Bildungs- und Erziehungszielen und deren Umsetzung in Curricula, bei dem Aufbau und der Organisation des öffentlichen Schulwesens sowie im Schulalltag von Gesetzes wegen entsprochen werden kann. Der nachfolgende Gesetzesvorschlag bietet dazu konkrete, in einer Reihe wichtiger Gegenstände auch mit Alternativ- und Ergänzungsvorschlägen versehene Lösungen an. Die Kommission hat sich auch nicht gescheut, wichtige Teile schon bestehender Länderregelungen zu übernehmen; dies wird jeweils gekennzeichnet.

Einige Kommissionsvorschläge gehen neue Wege. Dazu gehören zum Beispiel neben ausführlicheren Bestimmungen über den Bildungsauftrag der Schule, die Beschreibung der Aufgaben und Gegenstandsbereiche des Unterrichts, der Lehrpläne und ihrer Inhalte, der Verfahren zur Gewinnung von Lehrplänen, über Leistungsbewertungen, Prüfungen und Abschlüsse, über die Anerkennung von Prüfungen und Abschlüssen sowie die Verknüpfung dieser gesetzlichen Vorschriften mit der Ermächtigung an den Kultusminister zum Erlaß von Rechtsverordnungen. Für die Zulassung und Einführung von Schulbüchern wird ein gesetzlich abgesichertes Verfahren vorgeschlagen. Der Schulaufbau einschließlich des sogenannten Zweiten Bildungswegs und einer Regelung über Schulen für Behinderte wird umfassender und systematischer als bisher beschrieben. Im Gesetzentwurf werden Schulversuche und Versuchsschulen definiert und wird zur Durchführung von Versuchen ermächtigt. Im Gesetzentwurf wird ein Recht auf schulische Bildung konzipiert und der Inhalt dieses Rechts präzisiert. Den Lehrern wird pädagogische Freiheit im Rahmen der geltenden Rechtsvorschriften und Konferenzbeschlüsse gewährleistet; durch Begrenzung der staatlichen Aufsichtsfunktionen über die Schule wird diese Freiheit genauer beschrieben. Ein besonderer Teil hat verschiedene Modelle für eine Schulverfassung zum Inhalt. Ihre Aufnahme in den Gesetzentwurf macht vielfältige, insbesondere in diesem Bereich bestehende Ministerialbestimmungen entbehrlich. Der Entwurf enthält –

zum Teil alternative – Vorschläge zur Vereinfachung des gegenwärtigen Systems der Schulträgerschaft und Schulfinanzierung. Schließlich schlägt die Kommission für Schulen in freier Trägerschaft eine vereinfachte und die Freiheit dieser Schulen in besonderem Maße berücksichtigende Regelung vor.

## Recht auf schulische Bildung und Auftrag der Schule

§ 1 Recht auf schulische Bildung

[1]Jeder junge Mensch hat ein Recht auf schulische Bildung. [2]Dieses Recht wird durch ein öffentliches Schulwesen gewährleistet, das nach Maßgabe dieses Gesetzes einzurichten und zu unterhalten ist. [3]Aus dem Recht auf schulische Bildung ergeben sich einzelne Ansprüche, wenn sie nach Voraussetzungen und Inhalt in diesem Gesetz oder aufgrund dieses Gesetzes bestimmt sind.

*Alternative 1*

§ 2 Bildungsauftrag der Schule

Die schulische Bildung soll zur Entfaltung der Persönlichkeit der Schüler in der Gemeinschaft beitragen. Die Schule erfüllt diesen Auftrag, indem sie Kenntnisse, Fähigkeiten und Werthaltungen vermittelt und so die Bildungs- und Erziehungsziele zu erreichen und Freude am Lernen zu wecken sucht. Das Grundgesetz für die Bundesrepublik Deutschland und die *Verfassung des Landes* . . . bilden hierfür Richtlinie und Rahmen.

*Alternative 2*

§ 2 Bildungsauftrag der Schule

Die schulische Bildung soll durch die Vermittlung von Kenntnissen, Fähigkeiten und Werthaltungen im Rahmen des Grundgesetzes für die Bundesrepublik Deutschland und der Landesverfassungen sowie auf der Grundlage der europäischen Geschichte und Kultur

1. die Schüler zum Bewußtsein der menschlichen Würde, zur Erkenntnis der Bedingungen der eigenen Existenz sowie zur Toleranz gegenüber den Wertentscheidungen anderer führen,
2. die Entwicklung der eigenen Anlagen und Fähigkeiten der Schüler unter Achtung der Rechte anderer fördern,
3. die Voraussetzungen für eine der Eignung und Leistung der Schüler entsprechende Berufsausbildung und Berufsausübung schaffen,
4. die Schüler zur Übernahme von Verantwortung im persönlichen, familiären und gesellschaftlichen Bereich befähigen und
5. Freude am Lernen wecken.

§ 3 Bildungs- und Erziehungsziele

Die Schüler sollen lernen,

1. Selbständigkeit zu entwickeln und eigenverantwortlich zu handeln,
2. die eigene Wahrnehmungs-, Empfindungs- und Ausdrucksfähigkeit zu entfalten,
3. sich Informationen zu verschaffen und sie kritisch nutzen,
4. die eigene Meinung zu vertreten und die Meinung anderer zu respektieren,
5. die grundlegenden Normen des Grundgesetzes zu verstehen,
6. in religiösen und weltanschaulichen Fragen persönliche Entscheidungen zu treffen und Verständnis und Toleranz gegenüber den Entscheidungen anderer zu entwickeln,
7. eigene Rechte zu wahren und die Rechte anderer auch gegen sich selbst gelten zu lassen,

8. ihre Beziehungen zu anderen Menschen auf der Grundlage von Achtung und Solidarität zu gestalten, Konflikte zu erkennen und sie vernunftgemäß zu lösen, aber auch zu ertragen,
9. selbständig wie auch gemeinsam mit anderen Leistungen zu erbringen, insbesondere im Beruf,
10. soziale und politische Mitverantwortung zu übernehmen und sich zusammenzuschließen, um gemeinsam Interessen wahrzunehmen,
11. Ursachen und Gefahren totalitärer und autoritärer Herrschaft zu erkennen und ihnen entgegenzuwirken,
12. Verständnis für die Eigenart und das Existenzrecht anderer Völker, für die Gleichheit und das Lebensrecht aller Menschen zu entwickeln und
13. mit der Freizeit umzugehen.

§ 4 Grundsätze für die Verwirklichung

(1) Die Schule achtet die Freiheit der Religion, der Weltanschauung, des Glaubens sowie das verfassungsmäßige Recht der Eltern auf Erziehung ihrer Kinder und nimmt Rücksicht auf die Empfindungen und Überzeugungen Andersdenkender.

(2) Die Schule wirkt darauf hin, daß kein Schüler wegen seines Geschlechts, seiner Abstammung, seiner Rasse, seiner Sprache, seiner Heimat und Herkunft, seines Glaubens, seiner religiösen oder politischen Anschauungen benachteiligt oder bevorzugt wird.

(3) Schüler und Schülerinnen werden grundsätzlich gemeinsam erzogen und unterrichtet.

(4) Schüler, deren Muttersprache nicht Deutsch ist, sollen zusammen mit Schülern deutscher Muttersprache deutschsprachig unterrichtet und zu den gleichen Abschlüssen geführt werden.

(5) Die Schule erfüllt ihren Auftrag auf der Grundlage wissenschaftlicher Erkenntnis.

(6) [1]Zur Erfüllung des Auftrags der Schule wirken die Beteiligten, insbesondere Lehrer, Eltern und Schüler zusammen. [2]Die Schule trägt in Zusammenarbeit mit den anderen zuständigen Stellen zur Vorbereitung der Schüler auf Berufswahl und Berufsausübung bei.

(7) [1]Der Unterricht findet in Lerngruppen (Klassen oder Kursen) statt. [2]Bei besonderen Lernbedürfnissen und Lernvoraussetzungen können andere Formen von Lerngruppen gebildet werden. [3]Die Schule soll ferner Möglichkeiten zu besonderer Förderung bieten.

§ 5 Aufgaben des Unterrichts

(1) Der Unterricht in der Primarstufe und in der Sekundarstufe I soll vermitteln:

1. Sicherheit im mündlichen und schriftlichen Ausdruck, im Lesen und in der Rechtschreibung;
2. Sicherheit in grundlegenden mathematischen Operationen;
3. Erfahrungen mit Literatur, Kunst und Musik;
4. Erfahrungen im Umgang mit Material und Werkzeugen sowie Kenntnisse von Verfahren;
5. sportliche Fähigkeiten und Freude an sportlicher Betätigung;
6. Grundkenntnisse in mindestens einer Fremdsprache;
7. naturwissenschaftliche Grundkenntnisse unter Einbeziehung der Ökologie;
8. Grundkenntnisse der Geschichte und Geographie;

9. Grundkenntnisse von Einrichtungen und Vorgängen des Gemeinwesens;
10. Grundkenntnisse der Arbeits- und Wirtschaftswelt.

(2) Der Unterricht in der Sekundarstufe II vertieft und erweitert die in der Primarstufe und in der Sekundarstufe I erworbenen Kenntnisse und Fähigkeiten der Schüler und ergänzt sie um berufsbezogene Inhalte.

(3) Der Unterricht soll zu selbständigem Erarbeiten weiterer Kenntnisse befähigen.

(4) [1]Sexualkunde ergänzt die Sexualerziehung durch die Eltern; sie wird fächerübergreifend im Unterricht aller Schulstufen vermittelt. [2]Ziel der Sexualkunde ist es, die Schüler altersgemäß mit den biologischen, ethischen, kulturellen und sozialen Tatsachen und Bezügen der Geschlechtlichkeit des Menschen vertraut zu machen. [3]Die Sexualkunde soll das Bewußtsein für eine persönliche Intimsphäre und für partnerschaftliches Verhalten in persönlichen Beziehungen sowie in Ehe und Familie entwickeln und fördern.

§ 6 Gegenstandsbereiche des Unterrichts

(1) An allen Schulen ist Unterricht in folgenden Gegenstandsbereichen gewährleistet:

1. Primarstufe:
   a) deutsche Sprache,
   b) Mathematik,
   c) Kunst (Musik, bildende und darstellende Kunst),
   d) Sachkunde (Heimatkunde, Naturkunde, Sozialkunde),
   e) Religion/Ethik,
   f) Sport;
2. Sekundarstufe I:
   a) deutsche Sprache,
   b) eine erste Fremdsprache, eine zweite Fremdsprache an der Realschule, an der Gesamtschule und am Gymnasium,
   c) Mathematik,
   d) Kunst (Musik, bildende und darstellende Kunst),
   e) Geschichte, Erdkunde, Sozialkunde,
   f) Physik, Chemie, Biologie,
   g) Arbeitslehre (Hinführung zur Berufs- und Arbeitswelt),
   h) Religion/Religionskunde, Ethik,
   i) Sport;
3. Sekundarstufe II (studienqualifizierende Bildungsgänge):
   a) sprachlich-literarisch-künstlerisches Aufgabenfeld,
   b) gesellschaftswissenschaftliches Aufgabenfeld,
   c) mathematisch-naturwissenschaftlich-technisches Aufgabenfeld,
   d) Religion/Religionskunde, Ethik,
   e) Sport;
4. Sekundarstufe II (berufsqualifizierende Bildungsgänge):
   a) allgemeiner, berufsfeldübergreifender Lernbereich (Sprache und Gesellschaftslehre),
   b) berufsfeldbezogener Lernbereich,
   c) auf die Anforderungen von Arbeitstätigkeiten oder auf das Berufsbild der jeweiligen Ausbildungsordnung bezogener Lernbereich,
   d) Religion/Religionskunde, Ethik,
   e) Sport.

(2) [1]Der Religionsunterricht ist außer an bekenntnisfreien Schulen ordentliches Unterrichtsfach. [2]Unbeschadet des staatlichen Aufsichtsrechts (§ 73) wird der Religionsunterricht in Übereinstimmung mit den Grundsätzen der betreffenden Kirchen oder Religionsgemeinschaften erteilt. [3]Die Kirchen oder Religionsgemeinschaften können sich durch Beauftragte vergewissern, daß der Religionsunterricht in Übereinstimmung mit den Grundsätzen ihres Bekenntnisses erteilt wird. [4]Für mindestens . . . Schüler an einer Schulstufe ist Religionsunterricht einzurichten. [5](Erg.: Schüler, die am Religionsunterricht nicht teilnehmen, erhalten Unterricht in Ethik und/oder Religionskunde.)

(3) Der *Kultusminister* wird ermächtigt, durch Rechtsverordnung für die einzelnen Schulstufen, Schularten und Schuljahrgänge festzulegen:

1. die Unterrichtsfächer;
2. die Verbindlichkeit der Unterrichtsfächer (Pflichtfach, Wahlpflichtfach, Wahlfach);
3. das Verhältnis von Pflicht-, Wahlpflicht- und Wahlbereich;
4. die Mindest- und Höchstsumme der wöchentlichen Unterrichtsstunden aller Unterrichtsfächer zusammen (Stundenrahmen);
5. die Zahl der wöchentlichen Unterrichtsstunden, die auf jedes Unterrichtsfach entfallen (Stundentafel);
6. die Form der Differenzierung des Unterrichts (§ 4 Abs. 7).

## Zu Kapitel 3: Das Subsystem: Schulklasse, Stammgruppe, Kurs

### 3.1 Parsons: Die Schulklasse als soziales System: Einige ihrer Funktionen in der amerikanischen Gesellschaft

Talcott *Parsons* (geb. 1902) war ehemals Professor in Harvard, gilt als Hauptvertreter des Funktionalismus. Er entwarf eine Theorie sozialen Handelns und das Modell eines sozialen Systems. Sein Aufsatz über die Schulklasse, aus dem wir einen Auszug bringen, ist ein Kabinettstück der pädagogischen Soziologie.

Quelle: *Graumann, C.F./Heckhausen, H.* (Hg.): Pädagogische Psychologie 1, Reader zum Funkkolleg, Frankfurt/M. 1973, 349, 353 (Originaltitel des Beitrags)

Vom funktionalen Gesichtspunkt aus kann die Schulklasse zunächst als Sozialisationsinstanz behandelt werden. Das heißt, es handelt sich dabei um eine Instanz, durch die einzelne Persönlichkeiten ausgebildet werden, um der Erfüllung von Erwachsenenrollen motivationsmäßig und technisch gewachsen zu sein. Sie ist nicht die einzige Instanz dieser Art; die Familie, informelle Gruppen Gleichaltriger, Kirchen und verschiedene freiwillige Organisationen spielen gleichfalls eine Rolle, ebenso die eigentliche Berufsausbildung. Aber in dem Zeitraum zwischen dem Eintritt in die erste Klasse und dem Beginn der Erwerbstätigkeit oder der Ehe kann die Schulklasse als die zentrale Sozialisationsinstanz angesehen werden. Die Sozialisationsfunktion kann zusammenfassend gekennzeichnet werden als die Entwicklung von Bereitschaften und Fähigkeiten der Individuen als wesentlicher Voraussetzung ihrer späteren Rollenerfüllung. Bereitschaft kann wiederum in zwei Komponenten aufgeteilt werden: Bereitschaft zur Verwirklichung der allgemeinen Werte der Gesellschaft und Bereitschaft zur Erfüllung eines spezifischen Rollentyps innerhalb der Struktur der Gesellschaft. So kann eine Person mit einem verhältnismäßig bescheidenen Beruf ein „solider Bürger“ im Sinn einer Bereitschaft zu ernsthafter Arbeit in diesem Beruf sein, ohne jedoch intensives und aufgeklärtes Interesse an der Verwirklichung der differenzierteren Werte der Gesellschaft zu besitzen. Oder umgekehrt könnte jemand der Verankerung der weiblichen Rolle in Ehe und Familie deshalb widersprechen, weil eine derartige Verankerung verhindert, daß die gesamten Talentressourcen der Gesellschaft gleichmäßig auf Wirtschaft, Regierung und Verwaltung und so weiter verteilt werden. Fähigkeiten können ebenfalls in zwei Komponenten aufgeteilt werden: erstens, Kompetenz oder Fertigkeiten, die mit den individuellen Rollen verbundenen Aufgaben zu erfüllen; zweitens, „Rollenverantwortlichkeit“ oder Fähigkeit, den Erwartungen der anderen hinsichtlich dem diesen Rollen angemessenen interpersonellen Verhalten zu entsprechen.

*Die Struktur der Schulklasse*

Entsprechend der allgemein großen Variabilität amerikanischer Institutionen und natürlich der im wesentlichen lokalen Kontrolle der Schulsysteme gibt es beträchtliche Unterschiede der Schulsituationen, aber im großen und ganzen haben sie einen einzigen, verhältnismäßig klar ausgeprägten strukturellen Rahmen. Besonders für den Elementarteil der Grundschule, das heißt für die ersten drei Klassen, impliziert das grundlegende Muster einen Hauptlehrer für jede Klasse, der alle Fächer lehrt und allgemein für die Klasse verantwortlich ist.

Manchmal treten schon zu diesem frühen Zeitpunkt, häufig aber später, andere Lehrer für besondere Fächer hinzu, besonders für Sport, Musik und Kunsterziehung, ohne daß dadurch die zentrale Stellung des Hauptlehrers geändert wird. Der Lehrer ist üblicherweise eine Frau. Die Klasse bleibt für die Dauer des Schuljahres bei diesem Lehrer, in der Regel aber nicht länger.
Die Klasse besteht aus etwa 25 Gleichaltrigen beiderlei Geschlechts, die aus einem verhältnismäßig kleinen geographischen Gebiet stammen, das heißt aus der Nachbarschaft. Es gibt zunächst keine formelle Basis der Statusdifferenzierung in der Schule, außer, in gewisser Hinsicht, dem Geschlecht. Die wesentliche strukturelle Differenzierung erfolgt erst allmählich auf der einzigen, oben als Leistung bezeichneten Hauptachse. Daß die Differenzierung wirklich auf einer einzigen Hauptachse erfolgt, wird durch vier primäre Merkmale der Situation gewährleistet. Das erste ist die anfängliche Gleichheit des Status der „Wettbewerber" nach Alter und Familiensituation, da die Nachbarschaft typischerweise weitaus homogener ist als die ganze Gesellschaft. Zweitens wird eine Reihe gemeinsamer Aufgaben gestellt, die im Vergleich zu anderen Aufgabenbereichen verblüffend undifferenziert sind. Die Schulsituation gleicht in dieser Hinsicht weit mehr dem Wettkampf als die meisten anderen Situationen, bei denen im Rahmen bestimmter Rollen bestimmte Leistungen vollbracht werden müssen. Drittens gibt es die scharfe Polarisierung zwischen den Schülern in ihrer ursprünglichen Gleichheit einerseits und dem einzelnen Lehrer andererseits, der ein Erwachsener ist und die Welt der Erwachsenen „repräsentiert". Und viertens gibt es einen verhältnismäßig systematischen Prozeß der Bewertung der Schulleistungen. Vom Blickpunkt des Schülers aus stellt diese Bewertung, besonders (obwohl nicht ausschließlich) in Form von Zeugnisnoten, Belohnung und (oder) Strafe dar; vom Schulsystem als Verteilungsinstanz aus betrachtet ist es die Selektionsbasis für zukünftigen gesellschaftlichen Status.

## 3.2 Gordon: Die Schulklasse als ein soziales System

C. Wayne *Gordon* (geb. 1915) war Professor für Erziehungswissenschaft und Soziologie in Los Angeles. Seine pädagogischen Forschungen beeinflußten vor allem Theorie und Praxis der Unterrichtsstile.

Quelle: *Meyer, E.* (Hg.): Die Gruppe im Lehr- und Lernprozeß, Frankfurt/M. 1970, 2 f., 4–9 (Originaltitel des Beitrags)

*Das äußere System: Struktur und Funktion*
Ein Hauptaspekt des sozialen Systems der Schulklasse besteht in einem Organisationsmuster, dessen Beziehungsnetz mit den bekannten Formen der bürokratischen oder formellen Organisation übereinstimmt. Dieses System regelt die Interaktion der Mitglieder hinsichtlich der Hauptfunktion der Gruppe. Dieser Organisationstypus ist schon in weitem Umfang erforscht worden, so daß heute ein integriertes Ganzes an Theorie und empirischen Belegen über formale Organisationen vorhanden ist.
Auf diesen Aspekt der Organisation der Schulklasse wenden wir den von *Homans* ausgebauten Begriff des äußeren Systems an. *Homans* definiert dieses System als den „Zustand der Elemente ‚Tätigkeit' und ‚Interaktion' und ihrer Beziehung untereinander, soweit er eine Lösung des folgenden Problems herbeiführt: Wie soll die Gruppe in ihrer Umwelt überleben?"

Das ‚Überleben' einer Schulklasse hängt ab von der Antwort auf Fragen wie: Können die Schüler die Arbeit auf der nächsthöheren Stufe bewältigen? Erreichen sie das gleiche Leistungsniveau wie die Mitglieder anderer Klassen derselben Stufe?
Die ‚Tätigkeiten' sind im wesentlichen diejenigen, durch die den Anforderungen an die Schulleistungen Genüge getan werden soll. Die Lehrer machen die Schüler verantwortlich für die Erfüllung dieser Anforderungen, für die sie ihrerseits verantwortlich sind. Das Verhalten der Schüler wird auch durch das Zensurensystem kontrolliert; analog werden die Lehrer danach beurteilt, wie weit die Schüler den Standardanforderungen entsprechen. Die Rücksicht auf die Situation außerhalb der Schulklasse kontrolliert und steuert in beträchtlichem Maße die Tätigkeiten und die Art der sozialen Interaktion in der Schulklasse.

*Die Rolle des Lehrers in bezug auf das äußere System*
Der strukturelle Zusammenhang, in dem die Schule steht, stellt den Lehrer vor die Aufgabe einer ständigen Integration und Anpassung einander entgegenstehender Erwartungen. Die Fähigkeiten der Lehrer, dieses Ziel zu erreichen, sind unterschiedlich. Sie unterscheiden sich auch nach dem Grade der Unsicherheits- und Angstgefühle, die sie bei ihrer Lehrtätigkeit empfinden. Im Verlauf einiger Jahre gelingt es ihnen meistens, ihren Funktionen einen mehr routinemäßigen Charakter zu geben, um dadurch den persönlichen Druck, unter dem sie in ihrer konfliktgeladenen Situation stehen, auf ein Minimum zu reduzieren, dabei pflegen sie gewisse typische Anpassungsweisen zu entwickeln.
Die Anforderungen des äußeren Systems verlangen vom Lehrer, daß er bei den Schülern einen bestimmten festgelegten Lernerfolg erzielt. Die durch das Zensursystem definierten Standards stellen die Leistungsziele (instrumental goals) des Systems dar. Die höhere Schule verlangt in erster Linie Eignung für spezifische Leistungen, die zur Einführung neuer Personen in die rationaltechnischen Erfordernisse der Berufssysteme notwendig sind. Die Aufgabe des Lehrers ist es, hierzu die wesentlichen Voraussetzungen zu schaffen. Als Folge seines Erwachsenenstatus und seiner persönlichen Orientierung an Wissen und Bildung sucht der Lehrer normalerweise bei den Schülern Leistungen zu erzielen, die etwas über den Standards liegen, die sich die Jugendlichen selbst setzen. Daraus ergibt sich in bezug auf die Leistungsnormen ein Gegensatz, den der Lehrer aufzulösen versucht. . . .

*Das innere System: Struktur und Funktion*
Der zweite strukturelle Hauptaspekt des sozialen Systems der Schulklasse besteht in einem System, das durch ein Netz persönlicher Beziehungen definiert ist und hier als das innere System bezeichnet werden soll. *Homans* definiert es folgendermaßen: „Dieses System ist der Zustand der Elemente – ‚Sentimente', ‚Tätigkeiten' und ‚Interaktionen' –, der sich jenseits der Erfordernisse des äußeren Systems herausgebildet hat; er geht aus dem äußeren System hervor und wirkt gleichzeitig auf dieses zurück." Das innere System wird auch als das informelle oder soziometrische bezeichnet und ist in sehr vielen Untersuchungen über Schulklassen analysiert worden.
Es besteht aus einem Netz von persönlichen und sozialen Beziehungen, das den Status des Schülers sowohl in der Schulklasse wie auch in der weiteren Schulgemeinschaft definiert. Je jünger die Gruppe ist, etwa sechstes Schuljahr und darunter, desto mehr beschränken sich die Beziehungen auf die Klassenkameraden. Oberhalb des sechsten Schuljahres, wenn sich der Bildungsgang weiter aufspaltet und wenn in der Voradoleszenzperiode die soziale Mobilität in den Gruppen zunimmt, umfassen die sozialen Beziehungen in zunehmendem Maße sowohl

Klassenkameraden als auch Schulkameraden, die nicht zur eigenen Klasse gehören. Innerhalb der Schulklasse gibt es eine interpersonelle Struktur, die nach Alter, Geschlecht, Rasse, Religion und sozialer Klasse differenziert ist. Diese strukturelle Differenzierung ist in verschiedener Weise charakterisiert und als integrativ oder expressiv bezeichnet worden. Die Ergebnisse soziometrischer Untersuchungen von Schulklassen zeigen:

1. Alters- und Geschlechtsunterschiede,
2. Freundschafts- und Cliquenbeziehungen, die mit sozialer Klassenzugehörigkeit zusammenhängen,
3. rassische, ethnische und religiöse Differenzierung,
4. den häufig Gewählten und den nicht gewählten Isolierten,
5. ein Rangsystem, das dieser Differenzierung entspricht, die Rollen in der Schulklasse definiert und den Status des Schülers in der Klasse bestimmt. . .

Die Perspektive des Schülers, und wie andere – sowohl Lehrer wie Schüler – ihn selbst sehen, hängt von seinem Status in der komplexen Gruppenstruktur ab. Das gesamte innere System wird durch das Streben nach Prestige zusammengehalten, so daß die Konformitätsanforderungen, die an das Individuum gestellt sind, zu großen Unterschieden in dem Einfluß der Lehrer auf die einzelnen Schüler führen. Die Wertungskriterien, die bei der Prestigeeinschätzung durch die Gruppe der Gleichaltrigen vorherrschen – sportlicher Erfolg, Popularität, Schulleistung –, wirken sich auf die Fähigkeit des Lehrers aus, die Schüler zum Lernen und Arbeiten anzuregen. Die Beeinflussungsmöglichkeiten des Lehrers hängen ebenfalls mit dem Alter der Schüler zusammen. In einigen Schulsystemen nimmt der Einfluß der Lehrer mit dem Alter der Schüler ab. Wo bei der Prestigeverteilung in der Subkultur der Gleichaltrigen die Schulleistung im Vordergrund steht, kann man mit einem relativ großen Einsatz des Lehrers rechnen. Dabei wird unterstellt, daß der Lehrer seinen eigenen Status durch akademische Befähigung festigen kann, da mit zunehmender Bedeutung der akademischen Werte in der Jugendkultur an diejenigen Lehrer höhere Erwartungen gestellt werden, die sie mit Erfolg beeinflussen.

*Die Rolle des Lehrers und das informelle System*

In der Sicht des Lehrers von der Schulklasse ist das Verhalten nach einer ideal konzipierten Schulklassensituation definiert, in der die Leistungen sich der Fähigkeit und dem Wissen der Schüler annähern. In dieser Sicht erscheint die Diskussion als eine Art Ping-Pong-Spiel zwischen Lehrer und Schülern und zwischen den Schülern, das lediglich hinsichtlich des Wissens und der Schranken der Persönlichkeit begrenzt ist. Der Lehrer akzeptiert die persönlichen Grenzen seiner Schüler als einen Teil der Erziehungssituation. Der Schüler ist vertraut mit der Situation, wie sie vom Lehrer wahrgenommen wird, und mit den Regeln, nach denen sie funktioniert. Der Schüler berücksichtigt demgegenüber sein Verhältnis zu zwei verschiedenen Statusdimensionen, nämlich derjenigen, die sich aus der unterschiedlichen Einstufung der Schulleistungen ergibt, und derjenigen der informellen Gruppe; in der zweiten spielen eine Rolle seine Stellung als Jugendlicher zu dem eigenen und dem anderen Geschlecht, Erfolg beim anderen Geschlecht, sportliche Leistung, Reputation als „Kopf“, „große Kanone“ oder „Null“, Mitgliedschaft in angesehenen oder abschätzig beurteilten Cliquen oder Isoliertheit. All dies bezeichnet Rollen, deren Anforderungen den Erwartungen des Lehrers entgegengesetzt sind. Werden die Ansprüche der Lehrer nicht erfüllt, so kommt es zu Spannungen in der Rolle des Lehrers. Der Lehrer mit Einsicht in das informelle System kann unter Umständen beiden Rollenkomplexen in der Weise gerecht werden, daß er die an ihn gestellten Anforderungen mit einem Minimum an Störung der informellen Gruppe erfüllt. Dem ungeschickten Lehrer mögen Einsicht oder Technik oder auch beides abgehen, um die beiden Systeme miteinander zu harmonisieren. Er wird das Statussystem vielleicht direkt angreifen und so den Ausbruch eines Konflikts beschleunigen. . . .

*Das innere System der Schulklasse: Funktion*

Die Funktion des inneren Systems dürfte vorwiegend im Ausdruck von Emotionen und in der sozialen Integration liegen. Es handelt sich dabei um die interaktive Anpassung der Schüler untereinander und um ihren Status, wie er sich aus der sozialen Teilnahme sowohl im Hinblick auf den Lernerfolg wie auch im Hinblick auf Tätigkeiten und soziale Beziehungen ergibt, die keinen Leistungsbezug haben, zum Beispiel Cliquen, Freundschaften usw. Das Netz der affektiven Bande hat die Funktion, den Solidaritätsbedürfnissen der Gruppenmitglieder entgegenzukommen, gegenseitige emotionale Unterstützung zu gewähren und die Angstgefühle zu kontrollieren, die aus den Erfordernissen des Wettbewerbs und der Leistung entstehen, welche das äußere System verlangt.
Die Funktion des inneren Systems wird hier in erster Linie als emotionalexpressiv betrachtet:

1. Das System bildet den Rahmen für eine unmittelbare und dauerhafte Befriedigung des Schülers, die sich aus den Tätigkeiten und den interpersonellen Beziehungen ergibt.
2. Diese Tätigkeiten und Beziehungen sind unabhängig von denjenigen, die durch das äußere System vorgeschrieben und in der Schulklasse selbst enthalten sind.
3. Die Gruppe ist nicht an der Erreichung von Zukunftszielen, sondern am Arrangement einer ständigen Befriedigung in der Gegenwart orientiert.
4. Das Hauptinteresse des Schülers in bezug auf das innere System richtet sich auf die Stabilisierung und Bestätigung des Status, der Gesamteinschätzung der diffusen sozialen Rolle, die er im informellen System spielt.

## 3.3 Petersen: Der kleine Jena-Plan (Auszug)

Peter *Petersen* (1884–1952), Professor für Erziehungswissenschaft, Leiter der Versuchsschule in Jena, gilt als ein Hauptvertreter der deutschen Reformpädagogik.

Quelle: *Petersen,* P.: Der kleine Jenaplan, Braunschweig 21./22. Aufl. 1952, 26–28

*Die Stammgruppen*

Mit Bestimmtheit müssen wir erklären, daß das Beste die Mischung der Schüler nach verschiedenen Jahrgängen, selbstverständlich mit beiden Geschlechtern (mit gewissen Einschränkungen für die Pubertätszeit) sowie allen Ständen und Begabungen ist. In Jena ist lange Zeit hindurch ausgeprobt worden, welche Alter am besten zusammenpassen und wie groß die Altersspannen sein sollten. In allen Schulen, auch in ein- und zweiklassigen Schulen, sollte die Stammgruppenbildung folgendermaßen erfolgen:
Die Untergruppe vereine die Kinder des 1.–3. Schuljahres. Auf keinen Fall sollte man die Kinder des 4. Schuljahres mit hineinnehmen, auch nicht um der rein schulpolitischen, unpädagogischen vierjährigen „Grundschule“ ein Opfer zu bringen. Aber ebenso bedenklich ist es, Kinder des 3. Schuljahres zu zeitig in die

nächste Gruppe hinüberzunehmen. Nötigen große Schülerzahlen dazu, dann nicht vor Oktober.

Die Mittelgruppe besteht aus Schülern des 4.–6. Schuljahres, die Obergruppe aus Schülern des 6./7. bis 8. Schuljahres, die Jugendlichengruppe aus solchen des 8./9. bis 10. Schuljahres.

Die neuere pädagogische Psychologie bestätigt, daß in den angegebenen Lebensjahren, in denen die Stammgruppen sich gegeneinander abgliedern, auch die entscheidenden Einschnitte der seelisch-körperlichen Entwicklung liegen.

*Übergänge*

Kein Kind bleibt jemals „sitzen", sondern alle rücken nach dreijähriger Arbeit in einer Gruppe in die nächste auf. Doch können in der Mittel- und Obergruppe einige aus dem 6. Schuljahr in die Obergruppe, aus dem 8. in die Jugendlichengruppe hinübergenommen werden. Aber für diese „Versetzung" wird nicht der Intelligenzgrad das schlechthin Entscheidende sein. Was ein Kind auf Grund seiner Intelligenz lernen kann, das vermag es ja weitgehend in jeder Gruppe sowie durch Teilnahme an Kursen u. dgl. zu lernen. Deswegen ist uns stets das Entscheidende die „allgemeine Reife", die menschliche Haltung, die Frage, wie wird dieser Junge, dieses Mädchen als ganze kleine Persönlichkeit sich in der anderen Gruppe fühlen und durchsetzen, also wie es in seinem persönlichen Wesen wachsen wird? Die so von dem Lehrkörper monatelang für eine Verschiebung in eine andere Gruppe Beobachteten behalten dabei stets das Recht, sich zu weigern, in die andere Gruppe überzugehen. Auch damit haben wir nur gute Erfahrungen gemacht und gesehen, wie die Kinder durchaus zu einer Selbstbeurteilung fähig sind. Das Kind, welches von uns für den Übergang als geeignet bezeichnet wird, behält auch nach seiner Weigerung das Recht zum Übergang während des ganzen auf den Termin (Ostern) folgenden Jahres. Ein Kind, das sich unsrer Meinung entgegen selber für den Übergang geeignet hält, kann u. U. das Recht zum Versuch erhalten, aber als widerruflich. Auch im letzteren Falle haben wir erfahren müssen, daß Kinder sich richtig beurteilt hatten. Verkrampfungen sind nur dort aufgetreten, wo – uns im voraus bekannt – das Elternhaus den Übergang als Versetzung im Sinne der überlieferten Schule auffaßte, mithin ein Verbleiben in der Gruppe als „Sitzenbleiben", als Degradierung ihres Kindes. Sobald die Elternschaft in längerer Mitarbeit den Sinn dessen verstehen lernte, was wir beabsichtigen, verschwanden die falschen Rückwirkungen.

*Definition einer Stammgruppe*

Ich definiere sie als eine „Sozialform", die sich unter Führung eines erwachsenen Erziehers planvoll, absichtlich als Mittel der geistigen Gemeinschaft weiß und will, die unabhängig daran arbeitet, ihre Organisationseinheit als bloßes Mittel zu erhalten, sie niemals Selbstzweck werden zu lassen (auch für jede Gruppe liegt ja schon der höchste Zweck in der übergeordneten, sie alle umfangenden Idee der Schulgemeinde). Durch solche ernsteste Arbeit an sich selbst als Gesamtheit erreicht sie die weitgehendste Sinnerfüllung. Dabei ist es aber von entscheidender Bedeutung, daß die jede Gemeinschaft bezeichnende freie Dynamik der inneren Struktur gewährleistet ist.

*Das freie innere Kräftespiel der Stammgruppe*

Die in solcher Gruppe vereinigten Kinder sind in keinem Stück zum gemeinsamen Fortschreiten vom Lehrer gezwungen, sondern arbeiten frei, selbstätig und weitgehend selbständig vom ersten Schultage an im Vollbesitz ihrer Bewegungsfreiheit unter jenem Gesetz, das weiter unten als das „Gesetz der Gruppe" noch aufgezeigt wird. Dabei bilden sich alsbald frei zusammentretende Tischgruppen auf Grund von Freundschaften, persönlicher Zuneigung, aber ebenso oft auf Grund gemeinsamen Interesses oder auch, weil sie vom Gruppenführer zusammengeführt, d. h. auf die Gemeinsamkeit ihrer Arbeit aufmerksam gemacht sind, und weil sie den Vorteil gemeinsamer Arbeit eingesehen haben. Zwangsweises Gruppieren wäre wertlos; nur wo die innere Zustimmung gewonnen wird, hat solche Beihilfe Wert. Dabei zeigen sich wiederum von Anfang an starke Überschneidungen: im Rechnen setzen sich andere Kinder zusammen als bei Papp- und Papierarbeiten oder Lesen; auch die Alter überschneiden sich, ebenso die Begabungen und so auch die Führer. Der Junge, der im Papparbeiten in der Dreiergruppe führt, anleitet und auf die Durchführung der Arbeiten sieht, ist dagegen in der Rechengruppe, der er zugehört, nur ein aktives Glied, in seiner erdkundlichen ein passives. Ferner wandeln sich die Tischgruppen wiederholt während des Jahres, und zwar in der Zusammensetzung wie nach dem innern Kräfteverhältnis, weil eben die Glieder ganz verschieden innerlich wachsen.

*Organisatorische Vorteile für alle Schulen*

Eine wichtige Folge hat dieses aufgeteilte Arbeitsleben auch insofern, als es nichts ausmacht, wenn ein Kind oder mehrere im Laufe des Jahres eintreten. Sie werden nach kurzer Eingewöhnungsfrist sich ohne alle Schwierigkeiten angliedern, wie wir an genug Beispielen beobachten konnten. Es wird daher bei dieser Organisation des Arbeitslebens nicht nötig, sich starr an die staatlichen Einschulungstermine zu halten, die ja nicht anders als mehr oder minder gewaltsam, rein bürokratisch abgesteckte Termine sein können, um der äußeren Ordnung willen. Durch die Lebensform der „Untergruppe" ist ferner das ernste Problem der „Schulreife" einfach gelöst. Ebenso bereitet das „Springen" wirklich hochbegabter und reifer Schüler im Gruppensystem keinerlei Schwierigkeit.

## Zu Kapitel 4:
## Die traditionelle Struktur: Gegliedertes Schulwesen

### 4.1 Westphalen: Kategorienraster für Schulartprofile

Klaus *Westphalen* (geb. 1931), Professor für Erziehungswissenschaft in Kiel. Originalbeitrag.

Unter dem Begriff „Profil einer Schulart" wird eine phänomenologische Beschreibung aller für die Schulart charakteristischen Elemente und Strukturen verstanden. Unter Schulart verstehen wir „Schulen mit gleichen Bildungszielen". Der offizielle Terminus hierfür ist meistens „Schulform".

I.

Bei der Beschreibung von Schularten sollten drei Ebenen berücksichtigt werden:

- die Ebene des *gesetzlich* festgelegten Profils einer Schulart (Schulgesetze und Verwaltungsverordnungen, Bildungswege, Übergänge und Abschlüsse, Stundentafeln, Lehrpläne usw.)
- die Ebene der *programmatischen* Forderungen in bezug auf das Profil einer Schulart (z. B. von Lehrer-, Eltern- und Wirtschaftsverbänden)
- die Ebene der *Realisierung* (Konkretisierung) des Profils einer Schulart aufgrund unterschiedlicher Bedingungen.

II.

Im Interesse theoretisch abgesicherter Aussagen müßte ein Raster für Schulartprofile so gestaltet werden, daß er folgenden Ansprüchen genügt:

- Er müßte *systemtheoretisch* in eine Theorie der Gesellschaft eingepaßt sein; die Beziehungen der Elemente und Strukturen des Schulwesens zum Gesamtsystem Gesellschaft sowie zu konkurrierenden Teilsystemen (z. B. Hochschule, Beschäftigungssystem, Weiterbildungsbereich) müßten ersichtlich sein; die Schularten als Subsysteme des Teilsystems Schule müßten in ihren Außenbezügen (Gesellschaftssystem, kulturelles System usw.) und ihren Binnenbezügen dargestellt sein.
- Er müßte *organisationssoziologisch* die Schularten als Teilorganisationen der Erziehungs- und Bildungsinstitution Schule definieren.
- Er müßte verschiedene *Theorien der Schule* berücksichtigen.
- Er müßte unter *historischem Aspekt* die relative Stabilität und relative Veränderbarkeit der Schularten einschließlich unerwarteter Nebenwirkungen von Veränderungen darstellen.
- Er dürfte die *reale empirische Situation* der Schularten, auch wenn sie noch in keine Theorie eingebunden ist, nicht vernachlässigen.

III.

Eine fugenlose Zusammenführung der verschiedenen Ansätze erscheint derzeit kaum möglich; ein mehrdimensionales Modell würde bei der Darstellung der Schulart erhebliche Schwierigkeiten aufwerfen.
Es werden daher in der folgenden Tafel nur drei Kategorien unterschieden, die allerdings untergliedert sind. Die erste (historische) Kategorie überschneidet sich in hohem Maße mit den beiden anderen, wird aber dennoch aus Gründen einer überschaubaren Darstellung abgehoben.

*Kategorientafel für Schulartprofile*

| | |
|---|---|
| A. Historische Kategorie<br>1. Geistesgeschichte<br>2. Sozialgeschichte | bezogen auf die Belange der Schulart |
| B. Gesellschaftspolitische Kategorie<br>1. Außenbeziehungen zur Gesamtgesellschaft, zum Beschäftigungssystem, zum kulturellen System<br>2. beteiligte Gruppen: | <br><br>a) Schülerpopulation;<br>b) Lehrerschaft |
| C. Schulpädagogische Kategorie<br>1. Curriculum<br>2. Schulorganisation | |

*Erläuterungen zu den einzelnen Kategorien*

A. *Die historische Kategorie*

In ihr werden Entstehung und Entwicklung der Schulart beschrieben. Insbesondere sollten dargestellt werden:

- geistige Väter, Ideengeschichte
- Sozialgeschichte, wirtschaftliche und politische Einflüsse
- grundlegende, heute noch gültige Konzepte (Bildungspläne, Memoranden u. ä.)
- gegenwärtige Situation, Zukunftsperspektiven, Reformmodelle

B. *Gesellschaftspolitische Kategorie*

In ihr werden vor allem die gesellschaftlichen Funktionen der Schulart beschrieben, ferner die an der Schulart tätigen Gruppen in ihrer Eigenart und in ihrem Selbstverständnis:

1. Außenbeziehungen zur Gesellschaftspolitik, zum Beschäftigungssystem, zum kulturellen System
   - Aufgaben und Leistung der Schulart für die Gesellschaft
   - der Grad der „relativen Autonomie“ gegenüber externen Einflüssen
   - Beziehungen zu Eltern, Lehrer- und Berufsverbänden
2. Schülerpopulation und Lehrerschaft
   - soziale Schichtung, Begabungsstruktur, Bildungsaspiration, entwicklungspsychologische Situation der Schüler
   - Anteil der Schüler am gesamten Schülerjahrgang
   - der Lehrertypus (Lehrerbildung, Selbstverständnis, Berufsvertretung u. ä.)

C. *Schulpädagogische Kategorie*

Unter diesem Stichwort wird beschrieben, was die betreffende Schulart von sich aus zur Erziehung der Schüler beiträgt, also ihre curriculare und organisatorische Gestalt.

1. Curriculum
   - formale und materielle Bildungsziele, Erziehungsziele, Abschlüsse (Qualifikationen, Berechtigungen)
   - Eingangsvoraussetzungen, Auslesemodus, Leistungsanspruch
   - Fächerkanon, Lerninhalte (Anteil allgemeiner und beruflicher Elemente)
   - Lernorganisation, Methoden; Unterricht und Schulleben
2. Schulorganisation

   Schulrecht, Rahmenvorgaben; Verwaltung und Schulaufsicht
   - materielle und quantitative Aspekte, z. B. Ausstattung der Schulen; Lehrer-Schüler-Relation; Zahl der Schulen, Lehrer und Schüler
   - administrative Aspekte.

## 4.2 Flitner: Zur Begründung des gegliederten Schulsystems: Dreigliedrigkeit in Schule und Beruf

Wilhelm *Flitner* (geb. 1889), ehemals Professor für Erziehungswissenschaft in Kiel und Hamburg, ist ein prominenter Vertreter der geisteswissenschaftlichen Pädagogik in Deutschland.

Quelle: *Flitner,* W.: Die vier Quellen des Volksschulgedankens, Stuttgart, 5. Aufl. 1963, 138–140

Die heutige Berufsgliederung in Europa ist nun derart, daß es verschiedene Typen der Berufsbildung und der vorbereitenden Berufsgrundbildung geben muß. Die überwiegende Menge der Berufe ist auf die Arbeit mit der Hand angewiesen; aber die Hand wird vom Denken geführt und von einem Wertgefühl aus in ihrer Arbeit beurteilt. In dieser Hinsicht sind aber die manuellen Tätigkeiten von sehr verschiedener Art. Sie stufen sich von der ungelernten zur angelernten Arbeit mit einfachstem Werkzeug oder an Maschinen, von mechanischen Handgriffen zu durchdachten Operationen. Nebeneinander stehen die Landarbeiter, Fabrikarbeiter, Büroangestellten, die Facharbeiter, Bauern, Handwerker. Sehr unterschiedliche Forderungen an ihr Wertgefühl und ihr Denken, an Grundkenntnisse und geistige Fähigkeiten werden an sie gestellt.

Eine zweite Gruppe umfaßt die höheren Schreiberberufe, die Stellungen in Kaufmannschaft und Handel, die Techniker, ferner Leute, die organisatorische und konstruktive Funktionen und leitende Stellungen in der Wirtschaft ausüben sollen. In eine dritte Gruppe sind dann die gelehrten Ämter zu rechnen, die zur Ausübung ihres Berufes einer wissenschaftlichen Ausbildung bedürfen.

Ehemals regelte sich die Zugehörigkeit zu diesen Berufsgruppen durch die ständische und gesellschaftliche Ordnung, die jeden bereits von Geburt an einem Stande zuwies. In der liberalen Gesellschaft ist es meist dem einzelnen überlassen, sich einen Platz zu suchen, während im mechanisierten und totalitären Staat die staatlichen Verwaltungsbüros nach dem momentanen Staatsbedarf diktatorisch über den „Arbeitseinsatz" verfügen und eine kollektivistische Berufslenkung der Jugend vornehmen.

Welcher Weg aber durch die politisch-soziale Struktur vorgezeichnet wird, das Resultat wird immer das gleiche sein: die gelehrten Ämter werden nur eine kleine Ausleseschicht für ihren Nachwuchs nötig haben, und sie werden einer sehr langen Ausbildungszeit bedürfen, die ihre Wirkung bis an den Beginn der Hauptschule erstreckt. Der künftige Student muß möglichst im zehnten Lebensjahr beginnen, fremdsprachliche Grammatik und einen grundlegenden fremdsprachigen Wortschaft zu lernen, wenn er nicht überaltern soll, bis er fertig ausgebildet ist. Es wird zwar auch dafür gesorgt werden müssen, daß geeignete Kinder in späteren Jahren ihre Neigung für die gelehrten Studien entdecken, und daß ihnen auch dann der Weg zur Hochschule noch geebnet wird. Aber im gewöhnlichen Fall wird sich eine Fähigkeit für gelehrte Studien schon früh feststellen lassen, und wenn der Wunsch der Eltern und des Kindes sowie seiner Berater dahin geht, wird es mit seinen lateinischen Studien, als der einfachsten Grundlegung aller Gelehrtenbildung, frühzeitig beginnen können.

Ebenso wird für die zweite Gruppe von Berufen durch eine fremdsprachlich-realistische Grundbildung gesorgt werden müssen. Auch hier ist eine gewisse Auslese notwendig; die Fähigkeit zum Erlernen moderner Fremdsprachen und für mathematisch-technologische Studien muß vorhanden sein; ebenso der Wille zu solchen Studien, für den wiederum der elterliche Wille sehr wesentlich ist. Wir lassen hier die Frage offen, ob sich diese zweite (mittlere, realistische) Form von Grundbildung aus der gelehrten oder aus der allgemeinen abzweigen soll. Pädagogisch wie didaktisch ist es jedenfalls möglich und erwünscht, diese Grundbildung einige Jahre hindurch mit den anderen Formen zu verbinden, diese aber differenziert arbeiten zu lassen.

Umfaßt in der heutigen Berufsgliederung die gelehrte Form eine Gruppe von höchstens etwa 2 bis 5% aller Kinder, so mag die zweite zwischen 10 und 20% angesetzt werden – um eine grobe Durchschnittszahl für eine heutige Industrielandschaft zu nehmen. Für etwa 75 bis 80% der Bevölkerung bleibt dann die allgemeine Hauptschule mit der Aufgabe betraut, eine Grundbildung für alle übrigen Berufe zu geben, die nun überwiegend solche manueller Tätigkeit sein werden, wobei freilich dem Manuellen ein sehr vielfältig abgestuftes Wertempfinden und Denken zugeordnet ist.

Will man den Kindern gerecht werden, deren Begabung, Neigung und Vorbereitung auf die hochqualifizierte Handarbeit oder auf ebenso anspruchsvolle Frauenberufe gerichtet ist, dann bedarf es auch innerhalb der dritten Gruppe einer besonderen Führung und Gliederung. Große Schulsysteme können solche Differenzierungen vornehmen und haben es versucht. Es entsteht aber durch dieses Auslesen eine große Gefahr für den Rest. Diesem kann sich zwar der Lehrer um so gründlicher widmen, und es treten dann auch immer wieder führende und eigenartige Kinder hervor, die in der Anwesenheit der Begabteren sich nicht mit ihren leitenden Kräften so frei entwickeln können; so ist die Absonderung der Begabtesten durchaus auch eine Entlastung der Schwächeren. Aber auf der anderen Seite entbehrt die Gruppe doch wieder der Anregung, die von den Begabten ausgeht, und wenn die pädagogische Kunst des Lehrers versteht, die Stärkeren zu Helfern der Schwächeren zu machen, so geht auch jenen etwas Wichtiges verloren, wenn sie ausgesondert werden. Hier sind Antinomien vorhanden, die zwar konkret überwunden, aber nicht vermieden werden können.

Eine Lösung bietet sich aber, wenn die Schule aus einem starren zu einem *elastischen System* übergeht, in welchem die ganze Schule und in ihr alle Gruppen zu einer Erziehungsgemeinschaft verwoben werden, worin die Beschäftigung zwischen gemeinsamer, gruppenförmiger und individueller Schularbeit wechselt, und wo der gesamte Unterricht auf den Grundgedanken einer individuellen Hilfe zur Selbsthilfe, auf das Prinzip der Lebensmeisterung bezogen wird.

## 4.3 Weinstock: Zur Begründung des gegliederten Schulsystems: Die Dreigliederung von Gesellschaft und Schule

Heinrich *Weinstock* (1889–1960), Professor für Philosophie und Erziehungswissenschaft in Frankfurt a.M., trat für einen zeitgemäßen Humanismus ein.

Quelle: *Weinstock,* H.: Realer Humanismus, Heidelberg 1955, 120–122

Alle Schulplanung, alle Organisation des Schulwesens baut auf Sand, falls sie sich rein „humanistisch" begründet, d. h. von dem erdachten Gebilde eines Menschentums an und für sich ausgeht. Sie muß vielmehr, indem sie freilich den Menschen meint, zugleich die gesellschaftliche, geschichtlich entstandene Lage dieser unserer Zeit berücksichtigen; sie muß sich soziologisch orientieren. Daß das aber nicht etwa auf Kosten des Menschen geht, so daß er etwa zum bloßen Funktionär im gesellschaftlichen Betrieb herabsänke, daß im Gegenteil nur so, in soziologischer Rücksichtnahme, auch das echte humanistische Anliegen zu seinem Recht kommt, also die Menschwerdung des Menschen in der einzelnen Person wirklich möglich wird, soll sich hoffentlich am Schluß dieser Überlegungen herausstellen.

Gesellschaftlich betrachtet, finden wir uns in der rationalisierten, mechanisierten, technisierten Welt einer aufs feinste durchdachten und aufs äußerste durchgebildeten Arbeitsteilung vor. Um schnell zu zeigen, was das für den Menschen bedeutet, sei der Bau unserer Welt an einem Modell vergegenwärtigt, nämlich am Modell jenes Gebildes, das eben unserer Arbeitsgesellschaft ihr Gepräge gibt, der Maschine. Dabei bleibt es völlig außer Betracht, ob wir es begrüßen oder beklagen, daß wir im Zeitalter der Maschine, d.h. der Organisation, des Apparates, der Bürokratie leben. Denn der Erzieher darf weder Romantiker sein und sich aus seiner schlechten Zeit in eine verklärte Vergangenheit stehlen wollen, noch ein Schwärmer, der sich ein Zukunftsparadies erträumt und darüber die Gegenwart aufgibt. Da er es allein mit dem Menschen hier und jetzt zu tun hat, muß er darauf bedacht sein, aus den Gegebenheiten das Beste für den ihm anvertrauten Menschen zu machen, dem seinerseits ja auch nichts übrig bleibt, als sich unter diesen Verhältnissen zu behaupten, wenn er nicht umkommen oder gar verkommen will.

Ohne die Maschine aber müßten wir alle verhungern; ohne Apparat, Technik, klug berechnete Arbeitsteilung könnten wir nicht einmal mehr das nackte Leben fristen. Wir müssen also mit der Maschine rechnen und erst einmal fragen. Was verlangt diese Maschine vom Menschen dafür, daß sie ihm sein Leben garantiert?

Dreierlei Menschen braucht die Maschine: den, der sie bedient und in Gang hält; den, der sie repariert und verbessert; schließlich den, der sie erfindet und konstruiert. Hieraus ergibt sich: Die richtige Ordnung der modernen Arbeitswelt gliedert sich, im großen und ganzen und in typisierter Vereinfachung, die natürlich zahlreiche Übergänge und mancherlei Zwischenglieder einschließt, in drei Hauptschichten: die große Masse der Ausführenden, die kleine Gruppe der Entwerfenden und dazwischen die Schicht, die unter den beiden anderen vermittelt. Das heißt: Die einen müssen anordnen und verordnen, die anderen müssen die Ordnungsgedanken ausführen; aber damit das ordentlich geschieht, muß eine dritte Gruppe den Übergang vom Gedanken zur Tat, von der Theorie zur Praxis vermitteln.

Auf menschliche Grundverhaltungsweisen zurückgeführt, stellen sich die verschiedenen Leistungen so dar: Die ersten müssen zuverlässig antworten, die dritten selbständig fragen können; die Mittelschicht aber ist dafür verantwortlich, daß die Fragen der einen von den andern richtig verstanden werden.

Daß diese Gliederung nicht nur im unmittelbaren Umkreis der Maschine gilt, sondern im Gesamtbereich unserer rationalisierten Arbeitswelt, also ebenso im Geschäftsleben wie in der Staatsverwaltung, in den Bürokratien aller Art, ja sogar im modernen Wissenschafts- und Kunstbetrieb, der Publizistik, der sozialen Fürsorge und dem Kirchenwesen, bedarf keiner besonderen Darlegung. Wo es Arbeitsbereiche gibt, in denen diese Dreiteilung sich noch nicht so deutlich abzeichnet, wie z. B. im Handwerk und vor allem in der Landwirtschaft, besteht kein Zweifel, daß es sich hier um Restbestände älterer Sozialformen handelt, denen aber auf die Dauer nichts anderes übrig bleibt, als dem Zuge der Zeit nach Rationalisierung und Mechanisierung zu folgen oder unterzugehen.

Was ergibt sich nun aus dieser Struktur unserer modernen Arbeitswelt für den Aufbau des Bildungswesens? Offenbar verlangt die Maschine eine dreigegliederte Schule; eine Bildungsstätte für die ausführenden, also zuverlässig antwortenden Arbeiter, ein Schulgebilde für die verantwortlichen Vermittler und endlich ein solches für die Frager, die sogenannten theoretischen Begabungen.

## 4.4 Schorb: Das gegliederte Schulwesen als Objekt der Bildungsreform

Alfons Otto *Schorb* (1921–1982) war Professor für Erziehungswissenschaft in Bonn und München. Forschungsgebiete: Bildungsplanung, Medienpädagogik.

Quelle: *Wollenweber,* H. (Hg.): Das gegliederte Schulwesen in der Bundesrepublick Deutschland, Paderborn 1980, 30–32. Originaltitel des Beitrags von *Schorb:* Schulreform und gegliedertes Schulwesen.

In der nun rund drei Jahrzehnte alten Geschichte der Schulreform der Bundesrepublik war das gegliederte Schulwesen umstrittenes Zentralobjekt. In zwei sich abzeichnenden Phasen, der Ära Deutscher Ausschuß einerseits und der Ära Bildungsrat andererseits – wobei die jeweilige „Ära“ nicht nur durch die Publikation eines Reformplans, sondern vor allem durch die Reaktion der Öffentlichkeit und der Politik auf die jeweiligen Reformkonzepte entstanden ist – spielte das gegliederte Schulwesen eine gegensätzliche Rolle. Zuerst war es der Ansatzpunkt aller Reformüberlegungen. Reform sollte in der funktionalen Verbesserung und einer zeitgemäßen Reprofilierung der differenzierten Schularten bestehen. Dabei sollte Reform nicht Eingriff von außen sein, sondern korrigierender Mitvollzug von Entwicklungstendenzen, die sich aus dem Zusammenspiel gesellschaftlicher Anforderungen und Selbstanpassungsvorgängen des Systems sowie aus dem Willen der Bevölkerung ergaben. In diesem Vollzug der Reform als gleitendem Prozeß werden Ziele nur für Etappen erkennbar; es kann nicht alles auf eine Karte gesetzt werden. Der Konsens mit den Kräften der pluralistischen Gesellschaft darf im Reformprozeß nicht abgebrochen werden. Ein gegliedertes Schulwesen mußte im Vergleich mit der Situation einer differenzierten Gesellschaft und den gesellschaftlichen Veränderungen immer moderner erscheinen als ein extrem vereinheitlichtes Schulsystem.

In der Ära des Deutschen Bildungsrats trat eine relativ schroffe Wendung zu einer anderen Position ein. Diese kam zwar am Anfang noch nicht deutlich zum Vorschein, stellte sich aber mit fast automatischer Zwangsläufigkeit ein, nämlich die Indienstnahme der Reform für eine politische Strategie. Wie von einer historischen Mission erfüllt, wollte der Bildungsrat erstmals eine große Reform auf der Grundlage der Wissenschaft vollziehen, und er entwarf ein ideales Schulsystem, das aus dem zeitgenössischen Stand der Wissenschaften herausgeleitet sein sollte. Mochten die Mitglieder des Rates dabei subjektiv von dem Motiv geleitet gewesen sein, die Reform durch Anbindung an die Wissenschaft aus der Zone politischen Streites herauszuführen, so haben sie gerade dadurch das Gegenteil bewirkt. Das Schulsystem, dessen Aufbauelemente für einen wissenschaftlich begründeten Neubau disponibel sein sollten, wurde für den politischen Zugriff verfügbar. Die Reform hörte weithin auf, pädagogischer Prozeß zu sein, und wurde zu einer Form der politischen Auseinandersetzung um eine andere Verfassung der Gesellschaft. Damit unterstand sie künftig anderen Gesetzen. Das Desinteresse an den gewachsenen differenzierten Formen, das der Bildungsrat infolge seiner Wissenschaftsbezogenheit zeigte, setzte sich nun mit anderer Begründung fort. Mußte aus dem wissenschaftlichen Anspruch heraus der Bildungsrat auf einer reinen Form des Schulsystems bestehen und konnte er sich darum nicht auf eine mühsame Modifikation von Gegebenheiten einlassen, so änderte die Politik, die dem Bildungsrat das Konzept aus der Hand nahm, die Begründung der Ablehnung des gegliederten Schulwesens. In der Optik des politischen Kampfes um eine andere Gesellschaft wurde das dreigliedrige Schulsystem als Fortsetzung

einer Dreiklassen-Gesellschaft charakterisiert und dementsprechend auf seine Abschaffung hingearbeitet.
Zur Unterscheidung der beiden Phasen der Bildungsreform dienten ausformulierte Reformkonzepte. Diese sind aber nicht eine ganze Reform. Die Wirklichkeit eines Schulsystems und seiner Entwicklung ist komplexer. Die Konzepte spielen nicht immer die entscheidende Rolle. In einer Demokratie kann die Initiative nicht auf die Dauer bei der Bildungsplanung und bei der politischen Planung konzentriert werden. Es gibt ein Direktverhältnis der Bevölkerung zum Schulwesen und eine massierte Direkteinwirkung, die durch die millionenfache Auswirkung von Schule, Schulabschlüssen in individuellen Lebensläufen entsteht. Die Reform als Prozeß muß nicht allein, vielleicht nicht einmal zuerst den Weg über die Reformgremien nehmen. Das Beispiel des Bildungsrats zeigt, daß diese sogar blind sein können für die realen Prozesse, die das System verändern.
Der Sachverhalt, daß die Schulen des gegliederten Systems Reste von Abweisung gegenüber den bildungsfernen Schichten abgestreift haben, hat in der „offiziellen" Reform keine Rolle gespielt und war sogar Hindernis für diejenigen, die sich aus politischen Gründen auf das Kampfkonzept der Abschaffung gegliederter Schulen eingestellt hatten. Das demokratische Ziel der Chancengleichheit im Bildungswesen wird nach wie vor gleichgesetzt mit anteilsgleicher Vertretung der Kinder aller Schichten in der Schülerschaft gemessen am Anteil der jeweiligen Schicht an der Gesamtbevölkerung. Die immer noch bestehende sozialgruppenabhängige unterschiedliche Nutzung der schulischen Angebote bildet aber nicht mehr die soziale Selektion als eine Funktion der Schule, sondern das Faktum einer differenzierten Selbstbestimmung der Bevölkerung ab; sie muß als Moment demokratischer Freiheit gewertet werden. Ihr darf nicht das realitätsblinde Konzept einer Zwangsbeglückung durch das staatliche System entgegenstellt werden.
Die Entschlossenheit, alle Kinder der Gesellschaft in die vereinheitlichte Schule hineinzuführen und dadurch mehr Gleichheit in der Gesellschaft zu stiften, ist auch nicht preisgegeben durch die taktische Variante, mit dem dreigliedrigen System auch die Gesamtschule zur Wahl zu stellen. Die Gesamtschule ist keine vierte Schulart, sondern die Alternative zum gegliederten System. Seit die Schülerzahl fast auf die Hälfte der 60er Jahre abgesunken ist, gibt es die zwei Populationen, die eine echte Wahl ermöglichten, nicht mehr. Die ehrliche Alternative heißt gegliedertes System *oder* Gesamtschulsystem, nicht gegliedertes System *und* Gesamtschulsystem. Die Verhältnisse selbst halten also die Gegner des gegliederten Schulwesens fest auf ihrer Zielangabe im Bildungsbericht '70: „Die integrierte Gesamtschule soll schrittweise eingeführt werden" und erlauben ihnen nicht, das nachträgliche Akzeptieren des gegliederten Schulwesens in ihr taktisches Konzept aufzunehmen.

## Zu Kapitel 5:
## Ein Reformversuch: Integrierte Schule

### 5.1 Deutscher Bildungsrat (Empfehlungen der Bildungskommission): Einrichtung von Schulversuchen mit Gesamtschulen

Der *Deutsche Bildungsrat* faßte mit seiner Empfehlung „Einrichtung von Schulversuchen mit Gesamtschulen" das Programm der integrierten Schulen zusammen und stellte Argumente für und wider die Schulform einander gegenüber. Wir geben einen Ausschnitt aus dieser Empfehlung wieder.

Quelle: *Deutscher Bildungsrat* (Empfehlungen der Bildungskommission): Einrichtung von Schulversuchen mit Gesamtschulen. Verabschiedet auf der 19. Sitzung der Bildungskommission am 30./31. Januar 1969, S. 15 ff.

Die Bildungskommission des Deutschen Bildungsrates empfiehlt, integrierte und differenzierte Gesamtschulen als Versuchsschulen einzurichten.
Die Versuche sollen sowohl in ländlichen Gebieten als auch in Städten verschiedener Größenklassen erfolgen. Es sollten sich alle Bundesländer daran beteiligen.
Die Anzahl der Versuche muß mindestens so groß sein, daß eine zuverlässige wissenschaftliche Auswertung möglich ist.
Initiative und Trägerschaft der Schulversuche können bei den Ländern, bei den Kommunen oder bei privaten Schulträgern liegen.
Die Schulversuche müssen durch eine begleitende Forschung wissenschaftlich kontrolliert werden. Dazu sind bei der Anlage der Einzelversuche von den Versuchsträgern und den an der Durchführung der Versuche Beteiligten die im folgenden genannten grundsätzlichen Merkmale der Gesamtschulen wie die im weiteren Teil des Empfehlungstextes skizzierten Strukturmerkmale der Gesamtschule zu berücksichtigen.
Um die Arbeitsbedingungen eines Experimentalprogrammes Gesamtschule zu sichern und die nötigen Entwicklungsaufgaben mit qualifizierten Lehrern aller Stufen wahrnehmen zu können, sollen die vorgeschlagenen Gesamtschulen in der Regel sowohl eine Mittelstufe als auch eine Oberstufe besitzen. Dabei wird es in manchen Fällen notwendig sein, mehrere Mittelstufen einer gemeinsamen Oberstufe zuzuordnen. Die Zugehörigkeit einer Grundstufe ist wünschenswert, aber nicht notwendig. Die Größe der Mittelstufe der Gesamtschule macht es erforderlich, daß häufig mehrere Grundschulen einer Gesamtschule zugeordnet werden.
Für die Mittelstufe und die Oberstufe der Gesamtschulen sollen die folgenden grundsätzlichen Merkmale charakteristisch sein:

1. *Mittelstufe (Kapitel II)*
   a) Die Mittelstufe der Gesamtschule umfaßt für alle Schüler die Jahrgangsstufen (Klassen) 5 bis 10. (In Ländern mit sechsjähriger Grundschule kann sie die Jahrgangsstufen 7 bis 10 umfassen.)
   b) In der Mittelstufe der Gesamtschule wird die Trennung von Schulzweigen mit unterschiedlichen Bildungszielen aufgehoben. Alle Schüler – ausgenommen die Sonderschüler – besuchen in der Mittelstufe eine gemeinsame Schule.
   c) In der Mittelstufe der Gesamtschule tritt an die Stelle einer fachübergreifenden Leistungsdifferenzierung nach Schulzweigen eine fachspezifische Leistungsdifferenzierung. Der Schüler besucht jeweils die seiner Lernfähigkeit im einzelnen Fach entsprechenden Kurse.

d) In der Mittelstufe der Gesamtschule erfolgt keine punktuelle Auslese für einen bestimmten Bildungsweg und einen bestimmten Abschluß. Die fachspezifische Leistungsdifferenzierung erfolgt zu verschiedenen, jeweils für das besondere Fach sinnvollen Zeitpunkten und in einem unterschiedlichen Ausmaß. An die Stelle einer fachübergreifenden Auslese tritt eine schrittweise und jeweils auf einzelne Fächer bezogene Differenzierung.

e) In der Gesamtschule erfolgt gegen Ende der Mittelstufe in zunehmendem Maße eine Wahldifferenzierung. Es bleiben nur noch einige Fächer obligatorisch, darüber hinaus kann der Schüler auf Grund pädagogischer Beratung Kurse individuell zusammenstellen.

f) In der Mittelstufe der Gesamtschule wird mit zunehmendem Alter des Schülers die bisherige geschlossene Schulklasse immer stärker aufgelöst; der Schüler gehört statt dessen verschiedenen Kursgruppen an. Die Schuljahrgangsstufe bleibt in der Mittelstufe jedoch bestehen.

g) Die Mittelstufe der Gesamtschule führt zum Abschluß mit dem Abitur I. Schüler, die das Abitur I nicht bestehen, erhalten ein Abgangszeugnis.

h) Solange keine zehnjährige Vollzeitschulpflicht besteht, können Schüler, die die Gesamtschule nach Beendigung der Pflichtschulzeit verlassen, auf Grund einer Gleichwertigkeitsbestimmung den Hauptschulabschluß erwerben.

2. *Oberstufe (Kapitel III)*

a) Die Oberstufe der Gesamtschule kann und soll nicht nur von den Schülern, die die Mittelstufe der Gesamtschule absolviert haben, sondern auch von möglichst vielen Schülern aus anderen Schulen besucht werden. Voraussetzung ist dann in der Regel der erfolgreiche Besuch der zehnten Jahrgangsstufe der Schule.

b) Die Oberstufe der Gesamtschule vermittelt Qualifikationen für einen unmittelbaren Berufseintritt wie Qualifikationen für ein Studium. Schüler, die bald in einen Beruf eintreten wollen, und Schüler, die ein Studium beginnen wollen, besuchen zum Teil gemeinsame Lehrveranstaltungen. Beide Bildungswege sind also nicht als voneinander völlig unabhängige Schulzweige getrennt.

c) In der Oberstufe der Gesamtschule werden auch die Schuljahrgangsstufen aufgelöst; die gesamte Oberstufe bildet eine Einheit. Ähnlich wie in der Hochschule können von dem Schüler Kurse aus dem gesamten Kursangebot belegt werden.

d) Die Oberstufe der Gesamtschule bietet ein umfassendes Maß an Wahlmöglichkeiten. Der Schüler kann sich in seiner Arbeit auf wenige, von ihm selbst gewählte Fächer konzentrieren. In den Fächern, die für alle obligatorisch sind, kann er bestimmte Schwerpunkte wählen. Neben einem breiten und differenzierten Kursangebot in den sozialwissenschaftlichen, naturwissenschaftlichen und sprachlichen Fächern gibt es Kurse, die die unspezialisierten Grundkenntnisse für Berufe in Technik, Wirtschaft und Verwaltung vermitteln. Für alle diese Ausbildungsrichtungen besteht die Möglichkeit individueller Kurskombinationen. Das Bildungsangebot ist für jeden Schüler in der Breite wie im Niveau offen.

e) Der Besuch der Oberstufe der Gesamtschule führt zum Abschluß mit dem Abitur II. Die Form einer ersten, auf Berufsfelder bezogenen Qualifikation muß im Versuchsstadium erst entwickelt werden.

Der Erwerb eines Abschlusses ist nicht an eine bestimmte Dauer des Schulbesuchs in der Oberstufe gebunden. Diese Dauer ist vielmehr von der Breite und Intensität des individuellen Bildungsweges abhängig; sie sollte in der Regel zwischen zwei und drei Jahre liegen.

## 5.2 Mastmann/Flössner/Teschner: Organisationsmodell der Schule in Britz-Buckow-Rudow (BBR)

Horst *Mastmann,* Wolfram *Flössner,* Wolfgang P. *Teschner* waren das Leitungsteam der ersten deutschen Gesamtschule nach dem Zweiten Weltkrieg in Berlin. Ihr „Handbuch" gewann großen Einfluß auf die nachfolgenden Gründungen. Wir geben das Zensurensystem wieder, das später in mehreren Ländern im Prinzip übernommen wurde.

Quelle: *Mastmann/Flössner/Teschner:* Gesamtschule. Ein Handbuch der Planung und Einrichtung, Schwalbach 1968, S. 105 und 115 ff.

In BBR gibt es also vier Niveaustufen im Fachleistungsunterricht:

| | |
|---|---|
| Fortgeschrittenenkurs(e) | F |
| Erweiterte(r) Kurs(e) | E |
| Grundkurs(e) | G |
| Aufbaukurs(e) | A |

Sie werden nicht unverbindlich in alphabetischer Reihenfolge bezeichnet, sondern gehen über die bloße Angabe eines Rangplatzes in der Kurshierarchie hinaus und weisen mit den Anfangsbuchstaben der vollen Kursbezeichnung deutlicher auf ihre Beziehung zum Fundamentum und ihre didaktische Funktion hin. In der Gesamtschule BBR erhält jede Stufe im Fachleistungsbereich (FEGA) die volle herkömmliche Zensurenskala. Die Skalen sind jedoch fest aufeinander bezogen, so daß sich die Zensuren wie in einem absoluten System vergleichen lassen. Die so entstehende erweiterte Skala wird ferner ebenso fest auf die jeweilige Normarbeit bezogen. (Modifizierungen aufgrund empirischer Befunde werden in diesem Bereich immer als selbstverständlich zugestanden und gewünscht.) Abbildung 6 zeigt, auf welche Weise die drei oben erhobenen Forderungen erfüllt werden; G1 z. B. heißt

| F | E | G | A |
|---|---|---|---|
| 1 | | | |
| 2 | 1 | | |
| 2 | 3 | | |
| 4 | 3 | 1 | |
| 5 | 4 | 2 | 1 |
| 6 | 5 | 3 | 2 |
| | 6 | 4 | 3 |
| | | 5 | 4 |
| | | 6 | 5 |
| | | | 6 |

**Abbildung:** Die Zensierung im Fachleistungsunterricht.

auf einer Skala von 6, bezogen auf die Population G; G1 entspricht aber auch E3 und – wenn man so will – F4. Die dritte Forderung muß und kann bei der Konstruktion der Normarbeiten jedesmal neu und oft auf andere Weise erfüllt werden. So läßt sich beispielsweise unser Modell mühelos auf ein System von 100 Punkten umlegen, die in irgendeiner Arbeit den maximal 100 lieferbaren Informationen entsprechen könnten. Ein weiteres Beispiel: In einem Diktat ist die Fehlerzahl das allein ausschlaggebende Zensierungskriterium. Der Umfang dieses Diktats legt die in Abbildung 7 gezeigte Zensurenverteilung nahe.

| F | E | G | A | Fehler |
|---|---|---|---|---|
| 1 | | | | 0 |
| 2 | 1 | | | 1 |
| 3 | 2 | | | 2, 3 |
| 4 | 3 | 1 | | 4, 5 |
| 5 | 4 | 2 | 1 | 6, 7 |
| 6 | 5 | 3 | 2 | 8, 9 |
| | 6 | 4 | 3 | 10, 11 |
| | | 5 | 4 | 12, 13 |
| | | 6 | 5 | 14–20 |
| | | | 6 | 20 |

**Abbildung:** Das Zensierungsmodell im Fachleistungsunterricht am Beispiel eines Diktats

Danach stehen für eine Arbeit mit zehn Fehlern die Zensuren E6, G4 und A3 zur Verfügung. Die Tatsache, daß ein Schüler nach diesem Zensierungsmodell z. B. bei 6 Fehlern im Diktat eine „1" bekommt, wenn er sich in einem A-Kurs befindet, braucht nicht zu beunruhigen, da diese „1" ja eindeutig als eine „1" bezogen auf die Population A gekennzeichnet ist. Wie an diesem Beispiel deutlich wird, stehen mitunter für einige Leistungen keine Zensuren zur Verfügung, die den Bezug zu einer bestimmten Stufe im Fachleistungsbereich ausdrücken. Macht beispielsweise ein Schüler eines F-Kurses in dem Diktat zehn Fehler, dann zeigt er damit, daß diese Leistung völlig unter dem level seiner unmittelbaren Bezugsgruppe liegt; er wird sich eine E6 gefallen lassen müssen. Ebenso wird man einem Schüler eines G-Kurses, der nur drei Fehler machte, bescheinigen können, daß er seine unmittelbaren Konkurrenten weit überboten hat, daß er mit dieser Leistung also durchaus an die Schüler eines E-Kurses herankommt; man wird ihm E2 geben und damit einen nicht zu unterschätzenden motivationsverstärkenden Effekt erzielen.

Am Ende eines Halbjahres entscheidet die als arithmetisches Mittel errechnete Zensur über Kursverbleib oder Kurswechsel. Das Zensierungsmodell zeigt deutlich, daß die an den Nahtstellen zwischen den Stufen im Fachleistungsbereich liegenden Grenzwerte nicht als punktuelle Einschnitte, sondern als Intervalle auf einer imaginären Punktskala zu verstehen sind. Sowohl die Zeugniszensur G2 wie G1 ermöglichen dem Schüler den Aufstieg in einen E-Kurs. Selbst bei G3 – analog gilt das natürlich auch für die anderen Übergänge – hätte man die Möglichkeit, den Schüler im nächsten Semester den nächsthöheren Kurs besuchen zu lassen; man könnte jedoch auch schwanken und es mitunter sogar der Entscheidung des Schülers überlassen, ob er im nächsten Semester im nächsthöheren oder im alten Kurs sitzen soll oder will. Man erhält damit die Chance, den Schüler in den Kurs zu setzen, in dem am ehesten mit einem Halten oder Ansteigen seiner Durchschnittsleistungen zu rechnen ist, ohne daß er dadurch objektiv – bezogen auf die Population der ganzen Jahrgangsstufe – wirklich anders eingestuft werden müßte.

## 5.3 Raschert: Gesamtschule: ein gesellschaftliches Experiment

Jürgen *Raschert,* Professor für Erziehungswissenschaft in Berlin. Sein Buch war eine bedeutsame Zusammenfassung der jahrelangen Diskussionen in schon ernüchtertem Klima.

Quelle: *Raschert,* J.: Gesamtschule: ein gesellschaftliches Experiment. Möglichkeiten einer rationalen Begründung bildungspolitischer Entscheidungen durch Schulversuche, Stuttgart 1974, S. 30 ff.

Eine grundsätzliche Kritik der Gesamtschule erfolgt gegenwärtig von zwei Seiten, nämlich einerseits als konservative Gegenkritik der Gesamtschulintentionen und andererseits als neomarxistische Kritik der Schulreform in der kapitalistischen Gesellschaft und ihrer verschleierten Systemziele. Das Verhältnis beider Formen der Kritik zur Apologie der Gesamtschule ist grundverschieden und bedarf deshalb auch einer unterschiedlichen Darstellung.
Das Verhältnis der konservativen Kritik zur gesamtschulfreundlichen Argumentation ist generell dadurch gekennzeichnet, daß zwischen beiden kaum offene Normenkonflikte bestehen und mögliche Divergenzen der Ziele durch die Diffusheit und Interpretationsbedürftigkeit der grundsätzlichen Zielkonzepte verschleiert sind. Das gelingt besonders deshalb, weil beide Seiten das Schulsystem als ein multifunktionales System betrachten, ohne daß eindeutige Prioritäten zwischen den verschiedenen Funktionen gesetzt werden oder gar eine dominierende Zielfunktion bestimmt wird. Deshalb deuten sich der Widerspruch zwischen verschiedenen Funktionen und die mögliche unterschiedliche Prioritätensetzung bei einem solchen Konflikt nur indirekt an. Der offene Streit bezieht sich dagegen weitgehend auf widersprüchliche empirische Vermutungen und Hinweise auf mögliche unbedachte Nebenfolgen. Diese Vermutungen betreffen nur teilweise intern im Schulversuch überprüfbare Folgen eines veränderten Schulsystems, sie antizipieren häufig auch gesamtgesellschaftliche Auswirkungen einer Durchsetzung der Gesamtschule als Regelschule, die nicht stringent aus den Erfahrungen des einzelnen Experiments ableitbar sind.
Die konservative Kritik der Gesamtschulbegründungen geht im allgemeinen nicht von einem Gesamtkonzept des Schulsystems aus, sie stellt also auch kaum mehr eine klare Rechtfertigung des dreiteiligen Schulsystems und seiner Organisationsprinzipien dar, wie sie noch der Deutsche Ausschuß für das Erziehungs- und Bildungswesen versucht hatte. Die Kritik ist vielmehr reaktiv und additiv: Sie geht von einzelnen Argumenten der Gesamtschulbegründungen aus und stellt diese je für sich in Frage. Dem entspricht die Form, in der im folgenden der Konflikt dargestellt wird. Die Argumente der konservativen Kritik stehen jeweils den Argumenten für die Gesamtschule gegenüber und schließen an diese an. Angesichts des möglicherweise vorhandenen, aber nicht offen ausgetragenen und nicht klar bestimmbaren Zielkonflikts ergibt sich bei dieser Darstellung ein vermutlich trügerisches Bild der „Handlichkeit“ und Überprüfbarkeit des Streits. Es wird sich jedoch zeigen, daß ein Aufbrechen von Zielkonflikten bei einer Überprüfung der diffusen, sich widersprechenden empirischen Vermutungen wahrscheinlich ist: in dem Augenblick nämlich, in dem die weitgehend leerformelhaften normativen Konzepte selbst operationalisiert werden müssen.
Ganz anders ist das Verhältnis zwischen Gesamtschulapologie und ihrer neomarxistischen Kritik zu bestimmen. Hier zeigt sich ein eindeutiger und offen ausgesprochener Normenkonflikt. Er betrifft die Tendenzen der Schulreform überhaupt und gilt diesen viel mehr als speziell der Gesamtschule. Ausgangspunkt ist

dabei nicht eine explizite Kritik bildungspolitischer Zielvorstellungen, sondern die Unterstellung, daß diese weitgehend nur den Charakter der Verschleierung von Systemzielen haben, die durch die neomarxistische Analyse selbst offengelegt werden. Die in dieser Kritik dann implizierten eigenen schulpolitischen Normen liegen weitgehend in einer ganz anderen Dimension als die Ziele der Schulreformer: Es handelt sich um zwei getrennte Welten von Zielvorstellungen. Dagegen übernimmt diese Argumentation weitgehend empirische Vermutungen aus den Gesamtschulbegründungen, sie stellt also eher eine Ideologiekritik der Gesamtschulapologie dar. Hinzu kommen einige Hypothesen über die Wirkungen des Schulsystems unter Zielkriterien, die in der übrigen Diskussion nicht berücksichtigt werden. So leistet diese Form der Kritik dreierlei: Sie thematisiert einige mögliche empirische Konsequenzen eines veränderten Schulsystems, die in der übrigen Diskussion nicht berücksichtigt wurden; sie versucht aufzuzeigen, daß den Schulreformprozessen ganz andere gesellschaftliche Funktionen zukommen, als es in den öffentlich ausgesprochenen Motiven von Schulreform erscheint; schließlich versucht sie eine gänzlich andere Bewertung der Reformmodelle bei weitgehender Ausklammerung der Dimension praktischer Erfahrungen im Versuchsprozeß.

Dabei weist die neomarxistische Argumentation eine eigentümliche Ambivalenz gegenüber Schulreform überhaupt auf. Da sie die Kritik neuer Modelle nicht vor dem Hintergrund einer Kritik des traditionellen Schulsystems entwickelt, bleibt es häufig unklar, ob die Gesamtschule letzten Endes nur als unverändert repressive oder ob sie als verstärkt repressive Institution beurteilt wird, oder ob man gar trotz der analysierten Systemzwänge in ihr Chancen für gesellschaftliche Veränderungen erblickt. Im Gegensatz zur konservativen Kritik erfolgt die neomarxistische nicht reaktiv, sondern ist eher aus einem geschlossenen Gesellschaftsbild deduziert. Ihre Argumente können daher auch nicht additiv analysiert werden, da sie im systematischen Zusammenhang eines Gesamtkonzepts stehen. Dem entspricht im folgenden auch die Art der Darstellung, sie ist damit anders als im Falle der konservativen Kritik.

Es ist offensichtlich, daß für die beiden Formen der Kritik eine empirische Überprüfung einzelner Hypothesen im Experiment von ganz unterschiedlicher Bedeutung ist. Für eine mögliche Realisierung des Gesamtschulsystems ist der Versuch einer Rationalisierung der Konflikte jedoch gegenüber beiden Positionen wichtig. Während die Prüfung der konservativen Gegenargumente Bedingung für einen Konsensgewinn auf der Ebene der politischen Entscheidung und politischen Durchsetzung ist, erscheint die der neomarxistischen mehr und mehr notwendig für die Identifikation der Betroffenen – also der Lehrer und Schüler in den einzelnen Schulen – mit dem Gesamtschulkonzept.

Eine Analyse der Diskussion, die in den letzten Jahren für und wider die Gesamtschule geführt worden ist, läßt noch ein Weiteres deutlich werden: Es haben sich keine klar abgegrenzten bildungspolitischen Positionen unter den Befürwortern wie den Gegnern der Gesamtschule herausgebildet. Argumente für und gegen die Gesamtschule bleiben unter sich meist recht isoliert; ihr Zusammenhang ist weitgehend additiv, und sie erscheinen in verschiedenen Variationen. Versucht man dennoch, einige Typen der Begründungen von Gesamtschulen herauszuheben, so bietet sich als Unterscheidungsmerkmal der Grad der politischen Begründung von Schulreformzielen an.

Bei einer derartigen Zusammenfassung von Argumenten ist angesichts der breiten und differenzierten Diskussion zur Gesamtschule in hohem Maß eine Stilisierung der einzelnen Aussagen notwendig. Nimmt man eine solche Typisierung auf relativ hoher Abstraktionsebene vor, so lassen sich zwei Argumentationszusammenhänge unterscheiden, die hier als der technokratische und als der liberale bezeichnet werden. Technokratisch kann eine Begründung der Gesamtschule

genannt werden, die die Ziele der Schulreform primär von den veränderten Anforderungen des Beschäftigungssystems her bestimmt, wobei die Veränderung dieser Anforderungen als sachgesetzlich vorgegeben und politischer Kritik nicht zugänglich gedacht wird. Eine solche Begründung bezieht also das Bildungssystem funktional auf das Beschäftigungssystem und betrachtet dieses selbst als in einem dem politischen Zugriff weitgehend entzogenen Entwicklungsprozeß begriffen.
Schlüsselbegriff eines zweiten, hier als liberal bezeichneten Argumentationszusammenhangs ist dagegen der Begriff der sozialen Gerechtigkeit. Er prägt Leitvorstellungen, die das Gesamtschulmodell unter dem Gesichtspunkt einer allgemeinen Chancengleichheit, eines offenen Wettbewerbs und einer größeren Individualisierung des Lernens begreifen. Für diesen Ansatz war ursprünglich der formale Gesichtspunkt maßgeblich, daß die Gesamtschule ein höheres Maß an Leistungsgerechtigkeit als das traditionelle Schulwesen sichern kann. Im Verlauf der Gesamtschulentwicklung sind von dieser Seite her jedoch immer mehr inhaltliche Gesichtspunkte für eine angemessene Förderung des einzelnen und die Sicherung individueller Chancengleichheit entwickelt worden, die über ein klassisch-liberales Verständnis des leistungsgerechten Wettbewerbs im Schulsystem hinausgeführt haben.
Die meisten liberalen Konzeptionen der Gesamtschule machen sich zugleich den technokratischen Begründungszusammenhang zu eigen und versuchen, die Übereinstimmung sachgesetzlicher Entwicklungen mit liberalen Zielvorstellungen als eine List der Vernunft darzustellen, ohne daß ein möglicher Konflikt zwischen beiden Zielkonzeptionen gesehen wird. Die Analyse der Gesamtschulentwicklung in der Bundesrepublik wird zeigen, daß dieser Konflikt bei der Realisierung der Schulversuche sofort aufgebrochen ist.
Die beiden im weiteren ausgeführten Argumentationszusammenhänge konnten schließlich nur auf dem Hintergrund tiefgreifender konzeptueller Veränderungen ausgebildet werden, die von seiten der Bildungsforschung und der pädagogischen Wissenschaften zur Entwicklung zweier Grundprinzipien der Bildungsreform geführt haben. Das eine dieser Prinzipien ist ein dynamisches Verständnis individueller Begabung, wie es am konsequentesten in dem von Heinrich *Roth* herausgegebenen Band „Begabung und Lernen“ entwickelt wurde; das andere betrifft das grundsätzliche curriculare Neuverständnis der Schule als einer wissenschaftlichen Schule für alle. Dieses besonders in der Gesamtschulempfehlung des Deutschen Bildungsrates entwickelte Konzept geht von dem Grundsatz aus, daß sich in einer verwissenschaftlichten Zivilisation die schulischen Lernprozesse auf allen Altersstufen und allen Schulformen auf Wissenschaft beziehen und in der jeweils angemessenen Form wissenschaftliches Denken vermitteln müssen.
Beide Prinzipien haben zu einem Legitimationsverlust des traditionellen Schulwesens geführt. Das veränderte Verständnis individueller Begabung hat den Strukturprinzipien des dreigliedrigen Schulsystems, die mit einer statischen Begabungstypologie begründet wurden, ebenso die Basis entzogen, wie das veränderte Verständnis wissenschaftlicher Bildung in der Schule die Vorstellung dreier grundsätzlicher verschiedener Bildungsformen hinfällig werden ließ. Damit haben die beiden umfassenden Legitimationszusammenhänge für ein dreigliedriges Schulsystem ihre argumentative Wirksamkeit verloren, die noch den Rahmenplan des Deutschen Ausschusses für das Erziehungs- und Bildungswesen voll und ganz getragen haben. Die im folgenden entfalteten politischen Argumentationen zur Gesamtschule sind nicht aus den beiden kritischen wissenschaftlichen Grundprinzipien eines Neuverständnisses der Schule einfach abzuleiten. Sie wären jedoch ohne die kritische Destruktion der Legitimationsgrundlagen des bisherigen Systems, die damit geleistet war, nicht denkbar gewesen.

## 5.4 Bund-Länder-Kommission für Bildungsplanung und Forschungsförderung: Modellversuche mit Gesamtschulen

Die Bund-Länder-Kommission für Bildungsplanung und Forschungsförderung setzte eine Projektgruppe Gesamtschule ein, zusammengesetzt aus Ministerialbeamten der Bundesländer und des Bundes und aus Erziehungswissenschaftlern. Diese legte 1982 ihren „Auswertungsbericht" vor, der die Erfahrungen mit den Gesamtschulen in den verschiedenen Ländern zusammenfaßt.

Quelle: *Bund-Länder-Kommission* für *Bildungsplanung und Forschungsförderung:* Modellversuche mit Gesamtschulen, Bühl/Baden 1982, S. 36 f. und 257 ff.

*Zielspannungen der Gesamtschulen (S. 36 f.)*

Bei den Gesamtschulen, die die Bildungsgänge aller Schularten umgreifen, sind die Zielspannungen in besonderer Weise ausgeprägt. Zwischen dem Ziel „Förderung der Persönlichkeit des Schülers" und dem Ziel „Ausrichtung des Unterrichts an den Erfordernissen der Wirtschafts- und Arbeitswelt" läßt sich zwar bis zu einem gewissen Grade vermitteln, aber die zwischen beiden Zielen bestehenden Spannungen können nicht aufgehoben werden. Auch sind zwischen dem Ziel „optimale individuelle Förderung" und den Zielen „soziale Integration, Durchlässigkeit und möglichst langes Offenhalten der Schullaufbahnen und des Schulabschlusses" erhebliche Spannungen gegeben. Eine konsequente Umsetzung der Forderung, den Neigungen und Fähigkeiten der Schüler gerecht zu werden, führt zu einer Differenzierung nach unterschiedlichen Lerngruppen und Leistungsniveaus. Damit sind einerseits für den einzelnen Schüler bei entsprechend gezielter schulischer Förderung mehr Möglichkeiten der Mobilität – Kurswechsel, Realisieren anderer Fächerschwerpunkte und Schullaufbahnmöglichkeiten – gegeben; andererseits kann eine verstärkte Differenzierung auf drei bis vier Niveaustufen bei zunehmender zeitlicher Dauer und ansteigenden Lernfortschritten, so ab dem 3. und 4. Jahr differenzierten Unterrichts in den gleichen Fächern, die Kursumstufung erschweren. Die Durchlässigkeit der Kurse und – bei mehreren Kursen – auch die Durchlässigkeit der Schullaufbahnen sowie das Offenhalten der Abschlußmöglichkeiten werden damit eingeschränkt. Ferner werden mit zunehmender Differenzierung fachliche Schwerpunkte gesetzt und Profilbildungen angestrebt. Sie führen für leistungstüchtige Schüler zu entsprechend erfolgreicher Profilierung, womit jedoch zum Teil unerwünschte sozial selektive Folgen indirekt verbunden sein können und die Wirkung vorangegangener Bemühungen um sozial ausgleichende fachunterrichtliche Förderung wiederum teilweise aufgehoben wird. Das bedeutet, daß die soziale Integration im Sinne der jeweils schichtangemessenen Vertretung aller Schüler in bestimmten Leistungs- oder Profilkursen und bei entsprechenden Abschlüssen reduziert wird. Als unerwünschte weitere Nebenwirkung können bei zunehmender Differenzierung die Kontinuität und Stabilität der sozialen Beziehungen der Schüler untereinander beeinträchtigt werden. Hierdurch wird das Erreichen des Ziels der sozialen Integration im Sinne des Zusammenhalts von Lerngruppen und der Förderung sozialen Lernens erschwert, wenn nicht gar gefährdet.

Persönlichkeitsbezogene allgemeine Ziele, wie Erziehung zur Mündigkeit, Förderung sozialen Lernens, für deren Verwirklichung wieder mehr Kernunterricht gefordert wird, stehen zu den stärker qualifikationsorientierten Zielen zum Teil in Spannung, da diese wiederum mit Hilfe der Leistungs- und Wahlpflichtdifferenzierung verwirklicht werden. Der Zielkonflikt kann auch direkt in die einzelnen Lerngruppen hineingetragen werden. Das ist in der Regel dort der Fall, wo auf

Formen äußerer Differenzierung verzichtet und durch Formen der Binnendifferenzierung, der flexiblen Differenzierung oder durch andere Methoden (z. B. Team-Kleingruppen-Modell) beiden Zielintentionen zu entsprechen gesucht wird, was in der Regel zu Einschränkungen in dem einen oder anderen Zielbereich führt.

Auf der bildungstheoretischen und ebenso schulpraktischen Ebene drückt sich die hier erörterte Zielproblematik wiederum in folgender Spannung aus: Einerseits Bemühen, einen tragfähigen Sockel an wissenschaftlich orientierter Allgemeinbildung zu sichern, um bessere Voraussetzungen für Mobilität in der weiteren Ausbildung und für beruflichen Aufstieg zu schaffen – andererseits Förderung der Schüler durch Schwerpunktbildung und Fächerprofilierung, die auf die allgemeinen Anforderungen der Arbeits- und Berufswelt und gleichzeitig auf den Zugang zu breiten Berufsfeldern ausgerichtet sind, und die auch den Interessen und Fähigkeiten sowie der Begabungsausrichtung junger Menschen entgegenkommen.

Zielspannungen und Konflikte bestehen zum Teil ebenso zwischen dem Ziel „Erziehung zur Mündigkeit" bzw. „Erziehung zur sozialen Mündigkeit" und dem Ziel „Förderung sozialer Integration und sozialen Lernens". Auf der einen Seite wird gefordert, der einzelne solle gesellschaftliche Widersprüche ohne nachteilige Wirkungen auf die eigene Persönlichkeit durchstehen, eigene Interessen gegenüber Sachzwängen des gesellschaftlichen Systems durchsetzen und die eigene Freiheit behaupten können; die Schule solle bei solcher politischen Zielausrichtung den einzelnen dazu befähigen, die bestehenden gesellschaftlichen Verhältnisse, insbesondere die politisch ökonomischen Bedingungen der Produktion, für seine Interessen zu nutzen und sich dabei aus Abhängigkeiten zu befreien, in die ihn Herrschaftszwänge und auch Naturgegebenheiten gebracht hätten. Dem entspricht das Unterrichtsziel, Schülern durch gemeinsame Erfahrungen in der gleichen Klasse (Stammgruppe) soziale Unterschiede und Konflikte bewußt zu machen. Auf der anderen Seite wird trotz des Kursunterrichts angestrebt, gegenseitiges Verständnis füreinander zu entwickeln, Toleranz, Kooperation und Solidarität zwischen Schülern unterschiedlicher sozialer, regionaler, konfessioneller und ethnischer Herkunft zu fördern.

Schließlich führen die dargelegten unterschiedlichen Auslegungen von Chancengleichheit, zum einen im Sinne der Gleichheit der Förder-, Schullaufbahn-, Bewährungs- und Abschlußchancen, zum anderen im Sinne gleichen Schulerfolgs für alle Schüler, zu Spannungen, die sich innerhalb mancher Gesamtschulen in entsprechenden Auseinandersetzungen über die Ausrichtung der Curricula, über die Gestaltung der Unterrichtsdifferenzierung sowie über die Art der Abschlüsse und ihrer Vergabe auswirkten. Die Spannungen beruhen nicht nur auf unterschiedlichen politisch-weltanschaulichen Positionen, sondern auf dem generellen Spannungsverhältnis, das zwischen dem Individuum einerseits, der Gesellschaft andererseits, zwischen notwendiger Freiheitssicherung für den einzelnen und berechtigten Erfordernissen sozialen Zusammenlebens wie auch der Angewiesenheit des einzelnen in seiner Entwicklung und Daseinsbewältigung auf die Gemeinschaft besteht.

*Differenzierung an integrierten Gesamtschulen (S. 257 ff.)*

(1) Differenzierung nach Eignung

(a) Fachleistungsdifferenzierung

Unter den Formen der Differenzierung nach Eignung hat seit Gründung der ersten integrierten Gesamtschulen die Fachleistungsdifferenzierung (Setting) eine besondere Bedeutung. Sie ist an fast allen Gesamtschulen ein konstitutives Element. Die Lerngruppe wird dabei nach der Leistungshöhe (Niveau) der Schüler im einzelnen Fach gebildet. In den leistungsdifferenzierten Fächern arbeitet der

Schüler also nicht in seiner Klasse, sondern in jeweils anders zusammengesetzten Lerngruppen. Diese Niveaukurse können in bezug auf die fachliche Leistungsfähigkeit weniger heterogen sein als die nach dem Streamingprinzip gebildeten Schularten des gegliederten Schulwesens und der kooperativen Gesamtschulen.

Mit der Fachleistungsdifferenzierung auf mehreren Niveaus sind einige charakteristische didaktische Leitvorstellungen verbunden:

- Ziel der Niveaudifferenzierung ist die optimale Steigerung fachlicher Lernleistung. Das Gesamtschulziel der Integration von Schülern unterschiedlicher Ausgangslagen tritt hier in den Hintergrund. Der Niveaukurs ist nicht vorrangig als Ort sozialen Lernens gemeint. Leistung wird im Rahmen der Niveaudifferenzierung im wesentlichen als individuelle fachliche Leistung verstanden.
- In den verschiedenen Niveaukursen eines Faches, auf die die Schüler eines Jahrgangs verteilt sind, soll ein Kernbestand an Lernzielen und Inhalten gleich sein. Allen Schülern soll, unabhängig von dem für sie im einzelnen erreichbaren Abschluß, eine gemeinsame Grundbildung vermittelt werden. Der gemeinsame Kernbestand an Unterrichtszielen und -inhalten auf den einzelnen Jahrgangsstufen wird vielfach als Fundamentum bezeichnet.
- Auf den verschiedenen Niveaustufen wird das Fundamentum häufig mit unterschiedlicher Geschwindigkeit behandelt. In den „schnelleren" Kursen bleibt auf diese Weise Zeit für die Erarbeitung von Zusatzlernzielen und Zusatzstoffen. Ein solches zusätzliches Teil des Curriculums wird auch Additum genannt. Es kann in zusätzlichem Stoff bestehen, kann aber auch eine Steigerung des Komplexitätsgrades, eine Verfeinerung der Fragestellungen oder die Vertiefung der Betrachtungsweise bedeuten.
- Auch hinsichtlich der Kursgröße werden oft Unterschiede für erforderlich gehalten. Lernschwächere Schüler, so wird angenommen, brauchen dringender den sie häufig unterstützenden Lehrer als lernstärkere. Die unteren Leistungskurse haben deshalb an vielen Schulen eine geringere Frequenz als die oberen.
- Bei allen didaktischen und methodischen Unterschieden zwischen den verschiedenen Niveaus kommt es zentral darauf an, die Kurse nicht so weit auseinanderlaufen zu lassen, daß die Durchlässigkeit aufgehoben wird. Denn sonst würde das Ziel der Fachleistungsdifferenzierung, ohne dauerhafte Festlegung auf ein bestimmtes Anspruchsniveau optimal zu fördern, entschieden gefährdet.

(b) Flexible Differenzierung

Als Alternative zur Fachleistungsdifferenzierung wurde die flexible Differenzierung entwickelt. Hier findet der Fachunterricht teils im heterogenen Klassenverband, teils in homogenisierten Lerngruppen statt. Die Homogenisierung wird jeweils im Hinblick auf bestimmte Lernzielbereiche des betreffenden Faches oder auch im Hinblick auf bestimmte Lernziele einzelner Unterrichtseinheiten vorgenommen. Die Gruppierung der Schüler wird flexibel am Curriculum einerseits und den Lernvoraussetzungen der Schüler andererseits orientiert.

Dem Konzept der flexiblen Differenzierung liegt eine mehrfache Intention zugrunde:

- Im Sinne des Konzepts lernzielerreichenden Unterrichtens soll allen Schülern einer Stammgruppe ermöglicht werden, alle bzw. die wesentlichen Ziele einer Unterrichtseinheit zu erreichen.
- Es soll noch entschiedener als bei der Fachleistungsdifferenzierung versucht werden, die Festlegung der Schüler auf ein bestimmtes Anspruchsniveau zu vermeiden und die Schullaufbahn offenzuhalten.

- Die Umgruppierung der Schüler nach speziellen Leistungsstärken bzw. Leistungsausfällen soll eine besonders gezielte Förderung des einzelnen Schülers ermöglichen.
- Die Abhaltung eines (großen) Teils Unterrichts im Klassenverband soll die sozialintegrative Funktion der Gesamtschule verstärken.

(c) Binnendifferenzierung
Eine entschiedene Betonung sozialintegrativer Zielsetzungen ist mit der Binnendifferenzierung verbunden. Sie unterscheidet sich von der Fachleistungs- und der flexiblen Differenzierung am auffälligsten dadurch, daß die Zusammensetzung der Lerngruppe nicht verändert wird. Die Differenzierungsmaßnahmen finden innerhalb der stabil bleibenden Lerngruppe statt. Unterschiedliche Aufgabenstellungen, die Anwendung differenzierender Methoden und Unterrichtsmittel sowie die Bildung relativ homogener Kleingruppen innerhalb des Verbandes sind Mittel der Binnendifferenzierung. Sie wird sowohl in solchen Lerngruppen angewandt, die in ihren fachlichen Lernvoraussetzungen relativ gleich sind, als auch in völlig heterogenen Gruppen. Entsprechend unterschiedlich stellen sich die Aufgaben, die zu bewältigen sind. Wenn die Binnendifferenzierung auch zunehmend im Zusammenhang mit der Gesamtschule erörtert wurde, so ist sie doch kein Spezifikum dieser Schulart. Insbesondere in der Grund- und Hauptschuldidaktik hat sie seit langem ihren festen Platz.

(d) Team-Kleingruppen-Modell
Eine eigene Ausprägung erfährt die Binnendifferenzierung im Rahmen des Team-Kleingruppen-Modells (TKM). Hier bleibt der heterogene Klassenverband in allen Fächern erhalten. Die Klasse wird in relativ feste Arbeitsgruppen gegliedert, die jedoch auch untereinander Verbindung haben sollen. Die Grund-Organisationseinheit wird beim Team-Kleingruppen-Modell von mehreren (z. B. drei) Klassenverbänden desselben Jahrgangs gebildet. Der Unterricht dieser Klassen wird von einem Lehrerteam bestritten, dessen Mitglieder entweder ganz oder schwerpunktmäßig hier eingesetzt sind. Diese Teams und die ihnen zugeordneten Klassen sind organisatorisch weitgehend unabhängig. Sie bilden zu einem guten Teil selbständige Einheiten. Diese Selbständigkeit kann bis zur nahezu autonomen Gestaltung des Stundenplans für die betreffenden Klassen und Lehrer gehen.

(e) Stütz-, Förder-, Liftkurse
Zu den Formen der Differenzierung nach Eignung gehören auch die Stütz-, Förder- und Liftkurse. Es handelt sich hier um die Bildung von Kleingruppen, in denen Schülern geholfen werden soll, den Anschluß an den Lernfortschritt bestimmter heterogener Klassen oder auch bestimmter Niveaugruppen zu halten bzw. zu finden. Bei der schwankenden und unterschiedlichen Personalversorgung der Schulen im Erhebungszeitraum waren diese Kurse am meisten gefährdet und konnten sehr häufig nicht eingerichtet werden. Entsprechend dürftig ist auch das Material.

(2) Differenzierung nach Neigung
Die bisher genannten Differenzierungsarten bedeuten Gruppenbildungen nach Leistungsfähigkeit in bezug auf fachliche Lernziele. Grundlegend davon verschieden, aber ebenso wichtig, ist die Differenzierung nach Neigung. Sie bedeutet Gruppenbildung nach Präferenzen der Schüler für bestimmte Inhalte. Es gibt sie an den Gesamtschulen bezogen auf

- das Fächerangebot
- die Einzelfächer in Fachbereichen
- die Themen in Einzelfächern.

Hier wird versucht, den verpflichtenden Charakter des traditionellen Fächerkanons aufzulockern. Die Schüler erhalten die Möglichkeit, neben einem verpflichtenden Kern von Fächern, Fächer ihrer Neigung zu wählen, die zum Teil auch außerhalb des traditionellen schulischen Fächerkanons liegen können. Diese austauschbaren Fächer werden in Wahlpflicht- und Wahlbereichen organisiert. Sofern sie im Wahlpflichtbereich angesiedelt werden, sind sie abschlußrelevant; die hier erzielten Leistungen gehen also in die Ermittlung der Abschlußqualifikation ein. Über Beratungssysteme versucht man, die Wahlentscheidungen zum Eignungsaspekt in ein sinnvolles Verhältnis zu setzen.

(3) Kombination aus Eignungs- und Neigungsprinzip
Eignungs- und Neigungsprinzip sind – gemäß der Empfehlung des Bildungsrats von 1969 – Grundlage der Differenzierungssysteme aller Gesamtschulen. Meist wird in den traditionellen Hauptfächern Mathematik, 1. Fremdsprache und Deutsch nach Eignung differenziert, und in einem meist vier- bis achtstündigen Wahlpflichtbereich können die Schüler nach Neigung unterschiedliche Fächer belegen. An Gesamtschulen in Ganztagsform ist das Neigungsprinzip ferner die Grundlage für einen zum Teil sehr umfänglichen Wahlbereich.

## Zu Kapitel 6: Ausdifferenzierung vor Ort: Schulleben und Schulklima

### 6.1 Pestalozzi: Schulleben und Schulklima in der Armenschule zu Stans

Johann Heinrich *Pestalozzi* (1746–1827), weltbekannter Schweizer Pädagoge. Gewann nachhaltigen Einfluß auf Volksschul- und Sozialpädagogik, forderte allseitige Menschenbildung (Kopf, Herz und Hand). Seine Tätigkeit im Waisenhaus zu Stans, die nur fünf Monate dauerte, ist ein berühmtes Beispiel leidenschaftlicher Pädagogik.

Quelle: *Pestalozzis* Brief an einen Freund über seinen Aufenthalt in Stans (1799). In: Ausgewählte Schriften, hg. von *Flitner,* W., Düsseldorf 4. Aufl. 1986, 226, 228, 234 f., 240 f.

Meine Überzeugung war mit meinem Zweck eins.

Ich wollte eigentlich durch meinen Versuch beweisen, daß die Vorzüge, die die häusliche Erziehung hat, von der öffentlichen müssen nachgeahmt werden und daß die letztere nur durch die Nachahmung der erstern für das Menschengeschlecht einen Wert hat.

Schulunterricht ohne Umfassung des ganzen Geistes, den die Menschenerziehung bedarf, und ohne auf das ganze Leben des häuslichen Verhältnisses gebaut, führt in meinen Augen nicht weiter als zu einer künstlichen Verschrumpfungsmethode unseres Geschlechts.

Jede gute Menschenerziehung fordert, daß das Mutterauge in der Wohnstube täglich und stündlich jede Veränderung des Seelenzustandes ihres Kindes mit Sicherheit in seinem Auge, auf seinem Munde und seiner Stirne lese.

Sie fordert wesentlich, daß die Kraft des Erziehers reine und durch das Dasein des ganzen Umfangs der häuslichen Verhältnisse allgemein belebte Vaterkraft sei.

Hierauf baute ich. Daß mein Herz an meinen Kindern hange, daß ihr Glück mein Glück, ihre Freude meine Freude sei, das sollten meine Kinder von frühem Morgen bis an den späten Abend in jedem Augenblick auf meiner Stirne sehen und auf meinen Lippen ahnen.

Der Mensch will so gerne das Gute, das Kind hat so gerne ein offenes Ohr dafür; aber es will es nicht für dich, Lehrer, es will es nicht für dich, Erzieher, es will es für sich selber. Das Gute, zu dem du es hinführen sollst, darf kein Einfall deiner Laune und deiner Leidenschaft, es muß der Natur der Sache nach an sich gut sein und dem Kind als gut in die Augen fallen. Es muß die Notwendigkeit deines Willens nach seiner Lage und seinen Bedürfnissen fühlen, ehe es dasselbe will.

Alles, was es lieb macht, das will es. Alles, was ihm Ehre bringt, das will es. Alles, was große Erwartungen in ihm rege macht, das will es. Alles, was in ihm Kräfte erzeugt, was es aussprechen macht, „ich kann es", das will es.

Aber dieser Wille wird nicht durch Worte, sondern durch die allseitige Besorgung des Kindes und durch die Gefühle und Kräfte, die durch diese allseitige Besorgung in ihm rege gemacht werden, erzeugt. Die Worte geben nicht die Sache selbst, sondern nur eine deutliche Einsicht, das Bewußtsein von ihr.

Vor allem aus wollte und mußte ich also das Zutrauen der Kinder und ihre Anhänglichkeit zu gewinnen suchen. Gelang mir dieses, so erwartete ich zuversichtlich alles übrige von selbst. Freund, denke dir aber meine Lage, die Stimmung des Volks und der Kinder, und fühle dann, welche Hindernisse ich dabei zu überwinden hatte!

. . .

Indessen so drückend und stoßend die Hilflosigkeit, in der ich mich befand, war, so war sie von einer andern Seite dem Innern meiner Zwecke günstig. Sie nötigte mich, meinen Kindern alles in allem zu sein. Ich war von Morgen bis Abend so viel als allein in ihrer Mitte. Alles was ihnen an Leib und Seele Gutes geschah, ging aus meiner Hand. Jede Hilfe, jede Handbietung in der Not, jede Lehre, die sie erhielten, ging unmittelbar von mir aus. Meine Hand lag in ihrer Hand, mein Auge ruhte auf ihrem Auge.

Meine Tränen flossen mit den ihrigen, und mein Lächeln begleitete das ihrige. Sie waren außer der Welt, sie waren außer Stans, sie waren bei mir, und ich war bei ihnen. Ihre Suppe war die meinige, ihr Trank war der meinige. Ich hatte nichts, ich hatte keine Haushaltung, keine Freunde, keine Dienste um mich. Ich hatte nur sie. Waren sie gesund, ich stand in ihrer Mitte, waren sie krank, ich war an ihrer Seite. Ich schlief in ihrer Mitte. Ich war am Abend der letzte, der ins Bett ging und am Morgen der erste, der aufstand. Ich betete und lehrte noch im Bett mit ihnen, bis sie einschliefen; sie wollten es so. Alle Augenblicke mit Gefahren einer doppelten Ansteckung umgeben, besorgte ich die beinahe unbesiegbare Unreinlichkeit ihrer Kleider und ihrer Personen. Dadurch aber war es denn freilich auch allein möglich, daß sich die Kinder allmählich und einige innigst und so weit an mich anschlossen, daß sie dem, was sie Dummes und Verächtliches selbst von ihren Eltern und Freunden gegen mich hörten, widersprachen. Sie fühlten, daß mir Unrecht geschah, und ich möchte sagen, sie liebten mich doppelt dafür. Aber was hilft's, wenn die Kücklein in ihrem Nest ihre Mutter lieben, wenn der Raubvogel, der ihnen allen mit dem Tode droht, täglich mit seiner Gewalt ob ihrem Neste schwebt!

Auch war die erste Wirkung dieser Grundsätze und dieses Tuns nichts weniger als allgemein befriedigend und konnte es nicht sein. Die Kinder glaubten nicht an meine Liebe. Des Müßiggangs, eines zügellosen Lebens, aller Verwilderung und ihrer unregelmäßigen Genüsse gewohnt und in der Hoffnung getäuscht, im Kloster nach Klosterweise gefüttert zu werden und müßig bleiben zu können, beklagten sich bald mehrere ob der langen Zeit und wollten nicht bleiben. Mehrere redeten von einem Schulfieber, das die Kinder befallen, wenn sie den ganzen Tag lernen sollten.

. . .

Eine organisierte Disziplin der Anstalt war freilich in dieser Rücksicht ebensowenig möglich. Auch sie sollte aus dem von Stufe zu Stufe sich ergebenden Bedürfnisse hervorgehen.

Stille als Mittel, die Tätigkeit zu erzielen, ist vielleicht das erste Geheimnis einer solchen Anstalt.

Die Stille, die ich forderte, wenn ich da war und lehrte, war mir ein großes Mittel zu meinem Ziele, und ebenso die Festhaltung auf der körperlichen Stellung, in der sie dasitzen mußten.

Mit der Stille brachte ich es dahin, daß in dem Augenblick, wo ich es forderte, auch beim Nachsprechen aller Kinder jeder Mißlaut fühlbar war, daß ich ferner auch mit leiser, heiserer Stimme lehren konnte und kein Laut gehört ward, außer dem, den ich vorsprach, und den die Kinder nachsprechen mußten. Freilich war es nicht immer also.

Ich forderte unter anderm zum Scherz, daß sie während dem Nachsprechen dessen, was ich vorsagte, ihr Auge auf den großen Finger halten sollten.

Es ist unglaublich, was die Festhaltung solcher Kleinigkeiten dem Erzieher für Fundamente zu großen Zwecken gibt.

Ein verwildertes Mädchen, das sich angewöhnt, stundenlang Leib und Kopf gerade zu tragen, und die Augen nicht herumschweifen zu lassen, erhält bloß dadurch schon einen Vorschritt zur sittlichen Bildung, was ohne Erfahrung niemand glauben würde.
Diese Erfahrungen aber haben mich gelehrt, daß die Angewöhnungen an die bloße Attitüde eines tugendhaften Lebens unendlich mehr zur wirklichen Erziehung tugendhafter Fertigkeiten beitragen als alle Lehren und Predigten, die ohne Ausbildung dieser Fertigkeiten gelassen werden.
Auch war die Gemütsstimmung meiner Kinder durch Befolgung dieses Grundsatzes offenbar heiterer, ruhiger und zu allem Edlen und Guten bereiter, als man dieses bei der ganzen Leerheit ihrer Köpfe in allen Begriffen des Guten hätte vermuten sollen. Diese Leerheit hinderte mich wenig, sie genierte mich kaum. Im Gegenteil, ich fand sie bei dem einfachen Gang meiner Handlungsweise mir wirklich vorteilhaft und hatte wirklich unvergleichlich weniger Mühe, ganz unwissenden Kindern einfache Begriffe beizubringen, als denen, die schon dieses und das krumme Zeug im Kopf hatten.
Auch waren sie für die Einfachheit reiner Gefühle unendlich weniger verhärtet, als die ersteren.
Wenn sich indessen Härte und Rohheit bei den Kindern zeigte, so war ich streng und gebrauchte körperliche Züchtigungen.
Lieber Freund, der pädagogische Grundsatz, mit großen Worten sich des Geistes und Herzens einer Schar Kinder zu bemächtigen und so des Eindruckes körperlicher Strafen nicht zu bedürfen, ist freilich ausführbar bei glücklichen Kindern und in glücklichen Lagen; aber im Gemisch meiner ungleichen Bettelkinder, bei ihrem Alter, bei ihren eingewurzelten Gewohnheiten und bei dem Bedürfnis, durch einfache Mittel sicher und schnell auf alle zu wirken, bei allem zu einem Ziel zu kommen, war der Eindruck körperlicher Strafen wesentlich, und die Sorge, dadurch das Vertrauen der Kinder zu verlieren, ist ganz unrichtig. Es sind nicht einzelne seltene Handlungen, welche die Gemütsstimmung und Denkungsweise der Kinder bestimmen, es ist die Masse der täglich und stündlich wiederholten und vor ihren Augen stehenden Wahrheit deiner Gemütsbeschaffenheit und des Grades deiner Neigung oder Abneigung gegen sie selber, was ihre Gefühle gegen dich entscheidend bestimmt, und so, wie dieses geschehen, wird jeder Eindruck der einzelnen Handlungen durch das feste Dasein dieser allgemeinen Herzensstimmung der Kinder bestimmt.
...
Ich habe dir nun, Freund, meine Ansichten über den häuslichen Geist einer Schulanstalt und meinen Versuch zur Lösung des Problems dargestellt. Ich will dich auch noch mit einigen wesentlichen Gesichtspunkten meines Unterrichtsganges und mit dem Lernen der Kinder bekannt machen.
Ich kannte keine Ordnung, keine Methode, keine Kunst, die nicht auf den einfachen Folgen der Überzeugung meiner Liebe gegen meine Kinder ruhen sollten. Ich wollte keine kennen.
Auf diese Weise ordnete ich auch das Lernen der Kinder dem höheren Gesichtspunkte unter, ihren bessern Sinn allgemein anzuregen und das Naturverhältnis, in dem sie untereinander und unter meiner Besorgung lebten, mit voller Kraft auf sie wirken zu lassen.
Ich hatte zwar *Gedickes* Lesebuch, aber sein Gebrauch war mir so wenig wesentlich als der anderer Schulbücher; denn ich sah das erste Lernen eines solchen gemischten Haufens von Kindern von ungleichem Alter überhaupt vorzüglich für ein Mittel an, das Ganze zu einer mit m(einem) Zweck harmonischen Stimmung zu vereinigen. Ich begriff die Unmöglichkeit ganz wohl, in der Form einer vollendeten guten Schulanstalt zu lehren.

Überhaupt achtete ich das Lernen als Wortsache in Rücksicht auf die Worte, die sie lernen mußten, und selbst auf die Begriffe, die sie bezeichneten, für ziemlich unwichtig.

## 6.2 Gurlitt: Schulklima in wilhelminischer Zeit

Ludwig *Gurlitt* (1855–1931), ein Vertreter der deutschen Reformpädagogik, setzte sich für eine „Pädagogik vom Kinde aus" ein, kritisierte heftig die Schulen des wilhelminischen Zeitalters.

Quelle: *Gurlitt,* L.: Der Deutsche und seine Schule, Berlin 1905, 147

Das ist die Blütezeit der geschuhriegelten Lehrer, der Schülerüberbürdungen, des Verfügungs- und Reglementier-Unwesens, die Zeit der vom Lehrer korrigierten Arbeiten und revidierten Umarbeitungen, vom Direktor superrevidierten und vom Schulrate super-superrevidierten Extemporalien, die wohl auch noch das Ministerium zur super-super-super-Revision einzog; die Zeit der Hefte mit vorgeschriebener Zeilenzahl und Umschlagfarben, die Zeit der Klausurarbeiten mit einem Nachtgeschirr im Nebenraum zur Verhütung von Betrug, die Zeit endloser Konferenzen über die Ordnung und Handhabung der Disziplin, der Pensenverteilung, der Methoden, Auswahlen usw., die Zeit, in der sich der Witz und Geist – sit venia verbo! – dieser Schulen in gleichen Regierungsbezirken so glich, wie die äußeren Schulbauten selbst mit ihrer gelbledernen, angeblich „klassischen" Symmetrie, die Zeit, in der ein Abiturientenexamen wie ein Regimentsexerzieren war und zu den Klassenprüfungen jeder Jüngling wie der Kommisknecht bei der Stiefelparade gleich viel Nägel (im Schädel!) nachzuweisen hatte, die Glanzperiode der Korrekten, der Kanzlisten und Kanzlistenzüchter, die Geist für Gift und Lebensfreudigkeit für unsittlich hielten, die Zeit der Musterexamina und zugleich der meisten Schülerselbstmorde, die Zeit der giftigen Schüler-Broschüren und des flammend ausbrechenden Schulhasses in ganz Deutschland.

## 6.3 Fend: Die Schule, die mich am meisten beeindruckt hat

Helmut *Fend,* Professor für Erziehungswissenschaft in Konstanz, demnächst Zürich. Bisherige Forschungsgebiete: Soziologie der Schule, Gesamtschule. Verfügt über reiches empirisches Material zu vielen Bereichen der Institution Schule.

Quelle: *Fend,* H.: Schulklima – soziale Einflußprozesse in der Schule, Weinheim 1977, 23 f.

Ein Erfahrungsbericht wäre unvollständig, wenn er nicht noch jene Seiten berichten würde, die mich am meisten beeindruckt haben. Dies war für mich eine kombinierte Haupt-Realschule in einer Großstadt. Dem auch nur oberflächlich beobachtenden Besucher mußte hier einiges ins Auge fallen. Überraschend bereits der Eintritt ins Schulgebäude: In allen Fensternischen und auf allen Fensterbänken stehen Aquarien, in denen sich bunte Fische auf malerischem Hintergrund tummeln. In den Pausen sieht man Schüler den Wasserumlauf in den einzelnen Aquarien kontrollieren und Nahrung hineinschütten. In einem Glashaus, das an einen Gang anschließt, sind sehr viele tropische Pflanzen zu sehen. Obwohl der Bau architektonisch eine einfache Form hat – es handelt sich um einen einfachen Bungalow-Bau in Backsteinbauweise – macht er einen wohnlichen Eindruck. Auch die Klassenzimmer empfangen den Besucher in einer freundlichen Atmosphäre. An der Wand hängen Posters, Schemata über die Organisationsformen der Mitbestimmung in der Schule und Schülerzeichnungen. Auffallend an der Wand ist ferner ein Hinweis auf sehenswerte Fernsehsendungen der kommenden Woche. Offensichtlich ist hier ein Schüler damit beschäftigt, Sendungen auszuwählen und unter bestimmten Gesichtspunkten den Schülern zu empfehlen.

Auf dem Lehrerpult liegen hektografierte Einladungen an die Eltern, die die Schüler mitnehmen sollen. Darin werden die Eltern zu einem Beat-Abend mit den Schülern eingeladen, wobei ein Theaterstück aufgeführt werden soll.

Ein kurzer, pausenbedingter Aufenthalt im Zimmer der Direktion ist sehr aufschlußreich. Zwei Mädchen bitten den Schulleiter, die Karten für den Theaterbesuch in der nächsten Woche abholen zu dürfen. Der Schulleiter gibt ihnen ohne schriftliche Kontrolle DM 200,– aus eigener Tasche mit auf den Weg. Zwei andere Schüler treten unmittelbar darauf ebenfalls an den Schulleiter mit einer Bitte heran. Sie werden an einen Klassenlehrer verwiesen, der vom Schulleiter als „ausgezeichneter Mann“ bezeichnet wird, an den sie sich ruhig in dieser Angelegenheit wenden können. Inzwischen ruft eine Mutter an; sie beklagt sich, daß ihr Sohn Läuse aus der Schule mitgebracht habe. Uns gegenüber erläutert der Schulleiter, daß dies zu einem Problem in vielen Schulen geworden sei, das vor allem auch durch die neuen Haarformen schwer zu bekämpfen sei.

Auf dem Schulhof fällt mir auf, daß Schülerinnen selber die Papierschnitzel auflesen und zusammentragen. Auf meine Frage hin bekomme ich die Auskunft, daß die Schüler diese Tätigkeiten selber organisieren, um den Hauswart zu entlasten, der dafür mit den älteren Schülern Fußballveranstaltungen organisiere. Dabei berichten sie auch von ihrer Ponyzucht, die die älteren Schüler für die jüngeren in Betrieb halten.

Dies alles wird ohne Pathos erzählt und alles scheint ohne Hektik in dieser Schule vorsichzugehen.

Was mich hier beeindruckt hat, dürfte kaum zu verbergen sein, das reichhaltige soziale Leben und der ästhetische Eindruck der schulischen Umgebung. Was ansonsten vielfach die Regel war, daß Klassenräume kahle Zimmer sind, in denen sich niemand gern aufhalten kann, war hier eindrucksvoll vermieden. In den meisten Schulen machten Klassenzimmer den Eindruck rein lernbestimmter Zweckräume, für deren ästhetische Gestaltung niemand verantwortlich schien. Der zweite beeindruckende Punkt war die Reichhaltigkeit von Tätigkeiten außerunterrichtlicher Art: die angeschlagenen Mitbestimmungsregelungen, die Hinweise auf empfehlenswerte Fernsehprogramme, die Organisation von Theaterbesuchen, die von Schülern weitgehend selber übernommen wurde, die verantwortlichen Tätigkeiten, was Pflege von Tieren und Pflanzen angeht, die Selbstorganisation sogenannter „niedriger Tätigkeiten“ wie Abfall zusammenräumen, den Einbezug der Eltern in Veranstaltungen der Schule usw. Dies alles war in zwei Tagen sichtbar, ohne daß irgendjemand darüber eigens berichtet oder es als außerordentlich empfunden hätte. Beeindruckend war dies besonders auf dem Hintergrund der anderen Schulen, die wir besucht hatten, wo nur allzu häufig der Eindruck entstand, daß die Schule und die Klasse Orte sind, für deren Gestaltung sich niemand verantwortlich fühlt, und an denen nichts geschieht als Unterrichten und Lernen. An der hier geschilderten Schule hatte ich den Eindruck, daß ein Rahmen geschaffen wird, der den Aufbau von ästhetischem Empfinden, von sozialen Tugenden und von bewußter Gestaltung der Umwelt fördert.

## Zu Kapitel 7: Alternativen: Die andere Schule

### 7.1 Illich: Warum wir die Schule abschaffen müssen

Ivan *Illich* ist ein in viele Sprachen übersetzter gesellschaftskritischer Schriftsteller. Er war Gründer und Leiter des Zentrums für interkulturelle Dokumentation (CIDOC) in Cuernavaca (Mexiko). Sein Buch, aus dem wir einen Ausschnitt wiedergeben, entstand aus Gesprächen im CIDOC 1968 bis 1970.

Quelle: *Illich,* Ivan: Entschulung der Gesellschaft, München 1972, S. 27 f., 30 ff., 33 f. (Dt. Übersetzung von Deschooling Society, New York 1970)

Pflichtmäßiger Schulbesuch führt unweigerlich zur Polarisierung einer Gesellschaft. Auch ordnet er die Völker der Welt in ein internationales Kastensystem ein. Wie Kasten werden die Länder nach ihrem Bildungsrang eingestuft, der davon abhängt, wieviele Jahre ihre Bürger durchschnittlich auf einer Schule zubringen. Diese Bewertung hängt eng damit zusammen, wie groß der Pro-Kopf-Anteil am Bruttosozialprodukt ist, nur wird sie viel schmerzlicher empfunden.
Der Widersinn der Schulen ist offenkundig. Vermehrte Aufwendungen steigern ihre zerstörende Wirkung, und zwar im Inland wie im Ausland. Dieser Widersinn muß in der Öffentlichkeit diskutiert werden. Es gilt jetzt als sicher, daß die natürliche Umwelt bald durch biochemische Verschmutzung zerstört sein wird, wenn wir die derzeitigen Methoden der Warenerzeugung nicht ändern. Ebenso sollte man zugeben, daß das Leben der Gesellschaft und des einzelnen auf ähnliche Weise von einer Verschmutzung durch Bildungsverwaltung bedroht wird, die das unvermeidliche Abfallprodukt eines pflichtmäßigen, wettbewerblichen Konsums von Fürsorge ist.
Die Eskalation der Schulen ist ebenso destruktiv wie die Eskalation von Waffen, nur merkt man es weniger. Überall in der Welt sind die Kosten der Schulen schneller gestiegen als die Schülerzahlen und ebenfalls schneller als das Bruttosozialprodukt. Trotzdem bleiben die Aufwendungen für Schulen überall immer weiter hinter den Erwartungen von Eltern, Lehrern und Schülern zurück. Überall behindert dieser Zustand sowohl die Motivation als auch die Finanzierung einer umfassenden Planung nichtschulischen Lernens. Die Vereinigten Staaten lehren die Welt, daß kein Land reich genug sein kann, um sich ein Schulsystem zu leisten, das den Anforderungen genügt, die eben dieses Schulsystem durch sein bloßes Vorhandensein hervorruft. Das liegt daran, daß ein erfolgreiches Schulsystem Eltern und Schüler dazu erzieht, größten Wert auf ein noch weiter ausgebautes Schulsystem zu legen, obwohl dessen Kosten unverhältnismäßig ansteigen, je mehr höhere Stufen verlangt werden und je seltener es sie gibt.
Anstatt gleiche Schulbildung für alle als vorläufig unerreichbar zu bezeichnen, sollten wir zugeben, daß sie wirtschaftlich absurd ist und daß der bloße Versuch, sie zu erreichen, zu intellektueller Entkräftung und gesellschaftlicher Polarisierung führt und außerdem die Glaubwürdigkeit des politischen Systems zerstört, dem sie entspringt.
Durch die Schule werden weder Wissen noch Gerechtigkeit gefördert, weil die Erzieher darauf bestehen, Unterweisung mit Benotung zu verbinden. Lernen und die Zuweisung gesellschaftlicher Aufgaben werden zur Schulung verschmolzen. Dabei bedeutet Lernen, eine neue Fertigkeit oder Erkenntnis zu gewinnen, während Beförderung von der Meinung abhängt, die sich andere gebildet haben.

Lernen ist häufig das Ergebnis von Unterweisung, aber die Auswahl für eine Aufgabe oder Kategorie am Arbeitsmarkt hängt immer mehr von der Länge des Schulbesuches ab.
Unterweisung wählt aus, was zur Erleichterung des Lernens dient. Rollen werden zugeteilt, indem man ein Curriculum von Bedingungen festlegt, die der Bewerber erfüllen muß, wenn er aufsteigen soll. Die Schule bindet die Unterweisung, nicht aber das Lernen an diese Rollen. Das ist weder vernünftig noch wirkt es befreiend. Es ist nicht vernünftig, weil es nicht etwa relevante Eigenschaften oder Fähigkeiten mit den Rollen verknüpft, sondern vielmehr das Verfahren, durch das man solche Eigenschaften angeblich erwirbt. Es wirkt nicht befreiend oder bildend, weil die Schule die Unterweisung denjenigen vorbehält, deren Lernen Schritt für Schritt Maßstäben einer vorher festgelegten gesellschaftlichen Kontrolle entspricht.
Das Curriculum hat von jeher dazu gedient, gesellschaftlichen Rang zu verleihen. Manchmal konnte es sogar pränatal sein: das Karma versetzt den einen in eine Kaste und verleiht dem Adel einen Stammbaum. Das Curriculum konnte die Form eines Rituals annehmen, einer Folge von heiligen Weihen; oder es konnte in einer Abfolge von Leistungen im Krieg oder bei der Jagd bestehen; oder der weitere Aufstieg konnte von einer Reihe vorhergehender fürstlicher Gunstbezeigungen abhängig sein. Die allgemeine Schulbildung sollte dazu dienen, die Rollenzuweisung von den persönlichen Verhältnissen unabhängig zu machen. Sie sollte jedermann für jedes Amt die gleiche Chance verschaffen. Noch heute glauben viele Leute zu Unrecht, die Schule sorge dafür, daß öffentliches Vertrauen von wesentlichen Lernerfolgen abhänge. Anstatt jedoch Gleichheit der Chancen zu schaffen, hat das Schulwesen deren Zuteilung monopolisiert.
Um hinreichende Befähigung vom Curriculum zu lösen, müssen Fragen nach dem lernmäßigen Werdegang eines Menschen genauso unzulässig werden wie Fragen nach seiner politischen Einstellung, seinem Kirchenbesuch, seinen Vorfahren, seinen sexuellen Gewohnheiten oder seiner rassischen Herkunft. Es müssen Gesetze geschaffen werden, welche die Diskriminierung aufgrund früheren Schulbesuches verbieten. Natürlich können Gesetze nicht das Vorurteil gegen Ungeschulte beseitigen, auch sollen sie ja niemanden hindern, einen Autodidakten zu heiraten – aber ungerechtfertigter Diskriminierung können sie begegnen.
Die zweite große Illusion, auf der das Schulsystem beruht, besteht in der Annahme, daß Lernen meistens das Ergebnis von Unterricht sei. Gewiß kann Unterricht unter bestimmten Umständen zu gewissen Arten des Lernens beitragen. Die meisten Menschen aber erwerben den größten Teil ihres Wissens außerhalb der Schule; in der Schule erwerben sie es nur insoweit, als in einigen reichen Ländern die Schule der Ort geworden ist, an dem sie während einer wachsenden Spanne ihres Lebens eingesperrt werden.
Das meiste Lernen erfolgt beiläufig, und selbst beabsichtigtes Lernen ist meistens nicht das Ergebnis von programmierter Unterweisung. Normale Kinder lernen ihre erste Sprache nebenbei. Die meisten Menschen, die eine zweite Sprache gut sprechen lernen, tun das aufgrund irgendwelcher Umstände, nicht aber durch regelmäßigen Unterricht. Sie ziehen zu ihren Großeltern, sie reisen oder sie verlieben sich in einen Ausländer. Flüssiges Lesen ist auch häufig das Ergebnis außerschulischer Betätigung. Die Mehrzahl aller Leute, die viel und gern lesen, glauben nur, sie hätten das auf der Schule gelernt; spricht man sie darauf an, so trennen sie sich leicht von dieser Illusion.
Der Umstand, daß Lernen auch heute großenteils nebenbei erfolgt und Abfallprodukt irgendeiner andern Tätigkeit ist, die als Arbeit oder Freizeit verstanden wird, bedeutet aber nicht, daß geplantes Lernen keinen Nutzen aus geplanter Unterweisung ziehe und daß beide nicht verbessserungsbedürftig seien. Der lernbegierige Schüler, der vor der Aufgabe steht, eine neue, schwierige Fertigkeit zu

erlernen, kann großen Gewinn aus der Methode des altmodischen Schulmeisters ziehen, der Lesen, Hebräisch, Katechismus oder einfaches Rechnen unterrichtete. In der Schule ist diese Art von Paukunterricht heute selten geworden, doch gibt es viele Fertigkeiten, die ein eifriger Schüler, der normal begabt ist, auf diese Weise in wenigen Monaten meistern kann. Das gilt für einen Code ebenso wie für dessen Verschlüsselung, für zweite und dritte Fremsprachen ebenso wie für Lesen und Schreiben; es gilt ferner für Spezialkenntnisse wie z. B. Algebra, Computer-Programmierung und chemische Analysen oder auch für Handfertigkeiten wie Maschinenschreiben, Uhrmacherei, Klempnerei, das Verlegen von elektrischen Leitungen, Fernsehreparaturen oder auch schließlich für Tanzen, Fahren und Tauchen.

In gewissen Fällen könnte die Zulassung zu einem Lernprogramm, das eine bestimmte Fertigkeit zum Ziel hat, die Beherrschung einer andern Fertigkeit voraussetzen. Sie sollte jedoch keinesfalls von dem Verfahren abhängen, mit dem solche erforderlichen Fertigkeiten erworben wurden. Um Fernsehgeräte reparieren zu können, muß man Lesen und Schreiben und ein bißchen Mathematik beherrschen. Das Tauchen erfordert gutes Schwimmen, das Autofahren aber von alledem sehr wenig.

Schon heute ließen sich für Menschen aller Altersstufen, und zwar nicht nur für die Armen, in begrenztem Umfang Bildungsgutscheine bereitstellen, die in jeder Ausbildungsstätte eingelöst werden können. Ich stelle mir solche Gutscheine in Form eines Bildungspasses oder einer Bildungskreditkarte vor, die jeder Bürger bei seiner Geburt erhält. Zugunsten der Armen, die ihre jährlichen Guthaben wahrscheinlich nicht schon in jungen Jahren ausnutzen würden, sollte eine Verzinsung vorgesehen werden, die später die Ausnutzung der angesammelten „Ansprüche“ ermöglicht. Solche Bildungskredite würden es vielen Menschen ermöglichen, sich nach ihrem Belieben die am meisten gefragten Fertigkeiten anzueignen, und zwar besser, schneller, billiger und mit weniger unerwünschten Nebenwirkungen als in der Schule.

Personen, die als Lehrer für Fertigkeiten in Betracht kommen, werden niemals über längere Zeit hinweg knapp sein, weil einerseits die Nachfrage nach einer Fertigkeit in einem Gemeinwesen nur gleichzeitig mit ihrer Anwendung zunimmt, und weil andererseits ein Mann, der eine Fertigkeit ausübt, diese auch lehren kann. Heute aber werden Leute, die eine begehrte Fertigkeit ausüben, welche einen Menschen als Lehrer erfordert, daran gehindert, diese Fertigkeit andern mitzuteilen. Das geschieht entweder durch Lehrer, welche die Zulassung monopolisieren, oder durch Gewerkschaften, die ihre gewerblichen Interessen schützen wollen. Lehrstätten, die von ihren Benutzern nach ihren Ergebnissen beurteilt würden, und nicht nach dem von ihnen beschäftigten Personal oder nach ihren Lehrverfahren, würden ungeahnte Arbeitsmöglichkeiten erschließen, und zwar auch für diejenigen, von denen es heute heißt, man könne sie nicht mehr beschäftigen. Es ist übrigens nicht einzusehen, warum solche Lehrstätten nicht am Arbeitsplatz selber geschaffen werden sollten, so daß der Arbeitgeber und seine Mitarbeiter denen, die ihre Bildungsguthaben auf diese Weise ausnutzen wollen, zugleich Unterweisung und Arbeit verschafft.

## 7.2 Rumpf: Das ist die Lage

Horst *Rumpf,* Professor für Erziehungswissenschaft in Frankfurt/M., beobachtet in seinen Büchern den Schulalltag kritisch und leitet von da seine Verbesserungsverschläge ab.

Quelle: *Rumpf,* H.: Die Misere der Höheren Schule. Erfahrungen, Beobachtungen, Vorschläge. Berlin 1966, S. 16 f., 159 ff.

Am Dienstag, 23. Oktober 1962, hatte im Verlauf eines Vormittags eine von tausenden Primen der Bundesrepublik das folgende Programm (ich zitiere aus den Eintragungen im Klassenbuch). Erste Stunde: *Buddenbrooks I und II.* Zweite Stunde: *Livius (Hannibal* 36, 6–8). Dritte Stunde: *Johannes-Evangelium I, 14 und 3, 16.* Vierte Stunde: *Mathematik-Arbeit (Kreis und Polare).* Fünfte Stunde: *Stadtentwicklung.* Sechste Stunde: *Ermittlung der Strukturformel von Äthylalkohol.* Jedermann weiß, daß die Schulvormittage für die Gymnasiasten zwischen dem elften und neunzehnten Lebensjahr in dieser Weise abzurollen pflegen.

Wie stehen die Lehrer zu dem bunten Stoffgewimmel? Als einer, der für die zitierte Vormittagsfüllung mitverantwortlich ist, kann ich sagen, daß sie es als Gewimmel nicht zur Kenntnis nehmen. Mich interessiert nach meiner Stunde der leere Raum im Klassenbuch unter „behandelter Gegenstand"; dann sehe ich, daß ich zum Nächstfolgenden komme. Es dringt nicht in mein Bewußtsein, daß die jungen Leute heute Vormittag schon etwas durchgemacht haben, gar den Livius oder Thomas Mann, und daß sie noch etwas durchmachen werden, wovor sie vielleicht Angst haben, worauf sie sich vielleicht freuen, was ihnen vielleicht egal ist: die Stadtentwicklung und die Strukturformel des Äthylalkohols. Was in der Klasse bereits stattgefunden hat und was noch kommen wird, ist nicht meine Sache – ich grüße die Kollegen, wir tauschen ein paar Nettigkeiten aus –, aber ich bin froh, wenn ich mich auf meine nächste Stunde konzentrieren kann. Vom „Stoff" des andern nehmen wir keine Kenntnis: der für die „Stadtentwicklung" Verantwortliche weiß nicht, daß die Buddenbrooks gelesen werden, der das Johannes-Evangelium Erklärende würde staunen, wenn er gefragt würde, was Äthylalkohol ist oder was „Kreis und Polare" bedeutet. Wir sind Fachleute; ich ertappe mich gelegentlich dabei, stolz darauf zu sein, daß ich von dem andern Stoff nichts verstehe. So finden Gespräche anläßlich der buntgewürfelten Klassenbucheintragungen, die uns ja ständig zu Gesicht kommen, nicht statt; für sie ist kein Raum. Ich käme mir und meinen Kollegen lächerlich vor, wollte ich im Ernst Fragen stellen wie etwa: Ist es dem Geist der jungen Leute zuträglich, ihrem Wachstum förderlich, wenn die je vierzigminütige Mühe um Thomas Mann, Livius und Johannes durch Mathematik abgelöst wird? Wie ist einer für die Aufmerksamkeit auf Geschichtliches disponiert, wenn er vorher Mathematisches getrieben hat? Bekommt es ihm? Regt es an oder stumpft es ab? Was paßt zusammen, was nicht? Darf man, muß man ähnliche Fragen stellen wie bei der Komposition einer Mahlzeit? Ich erinnere mich nicht, jemals ein solches Gespräch mit Kollegen geführt zu haben. Steht man am Fließband, so macht man seinen Handgriff und ist froh, sich um die Handgriffe, die den anderen Arbeitern am selben Werkstück obliegen, nicht kümmern zu müssen. Gedanken an die anderen sind schädlich, sie lenken ab, sie stören die Produktion. Wir sind samt und sonders Fachmänner am Fließband, auf dem die Klasse sitzt, aus der wir eine Schicht von Abiturienten produzieren sollen. Jeder hat seine Spezialhandgriffe; gottlob können und müssen ihm die anderen gleichgültig sein. Das ist die Lage.

Eigentlich nur in den Ferien, bei gebührendem Abstand vom Betrieb also, können einem Lehrer Zweifel an der Normalität und Vernünftigkeit dieses Zustandes kommen. Wenn er sich etwa überlegt, wie unsinnig es wäre, daß mehrere Ärzte verschiedener Fachrichtungen um denselben Patienten bemüht wären, ohne voneinander und von den Diagnosen und Maßnahmen der Kollegen auch nur Kenntnis zu nehmen, dann kann ihm unsere Fließband-Schule fragwürdig werden. Ist die Bemühung um die Heilung von der Bemühung um die Reifung des Menschen qualitativ so verschieden, wie es der Einspruch gegen den Vergleich mit den Ärzten wahrhaben möchte? Eine weitere Verdachtsüberlegung: Jede Zeitung hat ihre tägliche Redaktionskonferenz. Dahinter steht doch wohl der vernünftige Gedanke, daß die Zeitung ihr Gesicht und ihren Geist aufgäbe, wenn jeder Redakteur sein Ressort schlecht und recht mit geeignetem Material füllte, ohne von den anderen Ressorts überhaupt Kenntnis zu nehmen, ohne sich von ihnen mitbeeinflussen zu lassen. Je besser das Blatt ist, um so besser arbeitet diese Konferenz, in der offenbar der Geist einer Zeitung dadurch entsteht, daß möglichst viele Fachleute im Gespräch mitmischen und dabei das produzieren, was der Zeitung den alles durchdringenden Geschmack, die Würze, das Leben gibt. Um die tägliche Konferenz habe ich die Zeitungsleute des öftern schon beneidet, wenn mir die im Schulsystem vorgezeichnete Zusammenhanglosigkeit der Lehrer und der Stoffe als merkwürdig auffiel.

*Verbesserungsvorschläge*

Erster Vorschlag:
Der Stundenplan eines Schultags und einer Schulwoche darf nicht mehr wie seither jede stetige und eindringliche Arbeit unmöglich machen. Die zerfetzte Schulwoche wird abgeschafft. Der Stundenplan wechselt nicht mehr jeden Tag wie seither, sondern jeden 10. oder jeden 20. oder jeden 40. Tag. Die Schüler haben dann durch viele Tage hindurch täglich dasselbe Fach in zwei aufeinanderfolgenden Schulstunden. Sie haben täglich nicht mehr als zwei, zeitweise höchstens drei Fächer.

Zweiter Vorschlag:
Die Schule, deren Stundenplan die konzentrierte und gründliche Vertiefung in wenige Sachkomplexe ermöglicht, bedarf weitgehender pädagogischer Autonomie. Sie ist nicht nur für den Stundenplan verantwortlich; sie muß auch die Kompetenz haben, weitgehend die Stundenzahl für die Fächer, Klassen und Lehrer selbst festzulegen; sie muß außerdem ermächtigt und verpflichtet sein, den Lehrplan der Schule in eigener Verantwortung zusammenzustellen und auf Grund von Erfahrungen jeweils zu revidieren.

Dritter Vorschlag:
Die beiden ersten Vorschläge haben nur dann irgendeine Aussicht auf eine fruchtbare Verwirklichung, wenn in der einzurichtenden pädagogisch selbstverantwortlichen Schule der Lehrer kein Kuli der Verwaltung, sondern ein Lehrer ist. Das setzt eine Neuorganisation der Schulverwaltung der Einzelschule voraus. Das setzt weiter die kompromißlose Durchsetzung des Prinzips voraus, daß im Schulalltag die juristischen und administrativen Kategorien und Verpflichtungen an keiner Stelle die pädagogischen Kategorien und Verpflichtungen entkräften dürfen. Aufgabe des Leiters der genannten Schule wäre es unter anderem, die Lehrer vor den Polypenarmen der Verwaltung und vor der Allmacht der juristischen Forderungen zu beschützen. An jedem Tag muß von jedermann in der Schule erfahren werden können, was in der Schule wichtig ist – weil es das Ziel der Schule darstellt –, und was in der Schule unwichtig ist, weil es nur organisatorische Sicherung und Verwaltung des Weges zu diesem Ziel ist. Die weitgehende Entla-

stung der Lehrer von Verwaltungsarbeit setzt den Ausbau eines großzügigen Verwaltungsapparats voraus. Ein hauptamtlicher Chef der Schulverwaltung wird angestellt.

## 7.3 Winkel: „Die" Pädagogik der Alternativschulen?

Rainer *Winkel,* Professor für Erziehungswissenschaft in Berlin, schrieb einen der frühen zusammenfassenden Aufsätze über Alternativschulen, aus dem wir einen Ausschnitt bringen.

Quelle: *Winkel,* R.: Die Pädagogik der Alternativschulen, in: Westermanns Pädagogische Beiträge 31 (1979), S. 47 ff.

1. Es stimmt: Jede Alternativschule hat ihre Pädagogik, aber es gibt nicht *die* Pädagogik der Alternativschulen.
2. Es stimmt: Von jeder Alternativschule kann man lernen, aber nichts übernehmen oder nachmachen.
3. Es ist falsch zu meinen: Alternativschulen seien die Exotica unter den schulischen Pflanzen, und doch sind sie nicht gewöhnliches Gewächs.
4. Es ist falsch zu meinen: Alternativschulen seien Gegenschulen und fielen den Reformbemühungen in den Rücken, und doch verneinen sie vieles und machen auch vor der Kritik an Reformen nicht halt.

*Vier basale Merkmale der Alternativschulen*

**Alternativschulen sind politisch sich verstehende Schulen, wobei sie unter Politik die gemeinsame (demokratische) Regelung von gemeinsamen Aufgaben verstehen und diese in vielfältige Lernprozesse einbringen.** Linke Kaderschmieden sind also ebensowenig Alternativschulen wie Summerhills auf dem grünen Land.
Das zweite Merkmal kann man sich als Fortführung eines gemeinsamen Erbes innerhalb der humanistischen Tradition der Pädagogik denken. Dieses Erbe ist unteilbar und wird nur von seinen Gegnern in einer Links-rechts-Etikettierung zerfleddert. Zu ihm gehört *Comenius* ebenso wie *Rousseau, Marx* in gleicher Weise wie *Pestalozzi, Dewey* nicht weniger als *Key* und *Steiner* genauso wie *Freud.* Und auch die zeitgenössische „Kritische Erziehungswissenschaft" und „Kommunikative Didaktik" müssen hier wenigstens genannt werden. Diese Einflüsse lassen sich zu der Aussage bündeln:

**Alternativschulen sind kinderorientierte Schulen, denen es darauf ankommt, solche Lern- und Erziehungsbedingungen zu schaffen, unter denen die Verwirklichung der Menschenrechte möglich werden.**

Drittens erteilen die Alternativschulen jeder Herrschaft als einer willkürlichen Regelung gemeinsamer Angelegenheiten eine Absage – innerhalb und außerhalb ihrer Mauern. Sie werben für eine Form des Miteinanderlebens, das seine Wurzeln im christlichen Anarchismus findet und doch nicht dasselbe (geblieben) ist wie das Urchristentum. Modern ausgedrückt geht es um Emanzipation aus Zwängen jedweder (nicht aller) Art, wobei innere und äußere Zwänge in gleicher Weise zum pädagogischen Anliegen werden. Die brutale Herrschaft eines autoritären Lehrers ist ein ebenso großes Ärgernis wie der vandalierende Schüler, der Knecht seiner eigenen neurotisierten Triebwelt zu werden droht. Es geht in diesen Schulen um solche Kommunikationsstrukturen, die keine Zwänge produzieren, in denen also „für alle möglichen Beteiligten eine symmetrische Verteilung der

Chancen, Sprechakte zu wählen und auszuüben, gegeben ist" (J. *Habermas*, 1971).

**Alternativschulen sind folglich emanzipatorische Schulen, in denen Fremdbestimmung abgebaut und Mit- und Selbstbestimmung gelernt werden darf.**

Und viertens schließlich verstehen sich die Alternativschulen als Antizipation einer zukünftigen gesellschaftlichen Praxis. Mir ist keine Alternativschule bekannt, die je behauptet hätte, sie wolle oder könne die Gesellschaft verändern, noch dazu „von Freitag bis Montag". Mir ist andererseits aber auch keine Alternativschule bekannt, die nicht ihr Verhältnis zur Gesellschaft reflektiert hat und in einer spezifischen Weise zu gestalten versucht. Zunächst einmal verändert jede Alternativschule hier und jetzt ein winziges Stück gesellschaftlicher Wirklichkeit – nicht mehr, aber auch nicht weniger. Von daher bezieht sie ihre Legitimation. Solange die Schüler, Lehrer und Eltern sie wollen, wirkt sie am rechten Ort zur rechten Zeit. Wenn diese ihr die Legitimation entziehen, sollte sie zumachen. Dieser Primärlegitimation können sekundäre zur Seite treten. Andere mögen sich anregen oder verunsichern lassen. Vielleicht kann man bestimmte Erkenntnisse von dort nach hier transferieren. Unter Umständen ermutigen Erfolge der einen Engagements der anderen. . . Das alles ist möglich, aber nicht notwendig. Und selbstverständlich kann sich keine Alternativschule aus den ungelösten Widersprüchen zwischen pädagogischem Auftrag und gesellschaftlicher Wirklichkeit herauswinden oder ihre Schüler aus der Spannung zwischen dem, was gestern war, heute ist und morgen sein könnte, entlassen. Kurz:

**Alternativschulen sind Modelle einer zukünftigen besseren Praxis, die ihre Legitimation aus der Zustimmung der Beteiligten gewinnen und darüber hinaus anregend wirken können.**

## Literaturverzeichnis


Adl-Amini, B.: Schultheorie – Geschichte, Gegenstand und Grenzen, Weinheim 1976
Adl-Amini, B.: Grundriß einer pädagogischen Schultheorie, in: Twellmann, W. (Hrsg.), Bd. 7,1, 63 ff. (1985)
Aebli, H.: Denken – das Ordnen des Tuns 2 Bde. Stuttgart 1981
Ahrendt, H.: Vita activa oder vom tätigen Leben, amerik. 1960, deutsche Übersetzung Stuttgart 1967
Andreas, R. u. a.: Schülerbeteiligung, München 1983
Arnold, R./Marz, F.: Einführung in die Bildungspolitik, Stuttgart 1979
Astuto, T.A./Clark, D.L.: Achieving effective schools, in: Hoyle/McMahon 1986, 57 ff.
Atkinson, J.W.: The Mainsprings of Achievement Oriented Activity, in: Krumboltz, J.D., ed: Learning and the Educational Process. Chicago 1965
Aurin, K.: Sekundarschulwesen, Stuttgart 1978
Autorengruppe Tvind-Schule: Theorie und Praxis in alltäglicher Lernarbeit, in. betrifft erziehung, H. 10, 1977, 42 ff.
Autorenkollektiv Glocksee: Schulversuch Glocksee, in. Ästhetik und Kommunikation, Sonderband 22/23, 1977
Ballauff, Th.: Funktionen der Schule, Weinheim 1982
Bandura, A./Walters, R.H.: Social Learning and Personality Development, New York 1963
Barsig, W./Berkmüller, H./Sauter, H. (Hrsg.) Im Blickpunkt: Schulleben, Donauwörth 1979
Bauer, H.: Das Ende des deutschen Gymnasiums, Freiburg 1973
Baumert, J./Raschert, J.: Gesamtschule, in: Lenzen, D. (Hrsg.), Bd. 8, 228 ff.
BDK (Bundesdirektorenkonferenz): Zur schulpolitischen Entwicklung in den Bundesländern, in: Die höhere Schule 1985, 172 ff.
Bechert, G. (Hrsg.): Gesamtschulen in Nordrhein-Westfalen, Weinheim 1971
Becker, H.: Quantität und Qualität, Freiburg 1962
Beckmann, H.-K.: Schule unter pädagogischem Anspruch, Donauwörth 1983
Beckmann, H.-K.: Schulleben – ein einheimischer und aspektreicher Begriff der Pädagogik, in: Die Realschule 93 (1985), 203 ff.
Beisenherz, H.G. u. a.: Schule in der Kritik der Betroffenen, München 1982
Berndt, J./Busch, D.W./Schönwälder, H.-G. (Hrsg.): Schul-Arbeit, Braunschweig 1982
Biller, K.: Schule ohne Feste und Feiern: Feste und Feiern ohne Schule? in: Gudjons/Reinert (Hrsg.) 1980, 96 ff.
Biller, K.: Unterrichtsstörungen, Stuttgart ²1981
Bittlinger, L.: Elemente einer Theorie des Bildungsprozesses und der Curriculare Lehrplan, München 1978
Blankertz, H.: Warnung vor dem Widerruf: Die Grusel-Wissenschaftsorientierung des Herrn Spies, in: Schulpraxis, H. 5/6, 1982, 11 ff.
BLK (Bund-Länder-Kommission für Bildungsplanung und Forschungsförderung): Bildungsgesamtplan, 2 Bde., Stuttgart 1973
BLK: Modellversuche mit Gesamtschulen. Auswertungsbericht der Projektgruppe Gesamtschule, Bühl 1982
BMBW (Bundesminister für Bildung und Wissenschaft): Grund- und Strukturdaten, Bonn (erscheint jährlich)
Boehm, U./Mende, M./Riecker P./Schuchart, W.: Qualifikationsstruktur und berufliche Curricula (Schriften zur Berufsbildungsforschung Bd. 20), Hannover 1974
Böhm, W.: Wörterbuch der Pädagogik, Stuttgart 1982
Bollnow, O.F.: Die pädagogische Atmosphäre, Heidelberg 1964 u. ö.
Bolte, K.M./Hradil, S.: Soziale Ungleichheit in der Bundesrepublik Deutschland, Opladen 1984
Bourdieu, P.: Kulturelle Reproduktion und soziale Reproduktion, in: Bourdieu, P./Passeron, J.C.: Grundlagen einer Theorie der symbolischen Gewalt, Frankfurt/M. 1972, 88 ff.
Brezinka, W.: Erziehung in einer wertunsicheren Gesellschaft, München 1986
Brühweiler H.: Wider die Leistungsschule, Zürich 1971
Bruner, J.S.: Der Prozeß der Erziehung, Düsseldorf 1970
Bruner, J.S.: Entwurf einer Unterrichtstheorie Düsseldorf 1974
Bühl, W.: Schule und gesellschaftlicher Wandel, Stuttgart 1968

Cappel, W.: Das Kind in der Schulklasse, Weinheim [7]1974
Czinczoll, B.: Schulleben an unserer Volksschule, in: Pädagogische Welt 33 (1979), 472 ff.
Dahrendorf, R.: Bildung ist Bürgerrecht, Hamburg 1965
Dalin, P.: Case Studies of Educational Innovations, 4 Bde., Paris 1973. Vgl. besonders Bd. IV: Strategies for Innovations in Education.
Dalin, P.: Organisationsentwicklung als Beitrag zur Schulentwicklung, Innovationsstrategien für die Schule, Paderborn 1986
Derbolav, J.: Strukturfragen unseres Bildungswesens, in: Zeitschrift für Pädagogik 5 (1959), 242 ff.
Derbolav, J.: Entwurf einer bildungspolitischen Rahmentheorie, in: ders. (Hrsg.): Grundlagen und Probleme der Bildungspolitik, München 1977
Derbolav, J.: Auf der Suche nach einer mehrdimensionalen Schultheorie, in: Twellmann, W. (Hrsg.), Bd. 1, 27 ff. (1983)
Deutscher Ausschuß für das Erziehungs- und Bildungswesen: Rahmenplan zur Umgestaltung und Vereinheitlichung des allgemeinbildenden öffentlichen Schulwesens, Stuttgart 1959
Deutscher Bildungsrat, Empfehlungen der Bildungskommission: Einrichtung von Schulversuchen mit Gesamtschulen, Bonn 1969
Deutscher Bildungsrat, Empfehlungen der Bildungskommission: Strukturplan für das Bildungswesen, Bonn 1970
Deutscher Bildungsplan, Empfehlungen der Bildungskommission: Verstärkte Selbständigkeit der Schule und Partizipation der Lehrer, Schüler und Eltern, Bonn 1973
Deutscher Bildungsrat, Empfehlungen der Bildungskommission: Zur Neuordnung der Sekundarstufe II, Konzept für eine Verbindung von allgemeinem und beruflichem Lernen, Bonn 1974
Deutscher Juristentag: Schule im Rechtsstaat. Bd. I, Bericht der Kommission Schulrecht, München 1981
Dietrich, Th.: Schulleben oder Unterricht? in: Gudjons/Reinert 1980, 1 ff.
Dietrich, Th.: Die Pädagogik Peter Petersens, Bad Heilbrunn [4]1986
Dörger, U./Keitel, H./Rauschenberger, H.: Unterricht in der Sekundarstufe I, Kronberg 1976
Döring, P.A. (Hrsg.): Große Schulen oder kleine Schulen? München 1977
Dollard, J. u. a.: Frustration und Aggression, New Haven 1939 (dt. Weinheim 1971)
Dreeben, R.: Was wir in der Schule lernen, Frankfurt/M. 1980
Edding, F.: Zur Rolle der Wirtschaft in der Bildungsarbeit, in: Neue Sammlung 22 (1982), 532 ff.
Edelstein, W.: Odenwaldschule. Eine differenzierte Gesamtschule, Frankfurt/M. 1967
Eichholz, B./Gardyan, H.J.: Spitzenbegabtenförderung – ein Projektbericht aus der Jugenddorf-Christophorus-Schule Braunschweig, in: Sonnenberg, Internationaler Arbeitskreis (Hrsg.): Hochbegabte in unserem Bildungssystem, Braunschweig 1984, 65 ff.
Elbing, E.: Das Soziogramm in der Schulklasse, München [2]1975
Engelmayer, O.: Das Soziogramm in der modernen Schule, München 1970
Etzioni, A.: Soziologie der Institutionen, München [4]1973
Fauser, F./Fintelmann, K./ Flitner, A.: Lernen mit Kopf und Hand, Weinheim 1983
Feldmann, E.: Theorie der Massenmedien, München 1972
Fend, H. u. a.: Sozialisationseffekte unterschiedlicher Schulformen, in: Zeitschrift für Pädagogik 19 (1973), 887 ff.; Wiederabdruck in: Pädagogische Impulse 1955–1980, 25. J. Zeitschrift für Pädagogik hrsg. von Fatke, R., Weinheim 1981, 291 ff.
Fend, H. u. a.: Sozialisationseffekte der Schule, Weinheim 1976
Fend, H.: Schulklima – soziale Einflußprozesse in der Schule, Weinheim 1977
Fend, H.: Theorie der Schule, München 1980
Fend, H.: Gesamtschule im Vergleich, Weinheim 1982
Fend, H.: Gesellschaftliche Voraussetzungen und Folgen einer Curriculumreform in sozialisationstheoretischer Sicht, in: Frey 1985, Bd. 1, 92 ff.
Filipp, S.-H.: Art. „Selbstkonzept“ in: Schiefele, H./Krapp, A. (Hrsg.): Handlexikon zur Pädagogischen Psychologie, München 1981, 331 ff.
Flitner, A.: Mißratener Fortschritt, München 1977
Flitner, W.: Die vier Quellen des Volksschulgedankens, Stuttgart [5]1963
Flössner, W./Schmidt, A./Seeger, H.: Theorie: Oberstufe, Braunschweig 1977
Flössner, W.: Der Schulleiter: Amt und Rolle, Braunschweig 1980
Freie Schule Bochum (Hrsg.): Mit Kindern lernen, Bochum 1986

Freire, P.: Erziehung als Praxis der Freiheit, Reinbek 1977
Frey, K. u. a.: Curriculum-Handbuch, 3 Bde., München 1975
Frommberger, H./Rolff, H.G./Spies, W. (Hrsg.): Gesamtschule – Wege zur Verwirklichung, Braunschweig 1969
Führ, Ch.: Art. „Schule (Aufbau)" in: Roth, L. (Hrsg.): Handlexikon zur Erziehungswissenschaft, Bd. 2, München 1976, 337 ff.
Fürstenau, P. u. a.: Zur Theorie der Schule, Weinheim 1969
Fürstenau, P.: Zur Psychoanalyse der Schule als Institution, in: Fürstenau, P. u. a.: Zur Theorie der Schule, Weinheim ²1972, 9 ff.
Furck, C.-L.: Das pädagogische Problem der Leistung in der Schule, Weinheim 1961 u. ö.
Gehlen, A.: Urmensch und Spätkultur, Wiesbaden ⁵1986
GEW (Gewerkschaft, Erziehung und Wissenschaft) Schleswig-Holstein: Stellungnahme des Landesvorstand zu „Leitgedanken zu Bildung und Erziehung in den allgemeinbildenden Schulen in Schleswig-Holstein", in: Die schleswig-holsteinische Schule 1984, 170 f.
Giesecke, H.: Das Ende der Erziehung, Stuttgart ²1986
Glöckel, H.: Die aktive Pause als pädagogische Aufgabe, in: Schmaderer (Hrsg.) 1979, 76 ff.
Goldschmidt, H./Roeder, P.M. (Hrsg.): Alternative Schulen? Stuttgart 1979
Gordon, C.W.: Die Schulklasse als ein soziales System, in: Meyer, E. (Hrsg.): Die Gruppe im Lehr- und Lernprozeß, Frankfurt/M. 1970, 1 ff.
Groddeck, N./Schultze, H.: Entschulungsdiskussion und Alternativschulen, in: Lenzen, D. (Hrsg.), Bd. 8, 319 ff. (1983)
Gudjons, H./Reinert, G.-B. (Hrsg.): Schulleben, Königstein 1980
Gudjons, H.: Wie kann man die Klassengemeinschaft fördern? in: Gudjons, H./Reinert, G.-B. (Hrsg.) 1980, 63 ff.
Hage, K.H./Staupe, J.: Schulrecht von A–Z, München 1985
Hartfiel, G.: Wörterbuch der Soziologie, Stuttgart ²1976
Hausser, K.: Die Einteilung von Schülern, Weinheim 1980
Heckel, H.: Einführung in das Erziehungs- und Schulrecht, Darmstadt ²1986
Hegel, G.W.F.: Phänomenologie des Geistes (1807), hrsg. von Hoffmeister, J., Hamburg ⁶1952
Hegel, G.W.F.: Vgl. Thaulow
Hegelheimer, A.: Bildungsökonomische Aspekte zur Bedeutung der Realschule, in: Wollenweber, H., Bd. 1, 1979, 121 ff.
Heitger, M. (Hrsg.): Umgang mit der Schulkritik. Münstersche Gespräche zu Themen der wissenschaftlichen Pädagogik, H. 1, Münster/W. 1984
Heldmann, W.: Gymnasium und moderne Welt, Düsseldorf 1980
Hennecke, F.: Erziehungsnormen des Grundgesetzes und der Länderverfassungen, in: Sonnenberg, Internationaler Arbeitskreis (Hrsg.): Normen und Werte in der Erziehung, Braunschweig 1984
Henry, J.: Lernziel Entfremdung, in: Zinnecker, J. (Hrsg.): Der heimliche Lehrplan, Weinheim 1975, 35 ff.
v. Hentig, H.: Systemzwang und Selbstbestimmung, Stuttgart 1968
v. Hentig, H.: Cuernavaca oder Alternativen zur Schule? Stuttgart 1971
v. Hentig, H.: Schule als Erfahrungsraum? in: Philologenverband Nordrhein-Westfalen (Hrsg.): Sozialisation und Erziehung, 24. Gemener Kongreß 1972, 21 ff.
Herrlitz, H.-G./Hopf, W./Titze, H.: Institutionalisierung des öffentlichen Schulwesens, in: Lenzen, D. (Hrsg.), Bd. 5, 55 ff.
Heydorn, H.J.: Zu einer Neufassung des Bildungsbegriffs, Frankfurt/M. 1972
Heydorn, H. J.: Zum Bildungsproblem in der gegenwärtigen Situation, in: Heydorn/Herz/Staff (Hrsg.): Zum Bildungsbegriff der Gegenwart, Frankfurt/M. 1976
Hintz, D.: Die pädagogische Schulkritik in der Gegenwart, in: Heitger 1984, 7 ff.
Höhne, E.: Der Neuaufbau des Schulwesens nach dem Bildungsgesamtplan der Bund-Länder-Kommission, Bamberg 1972
Höhne, E.: Jugend und Leistung, Stuttgart 1978
Holstein, H.: Zur bildungstheoretischen Begründung der Realschule, in: Wollenweber, H. (Hrsg.); Bd. 1, 1979, 89 ff.
Holstein, H.: Institutionell-politische Funktionen der Schule, in: Twellmann, W. (Hrsg.), Bd. 7,1, 95 ff. (1985)
House, E.: Three Perspectives on Innovation: Technological, political and cultural, in: Lehming, R./Kane, M. (Hrsg.): Improving Schools, London 1981

Hoyle, E./McMahon, A. (Hrsg.): The Management of Schools (World Yearbook of Education 1986), London/New York 1986
Hradil, S.: Soziale Schichtung in der Bundesrepublik, München 1977
v. Humboldt, W.: Theorie der Bildung des Menschen, in: Werke, hrsg. von Flitner, A. und Giel, K., Bd. I, Stuttgart [3]1980, 234 ff.
Hurrelmann, K.: Erziehungssystem und Gesellschaft, Reinbek 1975
Husén, T./Boalt, G.: Bildungsforschung und Schulreform in Schweden, Stuttgart 1968
Illich, I.: Entschulung der Gesellschaft, Kösel, München 1972 (a)
Illich, I.: Schulen helfen nicht, Reinbek 1972 (b)
Illich, I.: Schule ins Museum: Phaidros und die Folgen, Bad Heilbrunn 1984
Ingelhart, R.: The silent revolution. Changing values and political styles among Western Publics, Princeton, New Jersey 1977
Ingenkamp, K.: Zur Problematik der Jahrgangsklasse, Weinheim 1969
Ingenkamp, K./Petillon, H./Weiss, M.: Klassengröße: Je kleiner, desto besser? Weinheim 1985
Ingenkamp, K.: Zur Diskussion über die Leistungen unserer Berufs- und Studienanfänger, in: Zeitschrift für Pädagogik 32 (1986), 1 ff.
Initiativkreis Freie Schule Essen: Konzeption der MSE, Essen 1976
Ipfling, H.-J.: Schulleben – Was ist das? in: Schmaderer 1979, 11 ff.
Ipfling, H.-J.: Schulstruktur und Hauptschulprofil, in: Heim, H./Ipfling, H.-J. (Hrsg.): Pädagogik in geschichtlicher Erfahrung und gegenwärtiger Verantwortung, Frankfurt/M. 1986, 200 ff.
Jugendwerk der Deutschen Shell (Hrsg.): Jugendliche und Erwachsene '85, 5 Bde., Hamburg 1985
Jung, M.: Die Schule in den beiden letzten Jahrzehnten unseres Jahrhunderts: Bestandsaufnahme der Reformen – Perspektiven künftiger Schulpolitik, in: Twellmann, W. (Hrsg.), Bd. 7,2 1027 ff. (1985)
Kahl, R. (Hrsg.): Schule überleben, Reinbek 1983
Kaiser, A.: Die didaktische Struktur der gymnasialen Oberstufe, in: Lenzen, D. (Hrsg.), Bd. 9,1, 289 ff.
Kant, I.: Über Pädagogik, in: Röhrs, H.: Bildungsphilosophie Bd. II, Frankfurt/M. 1968, 11 ff.
KEG (Katholische Erziehergemeinschaft) (Hrsg.): Unterricht und Schulleben, Donauwörth 1979
Keck, R./Sandfuchs, U. (Hrsg.): Schulleben konkret, Bad Heilbrunn 1979
Keim, W.: Schulische Differenzierung, Köln 1977
Kell, A.: Das Berechtigungswesen zwischen Bildungs- und Beschäftigungssystem, in: Lenzen, D. (Hrsg.), Bd. 9,1, 289 ff.
Klafki, W.: Integrierte Gesamtschule. Ein notwendiger Schulversuch, in: Zeitschrift für Pädagogik 14 (1968), 521 ff.
Klafki, W./Rang, A./Röhrs, H. (Hrsg.): Integrierte Gesamtschule und Comprehensive School, Braunschweig 1970
Klafki, W.: Zur Pädagogischen Bilanz der Bildungsreform, in: Die Deutsche Schule 74 (1982), 339 ff.
Klemm, K./Rolff, H.G./Tillmann, J.J.: Bildung für das Jahr 2000, Reinbek 1985
Kmieciak, P.: Wertstrukturen und Wertwandel in der Bundesrepublik Deutschland, Göttingen 1976
KMK (Ständige Konferenz der Kultusminister): Vereinbarung zur Neugestaltung der gymnasialen Oberstufe in der Sekundarstufe II vom 7. Juli 1972
KMK: Empfehlungen zur Arbeit in der gymnasialen Oberstufe vom 2. Dezember 1977
KMK: Das Bildungswesen in der Bundesrepublik Deutschland, Bonn 1982 (a)
KMK: Rahmenvereinbarung für die gegenseitige Anerkennung von Abschlüssen an integrierten Gesamtschulen, 1982 (b)
KMK: Kulturpolitik der Länder 1982–1984, Bonn 1986
Kob, J.: Erziehung und Macht, in: Twellmann, W. (Hrsg.), Bd. 3, 314 ff. (1981)
Köck, P./Ott, H.: Wörterbuch für Erziehung und Unterricht, Donauwörth [2]1979
Kramp, W.: Studien zur Theorie der Schule, München 1973
Krüger, R.: Der Schüler – Beruf und Rolle, Ansbach 1978
Krüger, H.H./Lersch, R.: Lernen und Erfahrung, Bad Heilbrunn 1982
Kuhlmann, H.: Klassengemeinschaft, Berlin 1980

Kultusminister NW (Hrsg.): Kollegstufe NW, Ratingen 1972
Kultusminister NW (Hrsg.): Schulversuch Kollegschule NW, Köln 1976
Kultusminister NW (Hrsg.): Gesamtschule in Nordrhein-Westfalen, Köln 1979
Kultusminister NW: Schulformen in der Sekundarstufe I, Düsseldorf 1985
Landesinstitut für Curriculumentwicklung, Lehrerfortbildung und Weiterbildung des Landes NW (Hrsg.): Gesamtschulunterricht NW (Fend-Studien), 9 Bde., Paderborn 1979
Landesregierung Baden-Württemberg: Bericht der Kommission „Zukunftsperspektiven gesellschaftlicher Entwicklungen", Stuttgart 1983
Landherr, K.: Mitwirkung der Schüler bei der Gestaltung des Schullebens, in: Barsig/Berkmüller/Sauter (Hrsg.), 1979, 48 ff.
Langeveld, M.J.: Die Schule als Weg des Kindes, Braunschweig 1960 [2]1963
Lassahn, R. (Hrsg.): Das Schulleben (Quellentexte), Bad Heilbrunn 1969
Lassahn, R.: Schulleben, in: Twellmann, W. (Hrsg.), Bd. 2, 343 ff. (1981)
Leber, S.: Die Pädagogik der Waldorfschulen, Darmstadt 1983 (a)
Leber, S.: Waldorfpädagogik, in: Lenzen, D. (Hrsg.), Bd. 8, 636 ff. 1983 (b)
Lenzen, D. (Hrsg.): Enzyklopädie Erziehungswissenschaft in 11 Bänden, Stuttgart ab 1982
Leschinsky, A.: Schulkritik und die Suche nach Alternativen, in: Zeitschrift für Pädagogik 27 (1981), 519 ff.
Leschinsky, A./Roeder, P.M.: Schule im historischen Prozeß, Stuttgart 1976
Luhmann, N.: Funktionen und Folgen formaler Organisation, Frankfurt/M. 1972
Luhmann, N.: Soziale Systeme, Frankfurt/M. 1984
Marquard, O.: Die Unvermeidlichkeit der Geisteswissenschaften, in: Universitas 42 (1987), 18 ff.
Mastmann, H./Flössner, W./Teschner, W.: Gesamtschule. Ein Handbuch der Planung und Einrichtung, Schwalbach 1968
Maunz, Th./Dürig, G./Herzog, R./Scholz, R.: Grundgesetz-Kommentar [5]1978
Mead, G.H.: Geist, Identität und Gesellschaft, Frankfurt/M. 1968
Menze, C.: Die Verkehrung des Humboldtschen Gymnasiums von der Menschheitsschule zur Standesschule, in: Vierteljahresschrift für wissenschaftliche Pädagogik, Heft 2/1975, 125 ff.
Menze, C.: Zur Entstehung der Disjunktion von allgemeiner und beruflicher Bildung und ihrer Auswirkungen auf die Bildungsorganisation, in: Vierteljahresschrift für wissenschaftliche Pädagogik, H. 1, 1977, 75 ff.
Menze, C.: Institution und Bildung, in: Münstersche Gespräche zu Themen der wissenschaftlichen Pädagogik, H. 3, Münster 1986, 5 ff.
Mertens, D.: Schlüsselqualifikationen, in: Mitteilungen aus der Arbeitsmarkt- und Berufsforschung, Stuttgart 1973, 36 ff.
Ministerium für Kultus und Sport Baden-Württemberg: Grundsätze und Verfahren für die Lehrplanrevision, Vorlage für den Landtag, Drucksache 8/1268 vom 27.4.1981
Montessori, M.: Selbsttätige Erziehung im frühen Kindesalter, Stuttgart 1913
Muth, J.: Schülersein als Beruf, Heidelberg 1966
Neill, A.S.: Theorie und Praxis der antiautoritären Erziehung, Reinbek 1969 u. ö.
Nicklis, W. (Hrsg.): Hauptschule, Bad Heilbrunn 1980
Niehl, F.: Chancengleichheit ohne Chance? Stuttgart 1975
Nohl, H.: Der pädagogische Bezug und die Bildungsgemeinschaft, in: Die pädagogische Bewegung in Deutschland und ihre Theorie, Frankfurt/M. [4]1957, 130 ff.
Nordrhein-Westfalen-Programm 1975, Düsseldorf 1970
Oblinger, H.: Theorie der Schule, Donauwörth 1975
Oestreich, P.: Die elastische Einheitsschule, Lebens- und Produktionsschule, Berlin 1921
Oppermann, H.: Nach welchen rechtlichen Grundsätzen sind das öffentliche Schulwesen und die Stellung der an ihm Beteiligten zu regeln? Gutachten zum 51. Juristentag 1976
Parsons, T.: Die Schulklasse als soziales System, in: Graumann, C.F./Heckhausen, H. (Hrsg.): Pädagogische Psychologie Bd. 1, Reader zum Funkkolleg, Frankfurt/M. 1973 u. ö., 348 ff.
Peccei, A. (Hrsg.): Club of Rome – Zukunftschance Lernen, Wien 1979
Petersen, P.: Der kleine Jena-Plan, Braunschweig [1]1927, [21]1952
Petersen, P./Förtsch, A.: Das gestaltende Schaffen im Schulversuch der Jenaer Universitätsschule 1925–1930, Weimar 1930
Petillon, H.: Soziale Beziehungen in Schulklassen, Weinheim 1980
Picht, G.: Die deutsche Bildungskatastrophe, Olten 1964

Pöppel, K.G.: In: Nicklis, W.S. (Hrsg.): Handwörterbuch der Schulpädagogik, Bad Heilbrunn 1973
Portmann, A.: Der Mensch im Bereich der Planung, in: Vom Lebendigen, Frankfurt/M. [2]1979
Prange, K.: Erziehung zur Anthroposophie. Darstellung und Kritik der Waldorf-Pädagogik, Bad Heilbrunn 1985
Priester, K.: Zur Geschichte konservativer Gesellschaftsbilder in der Politischen Bildung der Bundesrepublik, in: Haugg, F. (Hrsg.): 30 Jahre Bildungspolitik in der Bundesrepublik, Berlin 1979, 171 ff.
Projektgruppe Freie Schule Bochum: Pädagogisches Konzept und Organisationsform, Bochum 1979
Raschert, J.: Gesamtschule: ein gesellschaftliches Experiment, Stuttgart 1974
Rath, P.: Bildungsreform im Fadenkreuz der Reaktion, Wuppertal 1975
Redlich, A./Schley, W.: Hauptschulprobleme, München 1980
Reichsminister des Inneren: Die Reichsschulkonferenz 1920, Leipzig 1921 (unveränderter Nachdruck Glashütten 1972)
Reimers, E.: Art. „Theorie der Schule", in: Groothoff, H.-H. (Hrsg.): Fischer-Lexikon Pädagogik, Frankfurt/M. 1964 u. ö., 248 ff.
Richter, I.: Verfassungsrechtliche Grundlagen des Bildungswesens, in: Lenzen, D. (Hrsg.), Bd. 5, 226 ff.
Rist, G./Schneider, P. (Hrsg.): Die Hiberniaschule, Reinbek 1977
Robinsohn, S.B.: Bildungsreform als Revision des Curriculum und Ein Strukturkonzept für Curriculumentwicklung, Neuwied 1967, [5]1975
Röhrs, H. (Hrsg.): Theorie der Schule, Frankfurt/M. 1968
Röhrs, D.G.: Verfassung und Schulgestaltung, in: Brockmeyer, R./Hamacher, P. (Hrsg.): Schule zwischen Recht, Politik und Planung, Paderborn 1982
Rolff, H.-G. u. a.: Strategisches Lernen in der Gesamtschule, Reinbek 1974
Rolff, H.-G.: Schule im Wandel, Essen 1984
Rossa, E.: Schulfeste und Schulfeiern in der Realschule, in: Die Realschule 93 (1985), 206 ff.
Roth, H. (Hrsg.): Begabung und Lernen, Stuttgart 1968
Rumpf, H.: Die übergangene Sinnlichkeit, München 1981
Rumpf, H.: Schulunterricht als Treibriemen des Zivilisationsprozesses, in: Twellmann, W. (Hrsg.), Bd. 7,1, 107 ff. (1985)
Rumpf, H.: Die künstliche Schule und das wirkliche Lernen, München 1986
Rutter, M. u. a.: Fünfzehntausend Stunden, Weinheim 1980
Sander, R./Rolff, H.-G./Winkler, G.: Die demokratische Leistungsschule, Hannover 1967
Schäfer, W./Edelstein, W./Becker, G.: Probleme der Schule im gesellschaftlichen Wandel. Das Beispiel Odenwaldschule, Frankfurt/M. 1971
Schelsky, H.: Anpassung oder Widerstand? Soziologische Bedenken zur Schulreform, Heidelberg 1961
Schelsky, H.: Soziologische Bemerkungen zur Rolle der Schule in unserer Gesellschaftsverfassung. Eine Denkschrift (1956), in: ders.: Auf der Suche nach Wirklichkeit, München 1979, 148 ff.
Scheuerl, H.: Die Gliederung des deutschen Schulwesens, Stuttgart 1968
Schießl, O.: Auswirkungen der Größe einer Schule auf die Erziehungssituation, München 1981
Schleiermachers Pädagogische Schriften, hrsg. v. Platz, E., Langensalza [3]1902 (1826)
Schmaderer, F.O. (Hrsg.): Die pädagogische Gestaltung des Schullebens, München 1979
Schneider, P.: Einführung in die Waldorfpädagogik, Stuttgart 1982
Schorb, A.O.: Pädagogisches Taschenlexikon, Bochum o. J.
Schorb, A.O.: Für und wider den Rahmenplan, Stuttgart 1960
Schröder, H.: Grundwortschatz Erziehungswissenschaft, München 1985
Schülein, J.A.: Theorie der Institutionen, Opladen 1987
Shell: Vgl. Jugendwerk
Siepmann, K.E./Muth, J./Spies, W.: Nordrhein-Westfalens Gesamtschulen, Hannover 1971
Silberman, Ch.E.: The Open Classroom Reader, New York 1973
Sinus-Institut im Auftrag des Bundesministers für Jugend, Familie und Gesundheit: Die verunsicherte Generation. Jugend und Wertwandel, Opladen 1983
Sinus-Institut: Jugend privat, Opladen 1985

Specht, W./Fend, H.: Der „Klassengeist“ als Sozialisationsfaktor, in: Unterrichtswissenschaft 7 (1979), 128 ff.
Spies, W.E.: Bildungsplanung in der Bundesrepublik Deutschland, Kastellaun 1976 (a)
Spies, W.E.: Zerfallende Selbstverständlichkeit, in: Die deutsche Schule 68 (1976 b) 77 ff.
Spies, W.E.: Bildung – Qualifikation – Berechtigung – Anspruch. Identität und Differenz, in: Die deutsche Schule 70 (1978), 18 ff.
Spies, W.E. u. a.: Morphologische Didaktik, Hannover 1979
Spies, W.E.: Wissenschaftspropädeutik: Warnung und Widerruf, in: Schulpraxis 4/1982, 9 ff. Nachdruck in: Zimmermann, N./Hoffmann, J.: Die gymnasiale Oberstufe, Stuttgart 1985, 260 ff.
Spies, W.E.: Hochbegabte – die neuen Problemkinder? in: Sonnenberg, Internationaler Arbeitskreis (Hrsg.): Hochbegabte in unserem Bildungssystem, Braunschweig 1984, 18 ff.
Spies, W.E.: Bildungsschule – Qualifikationsschule – Alternativschule, in: Schule heute 25 (1985), 5 ff.
Spies, W.E./Heitzer, M.: Der stellvertretende Schulleiter, Braunschweig 1987
Statistisches Bundesamt: Datenreport 1985, Bonn 1985
Steindorf, G.: Einführung in die Schulpädagogik, Bad Heilbrunn 1976
Steiner, R.: Wie erlangt man Erkenntnisse der höheren Welten? 1904, Dornach 1972
Steiner, R.: Die Erziehung des Kindes vom Gesichtspunkte der Geisteswissenschaft (1907), Dornach 1973
Struck, P.: Pädagogik des Schullebens, München 1980
Tausch, R.: Wie kann ich ein Lehrer werden, der das fachliche und persönliche Lernen der Schüler erleichtert? in: Twellmann, W. (Hrsg.), Bd. 1, 198 ff. (1983)
Tenorth, H.-E. (Hrsg.): Allgemeine Bildung, Weinheim 1986
Teschner, W.P.: Zusammenhang zwischen Schulmerkmalen und Einstellungen von Schülern zu ihrer Schule, in: Zeitschrift für Pädagogik 26 (1980), 699 ff.
Thaulow, G.: Hegels Ansichten über Erziehung und Unterricht, 3 Bde., Kiel 1854. Neu hrsg. v. Heydorn, H.J. und Koneffke, G., Glashütten 1974
Torberg, F.: Der Schüler Gerber, München $^{13}$1984
Twellmann, W. (Hrsg.): Handbuch Schule und Unterricht, 8 Bde., Düsseldorf ab 1983
Ulich, D.: Gruppendynamik in der Schulklasse, München $^{6}$1977
Vester, F.: Neuland des Denkens, München 1984
Wangerin, U.: Die Intelligenz des Kraftfahrzeugschlossers, in: Die Realschule 86 (1980), 190 ff.
Weber, E.: Schulleben, Donauwörth 1979
Weber, M.: Soziologie. Hrsg. von Winkelmann, J., Köln $^{2}$1956
Weber, M.: Soziologische Grundbegriffe, Tübingen $^{2}$1966
Wehle, G.: Art. „Schulaufbau, Schulorganisation“ in: Wehle, G. (Hrsg.): Pädagogik aktuell, Bd. 2: Bildungsforschung, Bildungspolitik, München 1973, 151 ff.
Weinert, F.E.: Vom statischen zum dynamischen zum statischen Begabungsbegriff? Die Kontroverse um den Begabungsbegriff Heinrich Roths im Lichte neuerer Forschungsergebnisse, in: Die deutsche Schule 76 (1984), 335 ff.
Weinstock, H.: Realer Humanismus, Heidelberg 1955
Weiss, C.: Soziologie und Sozialpsychologie der Schulklasse (Abriß der pädagogischen Soziologie IV), Bad Heilbrunn $^{6}$1970
Wellendorf, F.: Schulische Sozialisation und Identität, Weinheim 1979
Westphalen, K.: Gymnasialbildung und Oberrstufenreform, Donauwörth 1979
Westphalen, K. (Hrsg.): Curriculum und Schülerbeanspruchung, Bd. 1, München 1981
Westphalen, K.: Was heißt heute Allgemeinbildung? in: Anregung 28 (1982), 72 ff.
Westphalen, K.: Zur Wiedergewinnung des Bildungsbegriffs, in: Wollenweber, H. (Hrsg.): Schule im Brennpunkt, Paderborn 1983 (a), 41 ff.
Westphalen, K.: Stützpfeiler der gymnasialen Einheit, in: Anregung 29 (1983 b), 99 ff.
Westphalen, K.: Stolz auf die Schule – wieso denn? in: Die Realschule 93 (1985), 429 ff.
Westphalen, K.: Die Realschule im Spannungsfeld zwischen Pädagogik und Politik, in: Die Realschule 94 (1986), 315 ff.
Wilhelm, Th.: Theorie der Schule, Stuttgart $^{1}$1967, $^{2}$1969
Wilhelm, Th.: Pflegefall Staatsschule, Stuttgart 1982
Willmann, O.: Didaktik als Bildungslehre, Braunschweig $^{5}$1923
Winkel, R.: Die Pädagogik der Alternativschulen, in: Westermanns Pädagogische Beiträge 31 (1979), 46 ff.

Winkel, R. u. a.: Die Freie Schule Essen, in: Westermanns Pädagogische Beiträge 31 (1979), 56 ff.
Wollenweber, H. (Hrsg.): Die Realschule. 2 Bde., Paderborn 1979
Wollenweber, H. (Hrsg.): Das gegliederte Schulwesen in der Bundesrepublik Deutschland, Paderborn 1980
Wottawa, H.: Gesamtschule: Was sie uns wirklich bringt, Düsseldorf 1982
Wurzbacher, G. (Hrsg.): Der Mensch als soziales und personales Wesen, Stuttgart 1963
Zinnecker, J. (Hrsg.): Der heimliche Lehrplan, Weinheim 1975
Zinnecker, J. (Hrsg.): Schule gehen Tag für Tag, München 1982
Zulliger, H.: Methodische Maßnahmen, um aus einer Schulklasse eine Gemeinschaft zu bilden, in: Meyer, E. (Hrsg.): Die Gruppe im Lehr- und Lernprozeß, Frankfurt/M. 1970, 144 ff.

## Sachregister

– Kapitel/Seite –